법보다 사람

법보다 사람

초판발행 | 2016년 1월 7일

지은이 | 이재구

펴낸곳 | 호메로스
펴낸이 | 김제구
인쇄 · 제본 | 한영문화사

출판등록 제22-741호(2002년 11월 15일)
주소 121-842 서울시 마포구 잔다리로 77 대창빌딩 402호
전화 02)332-4037
팩스 02)332-4031
이메일 ries0730@naver.com

ISBN : 979-11-86349-44-1 (03330)

호메로스는 리즈앤북의 브랜드입니다

법보다 사람

이재구 지음

호메로스

재판에 이기고도 돈을 돌려준 사람이 있었다. 1심에서 이겼는데 항소심 재판 중에 재판을 포기하고 돈을 돌려주겠다고 했을 때 "그럼 왜 변호사를 선임하고 돈 써가며 재판을 하셨어요?"라고 물었다. 직장암 수술을 했던 그분은 재판이 계속되고 신경을 쓰면서 밤에 잠도 못 이루고 소화도 잘 되지 않아 밥을 제대로 먹지 못하였다고 했다. 건강이 극도로 나빠지자 건강을 잃으면 재산도 소용 없다는 생각을 한 것 같았다. 이런 경우 빨리 분쟁을 끝내고 마음 편하게 사는 게 재판에서 이기는 것보다 더 소중하다. 그분은 이렇게 말했다.

"계약금으로 받은 돈은 원래 내 돈이 아니었어요. 그 돈을 몰취하여 내가 쓴다고 해도 마음이 편하지 않았을 거예요."

높아서 따먹지 못한 포도가 시다고 자위해 버린 여우 이야기가 생각난다. 현대인들은 끊임없이 생겨나는 분쟁 속에 살고 있다. 손해 보는 것이 죽음보다 더 받아들이기 힘든 일이 되었고, 양보하고 포기하기보다 서로를 공격하며 상대방에게 치명적인 패배를 안기는 것이 정의를 실현하는 것이라고 착각하고 있다. 자신의 몸이 병들어가고 마음속이 시커멓게 타

5

들어가는 줄도 모르고 밤을 새면서 상대방을 공격할 틈을 찾고 있다.

잇몸이 들 뜬 할머니 얘기가 생각난다. 옆집에 새로 이사 온 사람이 할머니를 찾아와 집 처마가 자신의 토지 경계를 침범했다고 철거하라고 요구하면서 삿대질을 하였다. 할머니는 과도하게 신경을 쓴 나머지 잇몸이 들뜨고 부어서 치과를 찾았다. 치과 의사는 이것은 변호사나 정신과 의사가 치료할 일이라고 판단하고 정신과로 보내서 치료를 받도록 하였다.

온실 속의 화초와 같이 살다가 거친 외풍을 그대로 받아야 하는 변호사가 되어 법적인 문제를 다루다 보니 마음의 병이 더 눈에 들어오곤 한다.

"어제 밤에 한숨도 못 주무셨지요?"

"변호사님은 그런 걸 어떻게 아세요?"

"다 알죠, 저도 그래 봤으니까…."

법적 분쟁에는 잠 못 이루는 걱정과 근심이 뒤따른다. 법적인 분쟁에 휩싸인 사람들의 심적 고통은 장래에 대한 불확실성 때문에 생긴다. 이길 것인지, 질 것인지, 얼마나 손해를 볼 것인지 예측할 수 없기 때문에 불안해하고 잠을 자지 못하는 것이다. 재판에서 패소할 가능성이 높다고 하더라도, 손해를 줄이고 마음으로 이를 받아들인다면 이미 법적 분쟁의 반은 해결한 것과 같다.

패소할 수도 있다는 점, 패소하면 손해가 얼마 정도 될 것이라는 점, 그래도 해결할 방법은 있지만 가능성은 높지 않다는 점, 해결하려면 법적인 논리는 어떻게 펴야 하는지를 자세히 설명해 주면 의뢰인의 굳었던 얼굴이 조금씩 펴진다. 실력도 좋고 승소율이 높으면 유능한 변호사로 인정받을 수 있다. 그러나 우리 사회에서 정말 필요로 하는 변호사는, 법적 고민만을 해결해 주는 것이 아니라 패소할 당사자라도 현실을 받아들이고 이해할 수 있게 하여 마음을 편히 해주는 사람이다. 변호사 개업을 하니 사촌형님이 '심외무법心外無法'이라는 글을 써 주셨는데 심외무물心外無物의 이치를 명심하라는 뜻이라고 했다.

변호사 개업과 함께 칼럼을 매주 한 개씩 써서 신문에 게재하였다. 게재하는 횟수가 늘면서 사람들을 만날 때마다 "칼럼을 읽었는데 너무 재미있다"는 얘기를 듣기도 했다. 어떤 분은 칼럼이 재미있어 스크랩을 하고 있다고 하면서 "이해하기 쉽게 써서 글 읽기가 편하다"고 격려해 주기도 했다. 그동안 썼던 칼럼 중 일부를 책자로 묶어 내놓으려고 하니 뿌듯함보다는 부족함에 대한 걱정이 앞선다.

어디에선가 말없이 매주 나의 칼럼을 소중하게 읽어준 독자들, 이러한 칼럼을 보고 적극 출판을 권유하여 세상에 내보낼 수 있게 해준 남인숙 작가님, 항상 변함없이 따뜻한 마음으로 사무실을 지켜주고 있는 직원들, 세상을 따뜻한 눈으로 볼 수 있게 해준 가족들에게 이 지면을 빌어서 말로 다 표현하지 못했던 사랑과 고마움을 전하고 싶다.

이 재 구

차례

| 프롤로그 | · 5

법에서 요구하는 것 · 15

재판에 이기고도 위약금을 돌려준 사람 · 18

이름을 빌려준 주주에 대한 증여세 부과 · 21

결혼 축의금은 누구의 소유인가? · 24

임차인이 지은 건물의 철거 · 27

절이 싫으면 중이 떠나라 · 30

억울한(?) 경우 · 35

배보다 배꼽이 더 큰 경우 · 38

도롱뇽과 그 친구들이 낸 소송 · 41

오드리 햅번의 유언(무효) · 45

정신분열증과 재판 · 48

타인이 몰래 든 생명보험 · 54

카페라떼 이야기 · 57

2년 반만 살면 내 집이 된다(임대아파트 분양전환 분쟁) · 60

101동과 A동의 차이 · 63

계약금을 지급하기 전의 해약 통보 · 65

경매절차에서 공유자가 누리는 특혜 · 68

청소년의 고소취하와 부모의 동의 · 71

무늬만 부부인 사이 · 73

유치권과 가스통 · 76

경매절차에서 웃는 사람 · 79

무허가 중개업자의 소개비 반환청구 · 82

계약금은 무조건 포기하는 것이 아니다 · 85

허위 유치권 신고에 대한 대처법 · 88

계약서에 기재되지 않은 약속 · 91

손해배상액의 예정 · 94

토지거래허가 없는 매매계약 · 97

계주와 계원의 책임 · 100

고리대금업의 규제 · 103

16년의 억울한 징역 · 106

결과보다 절차가 중요하다 · 109

고소를 40번 한 사람 · 112

법보다 인정 · 115

구속영장의 발부 기준 · 119

공소시효 만료 전 체포된 경우 · 123

근저당권과 저당권의 차이 · 126

부당한 가압류 공격 · 129

금지금의 폭탄영업행위 · 132

부모재산에 대한 다툼 · 135

꾀병은 무죄(교통사고 후 도주) · 137

나의 상품 가치는(초상권)? · 140

목소리도 법의 보호를 받는다 · 143

남의 땅에 몰래 쓴 산소의 보호 · 146

내 땅을 돌리도 · 149

내기골프는 도박인가? · 152

주택 담보대출 시 방의 개수를 세는 이유 · 155

국가의 조상 땅 찾아주기 · 157

유언으로 자식 한 명에게 모든 재산을 증여한 경우 · 160

120억 원이 걸린 도장 없는 유언장 · 163

일방적 피임과 이혼 사유 · 166

내용증명 우편의 실체 · 169

주택임대기간은 무조건 2년? · 173

뇌물죄의 가중처벌 · 176

부실감정으로 인한 손해 · 179

담장에 깔려 다친 사고 · 182

도로부지는 원래 도로가 아니었다(현황 도로의 보상평가) · 185

도로 지정 후 방치된 토지의 매수청구 · 188

담보 목적의 가등기로 인한 피해 · 191

어묵집과 떡볶이집의 싸움 · 193

딸도 종중의 구성원 · 196

땅값이 올랐는데 해약할 수 있는지 • 199

어린이집 보육교사의 책임 • 202

매매계약 시 소유자 확인 의무 • 204

불가리스와 불가리아의 상표 전쟁 • 207

목사님의 연봉과 명예훼손 • 210

사기 '계'를 피하는 방법 • 212

교통사고 내도 돈만 주면 되나?(교통사고처리특례법 위헌 사건) • 215

명의신탁의 위험성 • 218

몇 달 내에 꼭 처리되니 걱정하지 마세요 • 221

양도세를 매수인이 부담하는 매매계약 • 224

판사들도 징크스를 믿을까? • 227

민·형사상 책임을 진다는 문구의 의미 • 230

사장의 회사 자금 유용과 횡령 • 233

배심원과 예비군의 공통점 • 236

배심재판은 stupid? • 239

싸우다 보니 권리가 없어졌네요(소멸시효) • 242

몰래 찍은 사진은 증거가 될 수 없다 • 245

"저는 누가 키워주나요?"(이혼 시 양육권) • 248

매도인의 우월 의식 • 251

법원을 속인 판결(소송사기죄) • 253

이혼했는데 양도소득세? • 256

부인 앞으로 재산을 빼돌렸어요 • 259

딸과 사위가 타고 가던 비행기가 추락한 경우 • 261

빚을 갚지 않고 버티는 채무자 • 264

채권추심의 불평등 제도 • 267

채무자의 재산추적 방법 • 270

부정한 청탁과 범죄 • 273

차용증 없이 빌려준 돈을 받으려면 • 276

빚을 한 명이 모두 상속할 수 있는지 • 279

사기결혼은 취소할 수 있는지? • 282

사형선고와 사형집행 • 285

상속 개시 전에 작성된 상속 포기 각서 • 288

이혼과 상속재산의 분할 • 291

공매통지 없는 절차는 위법 • 294

친양자 함부로 하지 마라(파양불가) • 297

어묵 국물과 이혼 사유 • 300

마라톤 연습도 회사 업무의 연속 • 303

실종선고 받은 전남편이 돌아온 경우 • 306

알코올 중독과 처벌 • 309

약식명령에 대한 정식 재판 청구 • 312

법정지 쇼핑 • 315

언론에 허위 제보를 한 사람의 책임 • 318

라식 수술의 부작용(의료과실) • 321

영업양도의 채무승계 • 324

폐업신고와 업무방해 • 327

용의자(Suspect) 줄 세우기 • 330

무효인 근저당권의 유용 • 333

매매계약에서의 착오 • 336

원인 불명의 화재와 임차인의 책임 • 338

계약서에서 제일 무서운 것(위약벌) • 341

등기부 상 소유자가 가짜일 경우 • 344

스키장의 교통사고(?) • 347

음주운전 후 취침 중 단속된 경우 • 350

퇴근 중 교통사고와 산재보상 • 353

일반음식점에서의 끈 팬티, 브래지어만 착용한 여종업원 • 356

처가 남편 이름으로 돈을 빌린 경우 남편의 책임 • 359

임차인을 내보내기 위한 제소 전 화해 • 362

간통할 경우 재산을 모두 포기한다는 각서의 효력 • 365

이혼 경력의 말소 • 367

남의 사생활에 대한 간섭 • 370

가정을 버린 처가 남편 재산을 상속받을 수 있을까? • 373

역사 속으로 사라진 간통죄 • 376

강간죄의 폭행, 협박 • 379

기망에 의한 성관계 • 382

할머니의 잇몸병과 고민 • 384

잔금을 2년 후에 지급한 사람 • 387

잠복근무 중 여자와 잡담 · **390**

골프장의 VVIP 회원권 · **393**

살인죄에 징역 6개월? · **395**

전과기록을 말소하는 방법 · **399**

주차장에서 음주운전 · **402**

직장 내 성추행에 대한 회사의 책임 · **405**

집행유예 기간 중의 집행유예(쌍집행유예) · **408**

캄보디아 금광개발은 사기? · **410**

탈세제보와 공갈죄 · **413**

폭행사건의 합의금 · **416**

혀 깨문 것도 정당방위 · **419**

홍수로 인한 제방붕괴와 손해배상 · **422**

확실한 정보와 주식 투자 권유(주식 투자로 인한 손해배상) · **425**

미연방대법원의 가장 수치스런 판결 · **428**

법에서 요구하는 것

어느 날 아들이 수수께끼를 냈다.

"4번 버스가 44명을 태우고 4번 국도를 가다가 마주오던 트럭과 충돌했다. 이것을 4글자로 표현하면?"

어떻게 네 글자로 표현할 수 있을까 고민하였지만 마땅히 답이 생각나지 않았다.

아들의 답은 '교통사고'였다. 우리 가족들은 모두 웃고 말았다. 법률가로서 일한 지도 10년이 훨씬 넘었는데 아들에게 당했다는 생각이 들었다.

법률문제로 찾아오는 다수의 의뢰인들도 장황하게 설명을 한다.

"제가요, 지난 토요일 날 남동생 결혼식이 있어서 남편이 모는 차를 타고 집을 나섰거든요? 그런데 차가 너무 막혀서 원래 가던 길로 가지 않고 우회하는 길로 가고 있었어요. 그런데 갑자가 뒤에 타고 있던 아들이 소변이 마렵다고 해서 화장실을 찾으려고 했는데, 아무리 가도 차를 세울 데가 없는 거예요. 그런데 마침 주유소가 있어서 들어갔는데, 기름도 가득 들어 있어서 미안하기도 하지만 실례를 무릅쓰고 아들에게 화장실을 갔다 오게 한 후, 다시 주유소를 나와 막 큰길로 들어서려는데…"

이때 변호사들은 시간을 절약하기 위하여 말을 자르고 묻는다.

"그래서 법률적인 문제가 무엇인가요? 교통사고가 났다는 것인가요?"

"아 네, 그게 아니라, 큰길로 들어서는데 마침 지나는 차량을 보지 못하고 부딪칠 뻔 했는데, 그 차량에서 내린 운전자가 욕을 하고 저희 남편을 폭행하였습니다."

결국 형사 사건을 말하려던 것이었다. 이런 경우, 변호사들은 이렇게 이야기하길 바랄 것이다.

"저의 남편이 지난 토요일 폭행 사건으로 입원 중입니다. 피해자의 폭행으로 넘어지면서 머리를 다쳐 전치 10주의 상해를 입었습니다. 가해자를 처벌하거나 손해배상을 받고 싶습니다. 어떻게 해야 할까요?"

많은 이들이 바쁘게 살아가고 있다. **법률적으로 원하는 것이 무엇인지 간단명료하게 표현**하는 것이 사건을 빨리 의뢰하고 해결책을 찾는 데 필요하다.

법정에서도 억울함을 토로하려는 많은 사람들을 보게 된다.

"저 정말 힘들게 살았습니다. 먹고 싶은 것 사 먹지 않으면서 노력해서 번 돈입니다. 피고가 저를 찾아와서 돈을 빌려달라고 했을 때 저도 처음에는 빌려줄 수 없다고 했습니다. 저에게 반드시 갚겠다고 하면서 빌려달라고 해서 믿고 빌려주었습니다. 제가 그 돈을 받지 못해서 지금까지 이자를 내느라고 죽을 지경입니다. 돈을 꼭 받게 해주십시오."

재판장은 궁금한 것을 재차 묻는다.

"상대방 주소를 알 수가 없어 재판 진행이 되지 않고 있으니 주소를 보정해 주세요."

재판에 이기고도
위약금을 돌려준 사람

원래 계약금은 위약금의 성격을 가지고 있다. 매매계약을 체결하면서 매수인으로부터 계약금을 받고 중도금까지는 지급받았는데, 잔금을 지급하지 않고 자꾸 계약에 없는 내용을 트집 잡았다. 매수인은 "매도인이 매매 토지의 진입로를 내주기로 약속했는데, 이를 어기고 약속을 지키지 않았다."고 억지 주장을 했다. 급기야 매수인은 '매도인이 약속을 지키지 않아 계약을 파기하겠다'는 내용증명을 보냈다. 얼마 후 법원에서 계약금의 배액과 중도금을 돌려달라는 소장이 왔다.

매도인은 진입로 개설에 필요한 농지 전용 허가를 받았고 도로도 개설해 주었다는 증거를 제출했다. 물론 1심 재판에서 매도인이 이겼다. 매도인은 재판 도중 중도금도 공탁을 해서 돌려주었다. 판결은 "매도인이 잘못한 것이 없음에도 매수인이 계약을 이행하지 않았으므로, 계약금을 위약금으로 몰취하고 돌려줄 필요가 없다."는 내용이었다. 다만 중도금은, 받은 날로부터 공탁한 날까지 연 5%의 이자 약 130만 원을 추가로 돌려주라고 하였다.

매수인은 즉시 항소하였다. 그런데 얼마 지나지 않아 매도인이 사무실로 전화를 해서 "재판을 더 이상 하고 싶지 않습니다. 그냥 계약금을 돌려주고 재판을 끝내고 싶습니다."라고 했다. 매도인은 계약금도 모두 돌려주고 중도금 이자도 다 돌려주겠다는 것이다. 나는 그저 다시 한 번 잘 생각해 보시라고 하고 전화를 끊었다.

며칠 후 다시 매도인이 전화를 했다. 이미 계약금과 중도금에 대한 이자를 다 돌려주고 끝내기로 했다고 하였다. 그래서 1심에서 쓴 변호사 비용은 상대방에게 청구할 수 있는데 어떻게 하겠냐고 하니, 그냥 포기하겠다면서 이미 상대방에게 비용 청구도 안하겠다는 포기서도 써 주었다고 했다.

"정말 잘 생각하셨습니다. 잘하신 것입니다."

그러나 속은 편하지 못했다. 그동안 억지를 쓰던 상대방에게 모든 것을 그냥 순순히 양보하고 다 돌려주다니 무슨 이유가 있을까 궁금했다.

"저는 몇 년 전에 직장암 수술을 했습니다. 상대방이 1심 판결이 낳는데도 마을에 와서 자신이 이긴다고 큰소리 치고, 대법원까지 가더라도 끝까지 재판을 하겠다고 공연히 떠들고 다녀요. 이 재판 때문에 1년 이상을 신경을 썼어요. 요즘에는 잠도 잘 오지 않고 며칠 전부터는 밥맛이 없어 식사도 할 수 없을 만큼 예민해졌어요. 몸이 좋지 않으니 직장암이 다시 도질 것 같아요. 계약금도 내 돈이 아니었으니 내가 가지고 쓰고 싶은 생각도 없어요. 그냥 다 돌려주고 맘 편하게 살래요."

이름을 빌려준 주주에 대한 증여세 부과

어느 날 서울의 증권시장에서 일하는 친구에게 전화가 왔다. 좋은 주식이 있는데 자기 이름으로 사기가 곤란해서 그러니 이름을 빌려달라는 것이었다. 영문도 모르고 이름을 빌려주었다. 그런데 몇 년이 지난 후 세무서에서 증여세 2억 원을 내야 한다고 통지가 왔다. 무슨 영문인지 도저히 알 수가 없었다. 이름만 빌려주고 어떤 이득을 얻은 것도 없는데 무슨 세금을 내라는 것일까?

개인 회사 사장이 법인을 설립한다고 해서 할 수 없이 주주 명부에 이름을 올려준 직원이나 아들이 회사를 설립한다고 해서 명의를 빌려준 부모님도 있다. 회사의 주가를 조작하는 작전세력들도 수십 명의 차명계좌를 이용하여 주식을 매입한다. 상장회사나 코스닥 등록회사의 주식은 샀다 팔아도 양도소득세를 내지 않는다.

그래서 주가 조작을 하는 작전세력들은 차명계좌를 이용하여 수십 명의 이름으로 주식을 샀다가 팔아서 이득을 챙긴다. 또한 대주주들도 차명으로 주식을 보유하는 경우가 많다.

이러한 경우 세금 문제가 발생한다.

이름을 빌려준 사람들은 세무조사를 받게 되면 혹독한 시련을 겪어야 한다. 그냥 이름만 빌려서 주주 명부에 올려놓았다는 것 자체가 세금을 내야 하는 이유이다. 세법에서는 다른 사람의 이름을 빌려 주식을 취득한 경우 무조건 증여세를 부과하도록 되어 있다. **이름을 빌린 사람에게는 아무런 세금이 나오지 않고 이름을 빌려준 사람에게 증여세가 부과된다.** 월급만 받고 있던 직원, 아들 회사 잘되라고 이름을 빌려준 부모님에게 엄청난 증여세가 부과된다.

이렇게 주식의 명의신탁에 대하여 증여세를 부과하는 이유는 무엇일까? 많은 사람들이 명의신탁을 주장하면서 증여세를 회피하려고 하기 때문에, 일단 증여로 인정하여 세금을 부과할 수 있게 하려는 것이다. 헌법재판소에서도 **명의신탁을 증여로 인정하여 세금을 부과하는 것이 합헌**이라는 결정을 내렸다.

명의를 빌려준 경우에 증여세를 내지 않으려면 어떻게 해야 할까? 명의를 빌려준 이유가 증여세나 기타 세금을 내지 않으려는 목적이 없었다는 점을 밝히면 된다. 조세 회피의 목적에는 대주주의 취득세

납부의무, 과점주주의 2차 납세의무, 누진적 종합소득세, 배당세 회피 등이 있을 수 있다. 이러한 조세 회피 목적이 없이 **단순한 상법상 요구되는 발기인 수의 충족 등을 위하여 명의를 신탁한 경우에는 증여세 폭탄을 면할 수 있다.**

결혼 축의금은
누구의 소유인가?

　아버지와 아들 사이에 축의금 문제로 주먹다짐까지 벌이는 일이
있었다고 한다. 신혼여행에서 돌아온 아들이 "아버지가 가정을 소
홀히 해 어머니와 헤어졌을 뿐 아니라, 평소 가장 노릇을 제대로 하
지 못하여 결혼식 축의금이 적게 걷혔다."며 축의금 장부를 들이밀
자, 격분한 아버지가 아들을 때렸고, 아들도 아버지에게 주먹을 날
렸다는 보도였다.

　"축의금 그대로 드리려고 명단 들고 가서 확인하는데…(중략)…
저도 맞으니까 화가 너무 나잖아요. 같이 때리게 됐는데 아버지가
코피 나셨죠."

　아버지를 폭행해 코피 나게 한 아들은 축의금을 아버지에게 드리
려고 했다고 한다. 과연 축의금은 누구의 소유일까?

일등 신랑감과 결혼하려면 열쇠를 세 개 준비해야 한다고 하는데, 세법의 시각에서는 모두 증여세 과세 대상이다. 혼수용품 중 비과세 대상이 되는 것은 일상생활에 필요한 가사용품이지 주택이나 차량은 아니기 때문이다.

결혼축의금을 신랑이나 신부 친구들이 주는 경우에는 증여세 과세 대상에서 제외되고 자금 출처로도 쓸 수 있다. 세법은 '원칙적으로' 미풍양속을 고려해 통상 필요한 생활비, 교육비, 학자금, 장학금, 축의금 및 부의금, 가사용 혼수용품, 불우이웃을 돕기 위해 지출한 비용 등은 증여세를 물리지 않도록 하고 있기 때문이다.

결혼축의금 등을 부동산 구입 자금 등의 출처로 소명하려면, 청첩장과 축하객 서명기록부 등 그 돈이 정말 결혼축의금이 맞는지 입증해야 할 것이다. 하지만 **결혼축의금이 결혼 당사자와의 친분관계가 아니라 혼주인 부모의 친분관계로 받은 것이라면 증여세 과세 대상이 될 수 있다.** 부모가 받아야 할 축의금을 자녀가 받아 부동산을 취득하는 데 썼다면, 부모에게서 부동산 취득 자금을 증여받은 것과 같기 때문이다.

전 전두환 대통령의 아들 전재용 씨는 외할아버지 이규동으로부터 액면가 167억여 원(시가 141억 원) 상당의 국민주택채권을 받았는데, 이를 증여재산이라는 이유로 80억 원의 증여세가 부과된 사건이 있었다. 전재용 씨는 위 돈은 자신이 결혼식에서 받은 축의금이 늘어난 것일 뿐, 아버지가 증여한 것이 아니므로 증여세 부과가 부당하다고 주장하였다. 판결 당시 제출한 축의금 명단에는 16명이 약 30억 원의 축의금을 낸 것으로 되어 있었다.

대통령의 아들이 아니었다면 과연 누가 신랑을 위하여 축의금을 수억 원씩 낼 수 있을까? 국회의원이나 기업체 회장들이 자식들의 아파트 구입 자금 등을 지원한 것에 대하여 법원이 증여세를 부과하였다. 하지만 이들은 자식들의 결혼식에서 축의금으로 받은 것을 사용한 것이라고 사용처를 소명하면서 소송을 제기하였다. 그러나 법원은 축의금의 금액, 누구를 위하여 축의금을 냈는지 여부에 대하여 분명한 증거가 없다면 통상 부모를 위한 축의금으로 볼 수 있으므로 증여세 부과가 적법하다는 판결을 한 것이 여러 건이 있다.

아버지의 코피를 터트린 위의 불효자식은 결혼 축의금을 아버지에게 드리려고 갔다가 생긴 해프닝이라 하니 그나마 다행스럽다.

임차인이 지은 건물의 철거

지금은 돌아가신 아버지가 들려주신 도깨비 이야기가 생각난다.

도깨비들은 사람들을 골탕 먹이기도 하지만 가끔 사람들에게 속는 바보이기도 하다. 아버지는 도깨비가 준 물건이나 돈이 있으면 얼른 땅을 사 놓는 것이 좋다고 말씀하셨다. 나중에 속은 것을 안 도깨비들이 찾아와 돌려달라고 하면 땅을 가지고 가라고 하면 되는데, 땅에 말뚝을 박고 영차영차하면서 땅을 떼어 가려던 도깨비들은 결국 포기하고 돌아간다는 것이다.

그러나 이것은 어디까지나 옛날 이야기다. 요즘에는 주인도 모르는 사이에 토지 사기단이 땅 서류를 위조하여 팔아먹는 경우도 있고, 바람잡이들 때문에 헐값에 땅을 팔아 사기를 당하는 경우도 있다.

땅은 많지만 돈이 없는 사람에게 임차인이 돈을 들여 건물을 짓고 임대료를 주겠다고 제의한다. 망설이고 있을 때 더 확실한 제의를 한다.

"임대기간이 끝나면 원상회복을 해주겠습니다."

"아예 건물 소유권을 포기하겠습니다."

이러한 제의를 확실히 하기 위하여 소유권 포기 각서를 써주거나 건축 허가 명의를 임대인 이름으로 해주기도 한다. 그러나 이들의 말이나 각서를 믿고 임대한 경우 나중에 큰 손해를 볼 수 있다.

농지에 축사를 지어 소를 키우겠다는 사람에게 1년에 임대료 30만 원을 받기로 하고 5년을 빌려준 사람이 있었다. 임차인은 축사를 짓되 계약기간이 끝나면 소유권을 포기한다는 각서를 작성해 주었다. 그런데 막상 계약기간이 끝났을 때 임차인은 축사의 건물 값을 보상해 달라고 하였다.

실제 재판에서 축사의 가격을 감정해 보니 시가는 약 3천만 원 이상이었다. 5년간의 임대료가 고작 150만 원인데 필요도 없는 축사 값으로 3천만 원을 보상해 준다면 배보다 배꼽이 더 큰 경우가 될 것이다.

왜 이런 일이 생길까? '건물매수청구권'이라는 민법의 조항에 따르면, **토지를 임차하여 건물을 지은 임차인은 임대인이 임대차계약을 연장해 주지 않으면 건물매수청구권을 행사할 수 있다.** 설혹, 임차인이 이러한 권리를 포기하는 각서를 썼다고 하더라도 이는 임차인에게 불리한 각서이므로 무효라고 한다. 음식점 건물을 지은 경우도 마찬가지이다.

토지를 임대하면서 축사를 짓도록 허락한 사람은 나중에 건물을 매수하여 소를 실제로 키울 각오를 해야 한다. 그런 생각이 없거나 축사를 매수할 돈을 감당할 수 없다면 애초에 축사를 짓도록 임대할 생각을 버려라.

절이 싫으면 중이 떠나라

절의 소유자는 누구일까? 덕 높고 도력이 높은 스님이 있으면 주변에 사람들이 모여들게 된다. 그분이 창건주 스님이 되어 신도들과 스님들이 공동으로 수행을 하게 된다. 그런 곳이 절이다. 주지는 절의 주인이고 소유자이기도 하다. 주지는 사찰의 대표자이고 사찰의 처분 권한도 가지고 있다.

그렇다면 주지 스님은 종신제로 할 수 있을까? 개인사찰은 창건주가 주인이니 원하는 대로 할 수 있을 것이다. 그런데 종단에 소속된 사찰은 조금 다르다. 종단에서 주지 임명을 하기 때문이다. 어느날 종단 총무원에서 주지 임기가 끝났다고 새로운 주지를 임명하면 문제가 발생한다.

치악산 자락에 신라시대 때 창건된 사찰이 있었다. 한국전쟁으로 폐허가 되었는데, 신통한 보살이 절을 다시 지어 불사를 일으켰다.

창건주인 보살이 교임으로 절을 대표하다가 사망하자, 창건 당시 어린아이였던 아들이 주지로 다시 임명을 받았다. 일곱 살 때부터 어머니와 함께 폐허가 된 사찰 터에 불사를 일으키는 데 평생을 바친 사람이었다. 아무것도 없는 폐허가 된 절 터에 50년에 걸쳐 요사채를 짓고, 도로를 내고 대웅전을 축조하였다.

그런데 주지 임기가 끝날 무렵 종단에서 새로운 주지를 임명하였다. 종단에서 사찰을 빼앗으려는 시도를 한 것이다. 그냥 절을 빼앗길 수 없다고 생각한 기존의 주지 스님이 찾아왔다.

"이 세상에는 법도 없습니까?"

종단의 부당함을 호소하고 끝까지 절을 지키겠다는 다짐을 하였지만 잠을 이루지 못하고 괴로워하였다. 산 중에 있는 사찰은 밤이 되면 적막만이 흐르는 외롭고 무서운 곳이다. 홀로 남아 있는 주지 스님은 새로 임명된 주지가 언제 들이닥칠지 모르는 상황에서 두려움에 떨기도 했다.

종단의 총무원장에게 주지 임명권이 있으므로, 주지 임기가 끝난 이상 다른 사람을 주지로 임명할 수 있다는 것이 종단의 주장이었다. 문제의 발단은 종단에 사찰을 등록한 것에 있었다. 과거 박정희 정권 시절, 국가가 개입하여 불교 재산을 관리한다는 명목으로 '불교재산관리법'이 생기면서 모든 사찰은 종단에 등록하도록 하였다. 위 사찰도 당시 종단에 등록을 했기 때문에 형식적으로 종단에서 주지 임명장을 받아왔던 것이다.

문제의 '불교재산관리법'은 폐지되었지만, 아직도 대부분의 사찰이 종단에 등록을 하고 있다. 큰 종단의 소속 사찰이 되면 사찰의 세력도 커지고 신도들의 신뢰를 더 얻을 수 있다. 하지만 종단에 등록하게 되면 주지 임명권이 종단으로 넘어갈 수 있으므로, 종단에 사찰을 등록하고 종단 소속의 사찰이 되는 경우에는 사찰의 재산을 종단에 귀속시킬 것인지, 주지 임명권도 포기할 것인지를 분명히 해야 한다.

종단에서는 가능한 많은 사찰을 소속 사찰로 만드는 것이 종단의 세를 확장하는 것이므로, 가입을 권장하기 위하여 소속 사찰의 주지에게 재산 관리권, 연고권에 기한 주지 임명권 등을 부여하고 있다. 절에 다니는 사람들은 자신이 다니는 절이 개인 사찰인지 종단에 소속된 직할 사찰인지 별로 관심이 없지만, 창건주나 주지에게는 생존에 관한 문제이다.

모 종단에서 개인이 종단에 증여한 사찰을 교회에 팔아 넘겨 물의를 일으킨 기사를 본 적이 있다. 그 사찰은 사찰 재산의 모든 처분 권한을 종단에 넘겼기 때문에 이런 일이 생긴 것이다. 종단에 등록되어 있지만 사찰 고유의 명칭으로 등기되어 있고, 창건주 또는 연고자에게 사찰의 재산 관리권·주지 추천권·임명권 등이 부여되어 있는 사찰은, 설립자나 창건주가 절의 주지나 교임으로 임명되어 절의 재산을 관리하고, 창건주 또는 그 연고자는 죽을 때까지 주지를 추천할 권리가 있고, 사망 후에는 상속인들이 이러한 권리를 물려받게 된다.

창건주가 있는 사찰이라면 연고권을 가지고 있으므로, 종단에서 창건주나 주지의 의견을 듣지 않고 다른 사람을 주지로 임명하면 무효가 될 수 있다. 위 사건에서도 신임 주지의 부임을 저지하기 위하여 법원에 주지 직무집행 정지, 출입금지 가처분을 신청하였다. 일단 신임 주지의 관여를 저지하는 법원의 결정을 받은 다음, 주지 임명 무효를 다투는 재판을 하였다. 오랜 기간 종단과 재판을 한 끝에 신임 주지의 임명이 무효라는 판결이 확정되었다.

이것이 끝이 아니었다. 주지 스님은 종단이 지긋지긋하니 아예 이번 기회에 탈종을 해야겠다고 하였다. 탈종을 하지 않더라도 창건주는 죽을 때까지 사찰을 대표하고 관리할 수 있으며, 사망 후에도 연고권을 양도하거나 상속할 수 있으므로 사찰 재산을 관리하는 데에 문제는 없다. 그럼에도 종단과 사찰의 분쟁은 탈종으로 이어지게 된다. 문제는 탈종이 쉽지 않다는 것이다.

사찰의 기존 주지와 신도가 소속 종단의 종헌에 따르지 아니하고 그 소속 종단을 탈종하는 것이 가능할까?

　신도와 승려 개인이 소속 종단에서 탈퇴한다고 하더라도 사찰 자체의 종단 소속이 변경되는 것은 아니라는 것이 판례이다. 절이 싫으면 중이 떠나야지 절이 떠나라고 할 수는 없다는 것이다. 물론 주지와 신도가 종단의 종헌·종법에 따라 탈종할 수는 있겠지만, 종단의 헌법에서는 탈종을 하려면 종단의 승인을 얻어야 한다고 되어 있는데 누가 승인해 주겠는가? 승인 없이 무단으로 탈종하게 되면 사찰 자체는 그대로 원래의 종단 소속 사찰로 남아 있게 되니 "절이 싫으면 중이 떠나라"라는 말로 귀결된다. 옛날 속담은 요즘 법이나 판례도 없었을 때 생긴 것인데 신기하게 들어맞는 경우가 많다.

억울한(?) 경우

국도를 다닐 때, 앞서 가는 느릿느릿한 차의 답답함을 경험하였을 것이다. 약속이 있는데 앞서 가는 차가 느리게 가면 반대편에서 오는 차가 있기 때문에 계속하여 중앙선을 들락날락거리면서 추월하려고 하지만 쉽지 않다. 어떤 사람이 이런 경우를 당했다. 앞서 가던 차를 한참을 따라가다가 추월하려고 중앙선을 넘어서 진행하는데, 마침 앞서 가던 차가 좌회전을 하려고 갑자기 왼쪽으로 방향을 트는 바람에 앞 차를 들이받고 말았다.

하필 그때 앞서 가던 차량이 좌회전을 하여 사고가 났으니 얼마나 억울할까? 그냥 천천히 진행하고 있다가 앞 차가 좌회전 하면 자동으로 추월이 되는데 말이다. 어쨌든 이런 사고가 나면 정말 후회가 될 것이다.

그러나 재판을 하면서 억울하다고 하소연한 사람은 앞서 가다가 좌회전을 한 차량의 운전자였다. 위 교통사고로 인해서 앞에서 좌회전하던 차의 운전자는 벌금이 150만 원이 나왔고, 뒤에서 추월하려던 사람은 50만 원의 벌금이 나온 것이다. 왜 이런 일이 생겼을까?

앞서 진행하던 차량의 운전자는 무면허였다. 뒤에서 추월하려고 하지만 않았어도 조용히 좌회전해서 갔을 텐데, 뒤에서 추월하다가 들이받는 바람에 자신의 무면허가 들통이 나서 벌금을 더 물게 되었던 것이다. 뒤에서 추월하려던 사람은, 중앙선을 침범한 과실은 있지만 면허가 있었기 때문에 벌금을 적게 문 것이었다.

내가 재판하던 사건 중에도 억울하다고 주장한 사람이 있었다. 그 사람은 한밤에 국도변에 차를 세워놓고 잠을 자고 있었다. 그런데 뒤에서 어떤 차가 오다가 갓길에 주차된 위 차를 발견하지 못하고 그만 들이받고 말았다. 이것 때문에 갓길에 차를 세워놓고 잠을 자던 사람은 벌금이 300만 원이 나왔고 면허가 취소되었는데, 뒤에서 오던 사람이 오히려 벌금을 더 적게 물었다. 앞 차에서 잠을 자고 있던 사람이 정식 재판을 청구하였다. 갓길에 차를 세워놓고 자고 있었는데 뒤에 와서 들이받는 바람에 억울하게 벌금을 물게 되었다는 것이었다. 그런데 문제는, 그가 잠을 잔 이유가 술에 취했기 때문이었다는 점이다. 결과적으로 차를 세운 곳까지 음주운전한 것이 들통이 나 벌금을 더 물게 되고 만 것이다.

물론 억울할 수는 있겠으나, 이러한 사정은 들어줄 수 있는 것이 아니라서 어쩔 수 없이 그대로 300만 원 벌금에 처하는 판결을 선고하였다. 아직도 그 사람은 내가 벌금을 깎아주지 않아서 서운하다고 생각하고 있을지 모르겠다.

배보다 배꼽이 더 큰 경우

어떤 노부부가 있었다. 학교 교장선생님을 은퇴하고 부인과 집에서 노년을 보내고 있었는데, 하루는 어떤 사람이 찾아와 위성방송 시청을 권유하였다. 별로 필요는 없었는데 자꾸 여러 가지 방송을 볼 수 있다면서 강권하기에 일단 설치해서 시청해 보기로 했다.

문제의 발단은 그 부부가 사는 아파트가 저층인 데다가 방향이 좋지 않아서 위성안테나를 달아도 신호가 잡히지 않았다는 것이었다. 그래서 설치한 곳에 연락을 해서 설치된 시설을 모두 떼어가라고 했다. 그런데 며칠 후 찾아온 권유자가 말하기를, 설치했다가 떼어내면 못 쓰게 되는 부분이 있으니 그 비용으로 2만 원을 달라고 하는 것이었다. 그러자 노부부는 시청도 한 적이 없는데 무슨 설치비냐며 줄 수 없다고 하였다.

결국 고성이 오가다가 서로 멱살을 잡기에 이르렀고, 권유자가 거실 바닥에 넘어지면서 허리를 다치게 되었다. 그리고 얼마 후, 법원에서 연락이 왔다. 그쪽에서 민사소송으로 허리 디스크로 인한 손해배상 1천만 원을 청구했다는 것이었다.

이러한 전화를 받거나 법률 상담을 받게 되면, 우선 법률적인 문제를 검토하기 전에 마음이 씁쓸해진다. 얼마 안 되는 돈 때문에 시비가 생겨 멱살을 잡고 싸우자고 덤비는 사람이나, 밀어서 넘어져 허리가 부러졌다고 우기면서 평소 좋지 않던 허리 치료비라도 벌어보자는 사람이나 마찬가지이다.

분명히 권유자 나이가 40세 이상이었다면 퇴행성 디스크가 있었을 것이기 때문에, 법원에서는 의사에게 평소에 허리가 좋지 않았다는 점을 알리고 이미 진행된 디스크 증세를 판정하도록 한 후에 이를 '기왕증'이라는 이름으로 손해배상액을 정할 때 공제하게 되므로 허리 디스크 발병에 대한 100% 책임을 질 이유는 없지만, 어쨌든 재판에 참석하여 고생할 것이 뻔했다.

판사를 사직하고 변호사 업무를 시작하겠다고 하니, 서예를 하시는 사촌형님이 글을 하나 써주셨다. 그 내용은 '心外無法(심외무법)'이었는데, 사람의 마음이 먼저이고 중요하다는 뜻이라고 했다.

만약 2만 원 때문에 1천만 원짜리 재판이 벌어질 것이라고 예상하였다면 어떻게 하였을까?

"죄송합니다, 번거롭게 해서…. 계속 시청하고 싶은데 안타깝게 되었네요. 5만 원 여기 있습니다. 나머지 잔돈은 됐습니다. 더운데 고생하셨으니 가실 때 음료수라도 사 드세요."

도롱뇽과 그 친구들이 낸 소송

　도롱뇽이 법원에 재판을 청구할 수 있을까? 소를 제기할 수 있는 자격은 민사소송법 규정에 의하여 정해진다. 대학에서 배운 두꺼운 민사소송법의 절반은 '어떤 사람은 소를 제기할 수 없다', '어떤 청구는 법원에서 판단하지 않는다'에 관한 내용이었다.

　법적인 문제가 아닌 내용을 법원에서 판결해 주어야 한다면, 법원은 범람하는 소송에 파묻히게 될 것이다. 소송의 홍수 속에서 법원이 살아남는 길은 꼭 필요한 분쟁에 대하여만 재판을 하고 불필요하거나 무익한 것은 재판을 하지 않고 받아주지 않는 것이다. 법원에서는 소장이 접수되면 '재판을 청구할 자격이 있느냐(원고 적격, 피고 적격)', '소송을 할 이익이 있느냐(소의 이익)'를 먼저 따지고, 이런 것들이 없다면 재판을 하지 말고 각하를 해버린다. 본안에 관하여 재판을 받기도 전에 문전에서 배척당하면 사건은 그대로 종결된다.

민사소송법 강의에서 "민사소송법은 어떻게 하면 재판을 잘 해주고 도와줄까를 규정하는 것이 아니고, 어떻게 하면 재판을 하지 않고 문전에서 차버릴까를 연구하는 것"이라고 농담하신 교수님의 기억이 난다.

수많은 재판이 법원에서 진행되고 있는데, 가끔 엉뚱한 신청을 하거나 자격이 없는 사람이나 단체들을 원고로 하여 소장을 내는 변호사도 있다. 심지어 자격도 없는 동물을 내세운 경우도 있었다. 경부고속철도 천성산 구간(원효터널)의 공사착공금지 가처분신청 사건에서 도롱뇽과 환경단체인 '도롱뇽의 친구들', 천성산 내 사찰인 내원사 등이 한국철도시설공단을 상대로 공사금지 가처분 신청을 한 적이 있었다. 그러나 법원은 도롱뇽은 재판을 청구할 수 있는 자격이 없다고 하였다. 다만 '도롱뇽의 친구들'은 환경단체로서 원고로서의 자격을 인정하였다.

몇 년 전 춘천시민이 냈던 원주시의 혁신도시선정 취소소송에서, 춘천시나 춘천시민은 소송을 제기할 자격이 없다고 한 판결이 있었다. "원주시가 혁신도시로 선정돼 춘천시민들이 이익을 침해받게 된다고 해도, 그 이익은 법적으로 보호되는 이익이 아니라 간접적·추상적 이익이고 경제적 이해관계에 불과하다."는 것이 그 이유였다.

변호사가 된 후 종중에서 종손 앞으로 된 토지를 찾아달라는 소송을 의뢰받은 적이 있다. 1심에서는 종중 땅이라는 증거가 없다고 하여 패소하였다. 종중 회장님이 고령임에도 너무 억울하여 눈을 감을 수 없다고 항소하자고 하였다. 열심히 증거를 대면서 재판에 참석하였고, 법원에서 조정을 하라고 하였지만 종중 회장님은 전체 종중 산을 내놓지 않으면 합의도 할 수 없다고 하여 결국 판결로 가게 되었다.

그런데 항소심 법원은 종중의 대표자 선정이 문제가 있어 소송이 부적법하다는 이유로 각하한다는 판결을 하였다.

2년여 고생하였건만 결과는 허무하였다.

대신 법원은 종중에 다시 기회를 준 꼴이 되었다. 각하되었다는 것은 판결이 없다는 뜻이었다. 1심부터 다시 종중 결의를 제대로 하고 소장을 다시 냈다. 종손이던 피고는 수년에 걸친 재판에 지쳤는지 결국 합의에 응하였고, 종중에서도 일부 토지를 종손에게 넘겨주기로 하고 조정이 성립되었다.

어떤 사람들은 각하될 것을 뻔히 알면서도 법원을 골탕 먹이거나 사회적 이슈를 만들기 위하여 고의로 소장을 내기도 한다. 도롱뇽 사건이 그것이다. 도롱뇽 같은 사건은 각하당하더라도 자신이 하고 싶은 청구를 하는 것이므로 막을 수 없을 것이다. 대신 나중에 소송비용을 부담하는 것은 각오해야 한다.

도롱뇽이 낸 소송은 각하되었고, 소송비용은 도롱뇽이 부담한다고 판결이 나왔어야 했다. 하지만 실제 판결은 도롱뇽에게 소송비용을 부담시키지는 않았다(대신 '도롱뇽의 친구들'이 모두 부담하도록 하였다). 도롱뇽이 소송비용을 부담한 능력이 없음을 재판부가 배려한 것 같다.

오드리 햅번의 유언(무효)

비디오테이프에 자식들에 대한 재산의 분배에 관한 것이 녹화되어 있다가 사후에 발견되었을 때 유언으로써 효력이 있을까?

오드리 햅번이 딸에게 남긴 마지막 유언 중에는

"아름다운 입술을 갖고 싶으면 친절한 말을 하라."

"날씬한 몸매를 갖고 싶으면 너의 음식을 배고픈 사람과 나누어라." 등이 있다.

우리 할아버지들이 남긴 유언 중에도

"내가 죽으면 양자를 한 명 들여서 제사를 지내도록 해라."

"부모에 효도해라, 형제끼리 우애 있게 지내라, 싸우지 마라." 등 꼭 기억해야 할 내용이 많다.

몇 년 전 입적하신 법정 스님은 '말의 빚'을 다음 생으로 가져가지 않겠다며 책을 더 출간하지 말라는 유언을 하였다. 이로 인하여 『무

소유』를 비롯한 대표작들은 품절 사태를 빚었다. 그런데 이런 유언은 유언장에 기재했든, 녹음을 했든, 증인들이 있든, 법적으로는 아무런 효력이 없다. 책의 출간은 그저 살아 생전에 했던 출판사와의 계약에 의할 뿐이다.

민법에서는 유언의 종류와 방식을 정해 놓고, 이에 따르지 않았을 경우에는 효력이 없도록 해놓았다. 민법 제1060조에는 **"유언은 본법의 정한 방식에 의하지 아니하면 효력이 생기지 아니한다."**고 규정되어 있다.

그 이유가 무엇일까?

사람이 사망하면 후손들 사이에 재산 문제, 가족관계에 대한 분쟁이 생기게 된다. 예상되는 유언자의 걱정은 가정불화, 특정인에게 재산을 주고 싶은 마음, 이쁜 막내에게 상속분 이상을 주고 싶은 경우, 내연관계의 여자가 낳은 자식에 대한 처리 등이다.

이러한 문제를 죽기 전에는 도저히 말할 수 없고, 죽은 후에는 분쟁이 생길 것이 뻔하기 때문에 미리 예방하기 위하여 죽기 전에 꼭 유언을 해서 교통정리를 해야 하는 것이다. 이런 목적으로 하는 유언 중 **법에서 인정한 유언은 재산의 증여, 상속재산의 처분, 자식의 인지 등**이다. 사후 양자제도는 구 민법에서는 유언으로 인정하다가 현행 민법에서는 인정하지 않고 있다.

그 외의 유언, 즉 세속적인 유언들은 법에서는 관여하지 않는다. 아버지의 유언을 지키지 않는 자식을 상대로 유언 내용을 지키라는 소송을 내고, 유언을 무시하고 지키지 않을 경우 다른 상속인들에게 위약금을 지급하라는 소장을 내더라도, 법원의 대답은 간단하다.

"원고의 청구를 각하한다."

정신분열증과 재판

　군무이탈을 하여 구속된 병사를 변호한 적이 있다. 어머니에 의하면 아들이 군무이탈로 구속되어 있는데, 군에 복귀할 의사가 전혀 없고 복귀시키면 자살하겠다고 하면서 자기를 괴롭히는 모든 사람들을 죽여 버리겠다고 말한다는 것이었다. "군에 복귀하여 복무할 의사가 없으면 제가 도와드릴 방법이 없다. 그냥 실형을 선고받고 복역한 후 전역하는 것밖에 방법이 없다."라고 대답하고 부모님을 돌려보냈다.

　몇 차례 부모님이 찾아와서 계속 부탁하여 아들을 찾아갔더니 "모든 사람들이 자신을 먼저 공격하려고 하기 때문에 자신이 먼저 지구를 폭파하여야 한다."고 말을 했다. 혹시 그 병사가 정신분열증 증세가 있는 것이 아닌가 하는 생각이 들었다. 군검찰관은 복무 의사만 있으면 선처해 주려고 설득을 해보았지만 절대 재복무할 것

48

같지 않다고 하고, 신부님이나 법사님이 찾아갔을 때에도 마찬가지였다고 하였다.

장시간 이야기를 하고 나에 대한 적대감을 없앤 후 부모님에게 이야기하지 못한 것이 있는지 물어보았다. 며칠 후 그 사병은 자신의 솔직한 얘기를 털어놓았다. "나는 여섯 살 때부터 대화하는 영혼이 있는데, 그동안 여러 차례 바뀌어 왔고, 현재의 영혼은 먼 우주에서 뇌파를 통해 나와 대화를 하고 있다.", "그 영혼은 나에게 예지력을 보여주었다. 그 영혼은 주변의 사람들을 먼저 공격하지 않으면 그들이 먼저 공격할 것이라고 이야기하고 있다.", "다른 사병들이 내 욕을 하는 것이 너무 크게 들려서 밤에 잠을 잘 수 없다.", "소변을 볼 때 누군가 옆에서 때릴 것 같아서 소변을 보지 못한다." "밥이나 물에 약을 타지 않았을까 항상 냄새를 맡는다.", "영혼은 죽을 때까지 같이할 것이다."와 같은 내용이었다. 그 이후 수차례 피고인을 찾아가서 한두 시간 정도 피고인의 이야기를 들어주고, 나에게도 그 영혼을 소개시켜 달라고 하였다. 그는 8페이지 정도 깨알 같은 글씨로 이런 내용을 자세히 적어서 내게 주었다. 사병과 대화하던 영혼이 자신을 남에게 이야기하는 것을 원치 않았는데, 나에게 이야기를 하였기 때문에 괴롭다고 하였다.

그런데 며칠 후 피고인은 "그 영혼이 떠났다."고 이야기하여 깜짝 놀랐다. 잘되었다고 생각했는데 또 다른 문제가 생겼다. 그는 대화할 수 있는 영혼이 없어지자 더 무서워하고 불안해 하면서 유치장 내에서 자해를 해 상처가 나기도 하고 소리를 지르는 등 더 심하게 불안감을 표출하기 시작했다. 이런 이야기를 들은 어머니는 그동안 아들이 그런 정신병이 있다는 생각을 해본 적이 없는데 아들이 불쌍하다면고 눈물을 흘리며, 서울에서 짐을 싸서 원주로 내려와 피고인을 매일 면회하겠다고 하였다.

첫 번째 재판기일이 잡히고, 나는 이러한 증세에 대하여 피고인 신문을 한 후 재판부에 정신분열증 증세가 의심된다는 이유로 정신감정 신청을 하였다. 그런데 한참을 의논한 재판부에서는 정신감정 신청을 기각하였다.

피고인은 정상적인 부대 생활을 했고, 고참·간부들이 피고인을 정상인으로 본다는 의견, 법정에서의 언동이 지극히 정상이라는 것이 그 이유였다. 그 사병은 복무 의사가 전혀 없다고 대답하였다. 재판부는 피고인이 멀쩡한데 황당한 변명을 하거나 비정상적인 불안 상태를 표출하는 것 정도로 보는 것 같아서 안타까웠다. 재차 정신분열증 증세에 대하여 설명하면서 감정 신청을 받아줄 것을 간청하였지만 효과가 없었다. 재판이 진행되고 군검찰관이 징역 1년 6월을 구형하였다.

구형 1년 6월을 받고 공판이 끝난 후 아들을 면회한 어머니는 울면서 나에게 꼭 정신감정을 받을 방법을 알아봐 달라고 했다. 나는 의대 정신과 교수님들에게 연락하여 참고문헌을 복사하고 "정신분열증은 기억력 감퇴와는 무관하다."는 내용의 변론요지서를 제출, 다시 한 번 정신감정을 재고하여 줄 것을 간청하였다. 정신분열증 환자는 지금까지 일반적인 검사에서 기억력의 장애를 보이는 경우는 없다는 것이 의학 서적에 나와 있고, 기억력이 떨어지지 않고 머리가 나쁘지 않다는 이유로 피고인의 정신적 증세를 가볍게 판단하는 것은 잘못이라는 것이 그 요지였다. 정신분열증은 사고의 장애(사고의 흐름·통제·내용의 장애, 환청·환시의 지각의 장애, 우울증)이지 기억력의 감퇴나 건망증 증세와 다른 것이라서 업무 처리 능력과도 무관한 것임을 재판부가 간과하고 있다는 생각이 들었다.

정신분열증은 음성증상(무논리증, 무쾌감증, 무의욕증, 기능의 손상 증상 등 우리가 흔히 말하는 미친 사람)과 양성증상(기억력이나 업무 처리 능력에는 문제가 없지만 망상이나 환각, 우울증, 사고의 장애로 인한 혼란 증세를 보이는 사람)이 있는데, 재판부에서는 음성증상이 심각한 정신분열증이고 양성증상은 정신병이 될 수 없는 약한 증세로 본 것 같았다. 그런데 실제로는 양성증상이 자살로 이어지는 경우가 더욱 많은 심각한 증세라고 한다.

나는 변호의 방향을 바꾸기로 하였다. 그 사병을 설득하여 적극적인 복무의사를 피력하고 자신의 잘못을 반성하도록 하여, 일단 부대에 복귀한 후 치료를 받자고 하였다. 사병을 찾아가서 "이대로 교도소에 가는 것보다는 일단 부대로 복귀해야 하는데, 그러려면 내가 시키는 대로 하자."고 제의하였다. 그리고는 현재의 증세는 병이 아니라 정신적 증상일 뿐이고, 나가서 전문가들이 원인을 찾아내면 바로 그러한 증상을 고칠 수 있다고 하면서 "절대 교도소로 가는 짓은 하지 말아야 한다"고 설득하였다. 피고인도 나를 신뢰하여 내 의견에 따르기로 했다. 그는 내가 시키는 대로 죄를 인정하고 열심히 군복무를 할 테니 이번에 한하여 용서해 달라는 반성문을 쓰겠다고 했다. 그 내용 중에는 "대한민국 님을 위하여 복무하겠다. 내가 복무 의사를 밝히면 전 세계가 이에 호응할 것이다."라는 황당한 것이 있었지만, 어쨌든 취지는 원하는 대로 작성되었다.

이러한 탄원서를 제출하자 재판부에서는 다시 공판을 재개하겠다는 결정을 하였다. 일주일 후에 공판기일이 잡혔고, 재판장은 피고인에게 마음을 바꾼 이유를 물었다. 피고인은 "변호인과 어머니는 내게 정신병이 있다고 하였는데, 재판부에서 정신감정 신청을 받아주지 않고 정상이라고 판정해 주었기 때문에 나는 정상이라는 것을 깨달았고, 그동안 고칠 수 없을 것이라고 생각하였던 소극적인 생각을 버리고 열심히 복무하겠다."고 크게 말하였다. 재판장이 아직도 환청이나 환상 증세가 있느냐고 묻자 그런 것이 줄어들었다고 하고, 다만 기상나팔이 한 번 울리면 20분 이상 들리는 증세가 있다고 답하기도 하였다. 자대에 복귀하면 간부·전우들과 잘 적응할 것이고, 정신 치료도 열심히 받겠다고 답하였다.

피고인은 집행유예 판결을 선고받고 석방되었다. 부모님이 피고인을 데리고 정신과병원에 가서 정신분열증 진단을 받았고, 그 이후 전역심사위원회에 회부되어 전역 처리되었다. 작전은 성공했지만, 군재판부를 비롯한 전문가들조차 정신병에 대한 이해가 너무 부족하다는 것에 대한 아쉬움이 많은 사건이었다.

누구나 정신적인 문제가 있을 수 있다. 이것이 도를 넘게 되면 병으로 진전된다. 정신병이 있는 사람들은 범죄자로 교도소에서 수감 생활을 하는 것보다는 원인을 찾아 치료를 받는 것이 더욱 필요하다. 범죄와 병은 구별되어야 한다.

타인이 몰래 든 생명보험

생명보험 계약을 체결하면 자식들에 대한 도리를 다했다고 생각하는 사람들이 있다. 자신이 불의의 사고로 죽더라도 보험금이 자식들에게 지급되어 생계를 해결할 수 있기 때문이다. 보통은 자신이 직접 보험 계약을 체결하는데, 가끔 제3자가 체결하는 경우가 있다. 아내가 남편이 사망하면 자신이 보험금을 타기로 계약하는 경우가 대표적인 사례이다.

보험 계약자와 피보험자(사망자)가 다른 경우를 흔히 '타인의 생명보험'이라고 한다. 아버지가 돌아가시면 자식들이 보험금을 타도록 하는 경우, 남편이 죽으면 처가 보험금을 타는 경우 등이 그것이다. 집안의 가장인 남편이나 부모님의 사고에 대비하여 처나 자식들이 이런 보험을 체결하는 경우가 있다.

가끔 신문 등을 통해, 남편이나 부모님 몰래 생명보험에 가입한 뒤 사고로 위장하여 남편이나 부모를 살해하고 보험금을 타려는 패륜 행위가 기사화된 것을 본 적이 있을 것이다. 처음에는 외부 사람에 의한 치정이나 원한관계에 의한 살인사건으로 조사가 진행되다가, 나중에 처 또는 자식이 보험금을 노리고 보험에 가입한 후 사고를 위장하여 부모나 남편을 살해한 보험사기 사건이라는 것이 밝혀져 충격을 준다.

미국에서도 보험사기(Insurance scheme)가 성행하고 있다. 증오범죄를 가장한 화재사고가 실제로는 자작극으로 밝혀진 경우도 많았다. 보험 가입자를 몰래 미행하거나 사진촬영을 하여 보험회사에 정보를 파는 파파라치에 의하여 진실이 밝혀지기도 한다. 우리 법원에서도 보험금을 노린 범죄 사건과 이를 둘러싼 보험금 분쟁이 증가하고 있다. 많은 것이 교통사고를 위장한 보험사기와 화재를 가장한 생명보험사기이다. 서로 짜고 사고를 낸 다음 보험금을 타거나 우연한 사고를 가장하여 생명보험금을 타내는 것이다.

타인의 생명보험의 경우, 자신도 모르는 사이 제3자가 생명보험에 가입한 후 사고를 위장하여 살해하려고 할 수도 있다. 이를 막는 장치는 '본인의 서면에 의한 동의 없이는 무조건 보험 계약이 무효'라고 처리하는 것이다. 우리 상법에도 **생명보험의 경우 반드시 사망할 사람의 자필에 의한 서면 동의가 있어야 한다.** 죽을 사람의 자필서명이 없이 제3자가 생명보험 계약을 체결하면 원천적으로 무효이다. 피보험자인 남편이 계약체결 당시에 옆에 있었다고 해도 서면으로 동의서를 작성하지 않았으면 무효가 되고, 나중에 추가로 자필서명을 했어도 유효로 변경되지 않는다.

그런데 이러한 보험 범죄를 막고자 한 제도가 엉뚱하게도 보험사에 의해 악용되는 경우가 있다. 자필서명만 없을 뿐 남편이 내용을 잘 알고 있었는데, 보험모집인과 보험회사에서 서류를 제대로 챙겨주지 못한 경우에도 무효라고 하여 보험금을 지급하지 않으면 선의의 피해자가 생기게 된다.

물론 이때도 돈을 전혀 못 받는 것은 아니다. 보험회사를 상대로 손해배상을 청구하면, 보험회사가 계약체결에 대한 안내를 제대로 하지 못한 책임이 있으므로 보험금 상당 금액을 손해배상금으로 받을 수 있다. 다만 계약자에게도 계약체결 절차를 제대로 알아보지 못한 잘못이 있어, 손해배상금이 과실상계에 의하여 감액될 수 있다.

카페라떼 이야기

우리가 마시고 있는 '카페라떼'라는 커피가 있다. 이것은 이탈리아에서 사용하는 '거품 나는 뜨거운 우유를 넣은 에스프레소 커피'의 이탈리아 명칭이다. 매일유업이라는 회사에서 1997년경부터 이러한 밀크커피를 제조해서 판매하기 시작했는데, 점차 인기를 끌어 여러 차례 히트상품으로 선정되는 등 소비자들에게 상당히 알려지게 되었다. 2002년 제4차 한국산업의 브랜드 파워(K-BPI) 조사 결과에 의하면, 커피음료 부문에서는 매일유업의 카페라떼가 1위 브랜드로 나타났다.

1998년경부터 전국의 수백 개 커피숍이나 커피전문점 등에서 '카페라떼'를 커피음료의 한 종류로 판매하기 시작하였다. 점차 많은 사람들이 '카페라떼'라는 명칭을 쓰기 시작하자, 매일유업에서 이러한 상표는 자신들만이 쓸 수 있는 것이니 다른 사람들은 이러한 상표를 사용하지 말라고 하면서 소송을 내었다.

만약 누구도 카페라떼라는 상표를 사용하지 못하게 한다면 어떤 일이 생길까? 이탈리아에서의 카페라떼는 우리나라의 김치처럼 커피의 종류를 나타내는 하나의 명칭일 뿐, 상표가 아니다. 이탈리아에서는 누구든지 카페라떼라는 명칭을 사용할 수 있다. 우리나라에서 김치라는 명칭을 누구나 사용할 수 있는 것과 같다. 이것을 법률적으로 '일반 명칭'이라고 하는데, **일반 명칭은 상표로 사용할 수 없다**.

예를 들어, 김치가 소개되지 않은 외국의 어떤 수입업자가 김치라는 음식을 수입하면서 상표를 그냥 '김치'라는 한국 명칭을 붙여 팔기 시작했는데, 점차 김치의 맛이 알려지면서 그 나라에서 김치를 찾는 사람들이 늘어나고 인기를 끌기 시작했다고 상상해 보자. 다른 사람들도 우리나라 김치를 수입하거나 제조공장을 만들어서 김치를 생산해 팔려고 할 것인데, 그 명칭으로 김치라는 한국 명칭을 사용할 수 없다고 한다면 어떻게 될까?

처음에는 한국의 명칭이기 때문에 생소하겠지만 대중화된다면 익숙해지는 것은 한순간이다. 그런데 그 말 자체가 상표가 되어서 그 나라에서는 김치를 한 회사만이 상표로 사용하게 된다면, 이것은 상표의 취지에 반하는 것이기 때문에 허용될 수 없을 것이다.

그래서 이탈리아 말로 밀크커피의 명칭인 '카페라떼'는 비록 처음에는 우리나라에 잘 알려지지 않아서 상표로 사용되었다고 하더라도 한 회사에 독점시켜서는 안 될 것이다. 그런 이유로 법원에서는 "카페라떼는 누구나 사용할 수 있는 명칭으로써 한 회사가 독점 사용할 수 있는 상표가 될 수 없다."고 판결하였다.

2년 반만 살면 내 집이 된다
(임대아파트 분양전환 분쟁)

전국적으로 임대아파트에 대한 분양전환을 둘러싼 분쟁이 많이 발생하고 있다.

몇 해 전 시내에 있는 한 임대아파트의 분양전환 시기를 둘러싼 분쟁에 관여한 적이 있다. 임대아파트 주민 600여 세대는 '2년 반만 임대로 살면 내 집을 마련할 수 있다'는 광고를 보고 임대아파트에 입주했다. 그리고 2년 반이 지난 후 임대사업자인 건설회사는 분양전환 공고를 하고 안내문을 보내서 분양전환 동의서를 받았는데, 그 무렵 인근 지역이 혁신도시 부지로 선정되자 감정평가업자 선정에 이의를 제기하면서 분양전환 절차를 중단했다. 그때부터 임차인들과 회사의 분쟁이 시작되어 형사고소 고발과 각종 분쟁이 줄을 이었고, 결국 임차인들이 분양전환을 요구하는 소를 제기하기에 이르렀다.

회사 측의 주장은, 분양전환에 대하여 협의를 하다가 분양가격에 대한 협의가 되지 않아 분양 합의가 이루어지지 못하였다는 것이었다. 그러나 이미 임대차 계약 당시 '2년 반만 살면 분양하여 내 집이 된다'고 광고하였고, 임대계약을 체결할 때 2년 반이 지나면 합의하여 분양하기로 하였기 때문에, 2년 반이 지난 후 "회사에서 분양전환 절차에 대하여 공고하고 임차인들로부터 분양전환 동의서를 받았다면 분양전환 합의가 된 것으로 보아야 한다."는 것이 임차인들의 주장이었다. 1년 반 동안의 재판이 진행된 결과, 법원은 분양전환의 합의가 이루어졌다고 판결하였고, 서울고등법원도 같은 판결을 하였다.

임대주택법에 의하면, 국민주택기금을 지원받은 임대아파트는 임대의무기간 동안 임대를 해야 하고, 임대기간이 경과한 아파트는 임대사업자가 분양할 수 있도록 되어 있다. 의무기간을 경과한 임대아파트의 사업자가 분양 시기를 마음대로 조절하거나 분양을 거부하더라도 임차인들은 이에 대하여 어떤 대책이 없었다. 즉 분양전환 신청권은 임대사업자에게만 있고, 분양전환의 시기에 대하여도 시한이 없었기 때문에, 임대사업자가 분양 전환 요구에 응하지 않을 때 임차인들은 민사 소송에 의지할 수밖에 없었다.

이러한 서민들을 위한 임대주택의 분양전환을 둘러싼 임차인들의 불만을 해소하기 위하여 정부는 임대주택법을 개정하였다. 임대사업자가 임대의무기간이 경과한 후 1년이 지나도록 분양을 하지 않으면, 임차인들은 3분의 2 이상의 동의를 얻어 관할관청에 분양승인을 신청할 수 있게 되었다. 그러나 이러한 법의 개정에도 불구하고 여전히 많은 분쟁이 발생하고 있다. 개정된 분양승인신청 제도 때문에 임차인들은 그만큼 유리한 상황이 되었고, 임대사업자들이 궁지에 몰리는 경우도 생기게 되었다.

101동과 A동의 차이

어느 연립주택에 대한 경매가 개시되었다. 경매가 개시되면 법원은 집행관을 보내서 현황을 조사하게 한다. 집행관은 그 연립주택이 어떻게 생겼는지 사진을 찍고, 주인이 직접 살고 있는지 아니면 세입자가 살고 있는지, 세입자가 언제 이사를 왔고 주민등록을 언제 옮겼는지, 보증금은 얼마인지를 조사하여 현황조사보고서를 작성한다.

연립주택의 세입자 현황을 조사하던 집행관은 이상한 사실을 발견하였다. 세입자 중 몇 가구가 등기부 상의 주소와 다른 주소로 전입신고를 했던 것이다. 연립주택 건물의 출입구에는 101동·102동으로 표시가 되어 있었고, 세입자는 이것을 보고 임대계약서를 쓰고 그대로 신고를 하였는데, 등기부에는 101동·102동이 아니라 A동·B동으로 표시가 되어 있었다. 세입자들은 이런 사실을 까마득히 몰랐던 것이다.

원래 **임차인이 이사하면서 주민등록 전입신고를 하고, 확정 일자를 받아 놓으면 전세권을 등기한 것과 같이 보호를 받는다.** 문제는 **전입신고를 한 주소가 등기부의 표시와 일치해야 한다**는 것이다. 문제가 된 연립주택은 건물 출입구, 외벽에 표시한 것이 101동 · 102동이라서 사람들도 그렇게 부르고 살았기 때문에 임대계약서에도 101동 · 102동으로 기재했던 것이다.

경매절차에서 임차인들이 배당요구를 했지만, 다른 채권자들은 세입자들이 전입신고를 잘못했으니 배당하지 말라고 요구하면서 '배당배제신청서'를 제출했다. 이러한 경우는 원칙적으로 잘못된 주민등록 전입 신고이므로 배당을 받지 못할 수 있다.

그러나 예외적으로 주소지에 두 개의 연립주택만이 있고, 두 개가 서로 층이 달라서 외관상 헷갈릴 여지가 없으며, 'A동 · B동' 또는 '101동 · 102동'으로 순서를 정해서 부르고 있다면 주민등록상의 '101동'이 등기부 상의 'A동'이라는 것을 누구나 쉽게 알 수 있을 것이다. 법원에서는 이러한 이유로 비록 표시는 일부 잘못되었지만 전입신고가 적법한 것으로 보아 권리를 인정해 주었다.

주민등록을 **전입신고할 때 등기부등본을 꼼꼼히 확인하고 정확한 주소지로 신고해야** 피해가 없을 것이다.

계약금을 지급하기 전의 해약 통보

　부동산중개사 사무실에서 계약자를 어렵게 설득하여 계약서를 작성하였다. 부동산 경기가 좋지 않다 보니 계약하려는 사람이 없어서 어렵게 계약을 성사시키기는 했는데, 계약금을 준비하지 않았다고 해서 일단 계약서만 작성한 것이었다.

　매매계약서 작성 후 매수자는 바로 은행에 가서 계약금 500만 원을 계좌이체하겠다고 나갔는데, 입금도 하지 않고 연락도 되지 않았다. 중개사사무실에서 다음날 연락했을 때, 그날 오전까지 입금하겠다고 했으나 역시 입금이 되지 않았다. 그 이후에는 전화도 받지 않았다.

　한참 후 연락이 되었는데, 매수인은 아무래도 계약을 하기 어렵겠다고 하면서, 자신은 계약금을 준 것이 없으니 계약은 애초부터 없었던 것과 같고 무효라고 주장했다.

계약금을 지급한 경우에도 의외로 많은 사람들이 '계약이 체결된 후 24시간 또는 48시간 이내면 계약을 임의로 해제할 수 있다'고 주장하는 것을 보았다.

계약서만 작성하고 계약금을 교부하지 않은 경우 계약의 효력이 어떻게 되는지, 계약의 효력을 주장할 수 있다면 위약금은 어떻게 배상받을 수 있는지 문제가 된다.

계약금이 지급되지 않으면 계약은 성립하지 않는다고 오해하는 사람이 많다. 그러나 **계약금이 지급되지 않은 계약도 유효하다.** 민법상 계약은 합의만으로 성립하기 때문에, 계약금 지급과 상관없이 **계약서에 도장을 찍으면 바로 효력이 발생한다.**

위 사례에서는 계약금이 실제로 지급된 적이 없기 때문에 계약금을 포기하거나 계약금의 배액을 상환하는 방법으로 계약을 해제할 수도 없다.

만약 계약금을 지급하지 않은 상태에서 계약을 무효로 하려면, 계약서에 '계약금을 지급하지 않으면 계약은 효력이 없다'는 특약사항을 꼭 넣어야 한다. 이러한 조건이 없다면 **계약금을 지급하지 않았어도 계약은 효력이 발생하고, 이를 지키지 않으면 불이익이 따르게 된다.**

간혹 개발사업의 부지 내 토지를 매수하는 사람이 매도인에게 '계약금이 지급되지 않은 상태에서의 계약은 아무런 효력도 없으니 일단 도장부터 찍자'고 하는 경우도 있다. 이것은 정말 근거 없는 이야기다.

위 사례에서 매수인의 전화 통보는 매수인의 이행 거절로 볼 수 있으므로, 매도인은 잔금날짜를 기다리지 않고 계약의 강제이행을 청구하거나 계약을 해제하고 손해배상을 청구할 수 있다.

일단 서류에 서명을 하거나 도장을 찍게 되면 반드시 그에 상응하는 책임과 대가를 치러야 한다.

경매절차에서
공유자가 누리는 특혜

공유지분 중 한 사람의 지분이 경매로 나왔다. 변호사 사무실을 찾아온 공유자는 의기양양했다.

"다른 사람은 제 지분을 살 수가 없습니다."

이 말은 맞는 말이다. 단, 나머지 지분을 가진 공유자가 협조하는 한 그렇다. 이런 불합리한(?) 제도가 우리 법에 존재하고 있다.

공유자는 경매절차에서 우선매수청구권을 행사할 수 있다. 법에 의하면, 공유자는 매각기일까지 보증을 제공하고 최고매수신고가격과 같은 가격으로 채무자의 지분을 우선 매수하겠다는 신고를 할 수 있고, 법원은 최고가매수신고가 있더라도 그 공유자에게 매각을 허가하여야 한다고 하여 공유자에게 다른 입찰자보다 우선해서 매수할 수 있는 권리를 부여하고 있다.

공유물 전체를 소유하고 이용하거나 관리하는 데는, 공유자들 사이의 인적 유대관계와 협의가 중요하다. 그래서 공유 지분의 일부가 경매되는 경우, 이러한 공유자들 사이의 친밀한 관계를 유지하도록 하자는 것이 제도의 본래 취지이다. 공유지분의 매각으로 인하여 새로운 사람이 공유자로 되는 것보다는, 기존의 공유자에게 우선권을 부여하여 그 공유지분을 매수할 수 있는 기회를 주는 제도의 취지는 훌륭하다.

그런데 이러한 좋은 의미의 제도가 실제 경매에서 악용될 수 있다. 즉 공유자들끼리 작당(?)하면 일반 입찰자들을 '들러리'로 만들 수 있다. 이러한 제도를 악용해서 일부 공유지분만이 경매에 붙여진 경우, 기존 공유자의 지분을 인수한 다음 경매에 붙여진 공유지분을 취득하는 것이 가능해진다.

공유자 우선매수청구 제도의 근거가 되는 민사집행법 제140조 제1항에는 우선매수청구를 할 수 있는 주체를 '공유자'라고만 규정하고 있으므로, 경매 개시 후에 공유자의 지분을 매수한 사람도 우선매수청구권을 행사할 수 있다. 이러한 지분 취득이 악용의 빌미를 주는 것일 수 있다.

공유자가 우선매수신고를 하였으나 다른 입찰에서 입찰자가 없는 때에는, 최저매각가격을 최고가매수신고가격으로 보게 된다. 입찰자가 있는 경우, 우선매수신고는 집행관이 매각기일을 종결한다는 고지를 하기 전까지 할 수 있다. 법원은 최고가매수신고가 있더라도 그 공유자에게 매각을 허가하여야 하고, 여러 사람의 공유자가 우선매수하겠다는 신고를 한 때에는 특별한 협의가 없으면 공유지분의 비율에 따라 채무자의 지분을 매수하게 된다.

공유자가 우선매수신고를 한 경우에는, 최고가매수신고인은 차순위 매수신고인으로 보게 된다. 최고가매수신고인은 공유자에 밀려 낙찰을 받을 수 없게 되고 차순위 매수신고인으로 보게 되므로 절대 공유자의 우선매수권을 이길 방법이 없게 되는 것이다.

이처럼 공유자를 우월하게 보호할 필요가 있는지 의문이다. 공유자를 우대하는 법 규정에 의하면, 경매절차에서 최고가매수인은 들러리에 불과하다고 하지 않을 수 없다.

정말 공유자로서 보호할 가치가 있는 경우가 그리 많지 않은 현실을 감안하면, 이러한 제도는 지나친 특혜(?)라고 보지 않을 수 없다.

청소년의 고소취하와
부모의 동의

최근에 성범죄가 많이 발생하고 있다. 원래 강간 사건은 피해자의 고소가 있어야 처벌할 수 있고, 청소년에 대한 성폭력 사건의 경우에는 피해자의 의사에 반하여 처벌할 수 없다. 성인에 대한 강간죄와 청소년에 대한 강간죄의 차이점은 무엇일까?

청소년에 대한 성폭력 사건은 고소가 없어도 처벌할 수 있지만, 재판이 끝나기 전에 피해자가 처벌을 원치 않는다는 의사를 표시하면 처벌을 할 수 없게 된다. 이런 강간 사건이 있었다. 붙어 있는 원룸에 고등학교를 다니는 여학생과 직장인이 살고 있었는데, 둘은 평소 같이 담배도 피우면서 대화를 하고 지내던 사이었다. 어느 날 술에 취하여 귀가하던 직장인이 원룸의 문을 열어 놓고 있던 여학생의 방으로 들어가 술김에 키스를 하다가 옷을 벗기고 성행위까지 한 것이었다.

여학생의 남자친구가 경찰에 신고를 하여 구속되었는데, 그 직장인은 여학생이 싫다고 거부한 것은 맞지만 키스를 적극적으로 했기 때문에 성행위도 승낙한 것으로 알았고 성경험도 많은 것 같았다고 주장하면서 화간이라고 주장했다. 화간이란 서로 좋아서 한 성행위를 말한다.

그러나 여학생이 분명히 싫다고 얘기했다면, 피해자가 성행위를 거부할 의사를 분명히 표시한 것이므로 이를 억압하고 성행위를 시도한 것이기 때문에, 강간죄가 성립하게 된다. 위 사건은 처녀막 파열 등의 상해가 없어 강간치상죄는 인정되지 않았다.

결국은 여학생과 합의를 하고 합의서를 받았지만, 부모의 동의서는 받지 못했다. 부모는 이혼하여 연락도 되지 않아서 난감한 상황이 되었다.

민법에서는 미성년자는 반드시 친권자의 동의를 받아야 법률행위를 할 수 있지만, 형사사건은 조금 다르다. **형사사건에서는 청소년이라고 하더라도 의사능력이 있으면 직접 재판에 임하는 것이 원칙**이다. 성폭력 피해자의 경우, 피해를 받은 사실을 이해하고 고소에 따른 사회생활 상의 이해관계를 알 수 있다면 부모의 동의 없이도 고소할 수 있고, 처벌을 희망하지 않는다는 서면도 제출할 수 있다.

이 사건의 경우에도 피해자와의 합의만으로 처벌을 받지 않게 되었다. 민사사건이었다면 친권자인 부모들 동의 없이 할 수 있는 것이 없었을 것인데, 형사사건이라 가능했던 일이었다.

무늬만 부부인 사이

판사시절, 협의이혼의 의사확인을 할 때가 생각난다. 이혼을 하려는 부부는 법원에 가서 판사에게 이혼 의사확인을 받아야 된다.

남편은 국내 스카이 대학 중 하나인 대학의 법대를 졸업한 인재였고 처도 유명 대학을 나와, 겉으로 보기에는 누구나 부러워할 조건을 갖추고 있었다.

부인이 부정행위를 했고 남편에게 자신은 더 이상 부부로서 살 자격이 없으니 이혼을 해달라고 하였다. 남편은 다 용서할 테니 지금이라도 정신을 차리고 잘 살면 된다고 하면서 극구 이혼을 거부하였다.

남편이 없는 자리에서 부인의 사연을 들어보았다.

부인은 그동안의 결혼생활은 사람으로써 삶이 아니라고 했다. 남편은 종교적 신념이 강하였고 청빈한 생활을 신조로 하였으며 결혼하는 날부터 각방을 썼다고 했다. 자식도 억지로 잠자리를 해서 낳았지만 그 이후로는 아예 부부관계 자체를 하지 않고 지내왔고, 부인이 연애소설이라도 보면 불결하다고 하면서 신앙심을 더 강조하였다.

부인은 남편을 설득하여 시골로 내려와 전원생활을 하면 좋아질 것으로 기대했지만, 시골에 와서도 변한 것이 없다고 했다.

부인은 외롭고 힘든 생활을 잊으려 쿠키 만드는 것에 매진하여 상을 타기도 했다. 부부는 주말이면 손을 잡고 교회를 가고 항상 웃으면서 지냈기 때문에 다른 사람들은 잉꼬부부라고 부러워했다. 정말 무늬만 부부였지 각자 딴 생각으로 꽉 차 있는 부부였다.

그러던 중 부인은 서울에서 이사온 옆집 남자에게 마음이 끌리게 되었다. 그가 집도 고쳐주고 따뜻하게 대해주자, 쿠키나 음식을 가져다 주고 나눠먹으면서 정을 나누게 된 것이다.

결국 잠자리도 같이 하게 되었는데, 그때 부인이 느낀 것은 세상을 잘못 살았다는 것이었다. 그동안 남편 때문에 포기하고 살았던 자신을 찾고 싶었던 부인은 이혼을 결심하고 남편에게 부정행위를 고백하였지만, 남편은 부인을 놔주려 하지 않았다. 나는 그 부부의 협의이혼을 반드시 성립시켜야겠다고 마음을 먹었다.

보통 협의이혼 사건은 1분이면 끝나는데, 그날은 세 시간도 더 걸렸던 것 같다. 나는 남편에게 물었다.

"제일 사랑하는 사람이 부인이라면 그 사람이 정말 원하는 것을 들어줘야 하지 않을까요?"

결국 그 부부는 이혼하기로 하였다. 남편은 끝까지 마음으로 이혼을 받아들이지 않았다. 부인이 잠시 잘못된 생각을 하고 있으니 다시 정신을 차리고 제자리로 돌아오기를 간절히 바라고 있는 눈치였다. 돌아가는 그 남편의 축 처진 어깨를 보면서 과연 내가 잘한 것인지 후회가 들었다.

유치권과 가스통

　도축장을 경매로 취득한 사람이 사무실을 찾아왔다. 경매가 진행되는 동안 유찰이 반복되어 가격이 엄청나게 떨어진 도축장을 최종 낙찰받았는데, 막상 도축장을 인도받으려고 하자 유치권자가 워낙 강경하게 나와 재판 중이라고 했다. 건물명도 소송을 제기했는데, 아직도 재판이 진행되고 있어 언제 끝날지 기약이 없다고 했다.

　현장에는 붉은 현수막에 유치권행사 문구를 적어놓고 유치권을 행사하는 공사업자들이 진을 치고 있었고, 도축장 입구에 가스통을 가져다 놓아 강제로 진입할 경우 가스통을 터트릴 것 같은 위압감을 조성하고 있었다.

　낙찰자는 매각대금을 모두 납부하고 도축장을 운영할 인력도 모두 채용하여 놓았는데, 인도를 받지 못해 매월 수천만 원씩의 손해가 발생하고 있었다.

아무리 급해도 이들을 내쫓고 들어갈 방법은 없기 때문에 하루빨리 법원의 판결을 받아야 하는데, 법원의 재판은 2주 또는 3주에 한 번 열리기 때문에 몇 달을 낭비하고 있었다.

이런 경우 변호사는 답답함을 느낀다. 빨리 해결해 주고 싶은데 그럴 수 없기 때문이다. 법원에서 그런 사정을 들어주고 재판을 매일, 아니 2~3일에 한 번씩이라도 열어 판결을 며칠 내에 해주면 좋으련만 현실은 그렇지가 못하다. 정말 답답한 나머지 그 낙찰자는 기존의 변호사 사무실에 대한 신뢰를 잃고 다시 새로운 변호사 사무실을 찾아왔던 것이다.

그가 A4 용지에 출력한 법원의 판결을 보여주었다. '경매개시결정 이후 점유를 이전받아 공사를 한 업체는 유치권을 주장할 수 없다'는 판결이었다. 사건 기록을 보니, 유치권을 주장하는 상대방의 변호사가 보낸 내용증명에 경매개시결정 이후에 건물을 인수하고 공사를 하였다고 스스로 인정하고 있었다.

"빙고!"

이 판결만 있으면 이 사건은 쉽게 해결할 수 있었다.

그는 그 판결을 인터넷에서 찾아 당시 소송을 수행하던 변호사에게 가져다 주었다고 했다.

"아니 그런데 왜 해결이 안 되고 지금까지 이러고 있었죠?"

"그 변호사님이 저에게 '법은 변호사가 알아서 제시하는 것이니 본인은 신경 쓰지 말라'고 하더라고요."

나는 기존의 명도소송은 그냥 놔두고 새로운 방법을 찾기로 했다. 변론이 필요 없는 '부동산 인도명령제도'라는 것이 있는데, 이는 경매절차에서 간이하고 신속하게 인도받도록 한 제도이다. 경매로 부동산을 매수한 후 6개월 이내에만 신청할 수 있는데, 그 사건은 거의 6개월이 되기 직전이었다.

그 사건은 그렇게 해결되었지만, 유치권자들의 불법적인 농성과 버티기로 건물과 시설이 다 망가졌다. 손해를 배상받으려고 하였지만 아무 재산도 없는 깡통 유치권자인 회사가 배상을 할 리 없었다.

'법은 멀고 주먹은 가깝다'고 탄식을 하고 있을 때, 이 사건의 해결책은 아주 가까이 있었다. A4 용지 한 장에 모든 답이 있었고, 변호사가 그 내용만 확인했어도 몇 달을 낭비할 필요가 없었던 것이다.

어리석게도 이 사건은 법이 주먹보다 훨씬 더 멀리 가버렸고, 물론 그렇게 만든 것은 "알아서 법적 주장을 하겠다"고 한 전문가의 무지와 불성실이었다.

경매절차에서 웃는 사람

전에는 경매절차에 참여하여 부동산, 특히 주택이나 아파트를 경락받는 것을 꺼리는 사람들이 많았다. 그 이유는 망한 사람들의 집을 경매로 취득한 후 그 집에 들어가 살더라도 마음이 편하지 못하다는 것 때문이었다. 남이 망하는 것을 기뻐할 사람들은 없을 것이다. 우리 속담에 '사촌이 땅을 사면 배가 아프다'는 말이 있지만 이것은 남이 잘되는 꼴을 못 봐준다는 뜻이고, 막상 남이 사업이 망하여 가족들이 거리로 나앉게 되는 경우에는 불쌍하게 생각하고 이사비용이라도 도와주는 것이 우리네 인심이었다.

그런데 최근에는 사정이 많이 바뀌었다. 경매로 자신이 소유하고 있던 부동산이 매각되는 경우에도 눈 하나 깜짝 하지 않는 사람들이 생긴 것이다. 사업에 실패하고 경매로 재산이 다 없어져 신용불량자가 되었음에도 남의 이름으로 다시 회사를 운영하고 좋은 차를 타고 다니는 사람들이 있다.

회사를 운영하면서 많은 돈을 대출받거나 매출금을 빼돌린 다음 회사가 부도 나도록 방치한다. 그러면 회사의 모든 재산이 경매가 되고, 1순위 근저당권자인 은행은 어느 정도 채무를 회수하지만 나머지 채권자들은 거의 채권 회수를 하지 못하게 된다.

회사의 운영자는 위 경매절차에서 제3자를 내세워 부동산을 낙찰받기도 한다. 이때 다른 사람들이 경매에 참여하지 못하도록 권리관계를 복잡하게 만들어 놓는 방법을 사용한다. 그중 많이 이용되는 것이 유치권 신고이다. 부동산의 가격이 10억 원이라면 유치권 신고를 하면서 7억 원 정도를 공사대금으로 받지 못했다고 주장한다.

유치권이 근거 없는 것이라고 하더라도 다른 사람들은 경매 후 분쟁이 생길 것을 우려하여 입찰을 포기하게 되고, 유찰이 반복되면서 최저매각가격이 내려가게 된다.

경매 전문가가 아니라면, '유치권 신고서'가 경매기록에 편철되고 경매사건 검색에 유치권 신고서가 접수되었다는 내용이 나타나게 되면, 마치 유치권이 실제 있는 것처럼 생각한다.

어떤 사람들은 경매절차에서 유치권 신고를 하지 않은 사람은 나중에 유치권을 행사할 수 없고 주장도 할 수 없다고 착각하기도 한다.

경매절차에서 유치권이 신고되었는지 여부와 무관하게, 실제 공

사대금 채권이 있고 건물이나 토지를 점유하고 있으면 유치권자로서 권리를 인정받게 된다. 이러한 요건을 갖추지 않았다면 유치권 신고를 했다고 하더라도 유치권이 인정될 수 없다.

그럼에도 일단 유치권 신고서가 접수되고 현장에 현수막을 내걸기만 하면, 입찰에 참여하려는 사람들은 겁을 집어먹고 입찰에 참가를 하지 않으려고 한다.

이러한 현실을 이용하여 복잡한 권리관계를 만든 다음, 채권자들의 채권을 떨어내고 부동산을 헐값에 매수하려는 채무자들의 농간에 선량한 채권자들이 피해를 보게 된다. 경매절차를 통하여 채무를 정리하는 수단으로 이용하려는 채무자들이 있는 한, 경매절차는 단순히 망하는 사람들을 위한 빚잔치로만 볼 수 없게 되었다.

경매에 잘못 참여할 경우에는, 채무자들의 농간에 의하여 손해를 보는 경우도 생기게 되었다. 이처럼 경매절차에서는 안타깝게 좌절하는 채무자도 있지만 경매절차를 지켜보면서 웃고 있는 채무자가 있다는 점을 명심하고, 입찰에 참가하기 전에 권리관계를 전문가와 의논하는 것이 꼭 필요하다.

무허가 중개업자의 소개비 반환 청구

　공인중개사는 부동산의 의뢰인으로부터 매물을 받아 이를 소개하고 중개수수료를 받는 것을 직업으로 하는 사람이다. 그런데 공인중개사의 자격이 없는 사람이 부동산 매매나 전세, 월세 등을 소개하고 수수료를 받은 경우에는 어떤 문제가 있을까?

　최근 공인중개사 자격증을 빌려 중개업소를 개설하고 무허가 중개업을 하다가 단속되어 처벌받은 사람을 상대로 이미 지급한 중개수수료를 반환해 달라는 사건이 있었다. 무허가 중개업소를 운영하다가 단속되어 처벌을 받았다고는 하지만, 의뢰인으로부터 부동산 매매 등을 의뢰받아 노력에 의하여 거래를 성사시킨 다음 그 대가를 받은 것이기 때문에 중개수수료는 땀 흘린 대가에 해당한다. 그러므로 이미 지급받은 중개수수료를 반환해 달라고 하면 당연히 이를 돌려줄 수 없다고 거부할 것이다. 이 경우, 의뢰인이 이미 지급한 중개수수료를 반환해 달라고 청구하는 근거는 무엇일까?

법은 가능하면 개인들의 사적인 거래에 개입하지 않으려고 한다 (사적자치의 원칙). 그렇지만 예외적으로 도박계약과 같이 공서양속에 반하고 사회질서를 어지럽히는 계약은 무효라고 규정하는 등 개입도 하게 된다. 또한 법을 위반하면 무조건 무효로 규정하는 경우도 있다(강행법규).

대법원은, 중개수수료 규정은 강행법규로 보아 **'법에서 규정한 중개수수료를 초과하여 받게 되면 무효'**라고 판결한 바 있다. 고액의 수수료를 수령한 부동산 중개업자에게 행정적 제재나 형사적 처벌을 가하는 것만이 아니라, 법령에서 정한 한도를 초과한 중개수수료 약정에 의한 경제적 이익이 귀속되는 것을 방지하여야 할 필요가 있다고 본 것이다.

얼마 전 이런 사건도 있었다. 친구가 소개비를 줄 테니 매수인을 소개해 달라고 하여 거래를 성사시켜 주고 약속대로 소개비를 받았는데, 나중에 친구가 중개업자가 아닌 사람은 수수료를 받을 수 없는데 소개비를 받았으니 돌려달라는 소를 제기한 것이다.

이 경우에는 소개자가 중개업 자격이 없기 때문에 1회성으로 소개를 한 것인지, 아니면 사무실을 차려놓고 영업을 한 것인지에 따라 달라진다. 친구의 부탁을 받고 한 번 소개를 했다면 그것은 무허가 중개를 업(먹고 살기 위한 사업)으로 한 것이라 볼 수 없다.

이런 경우까지 소개비 약속이 무효라고 하는 것은 부당하다. 대법원도 **"영업이 아닌 1회성 소개비의 경우에는 무효가 아니고, 소개비도 돌려줄 필요가 없다."**고 판결하였다.

소개비를 줘 놓고 다시 돌려달라고 한 무정한 친구는 친구도 잃고 돈도 잃게 되었다.

계약금은 무조건 포기하는 것이 아니다

매매계약을 성급하게 하다 보면 나중에 후회를 하게 된다. 중개업자가 바람을 넣어서 성급하게 결정을 하였지만, 곰곰이 따져보아 잘못한 계약이라고 생각되면 계약을 포기해야 할 것인지 고민하게 된다.

계약을 파기할 경우 어떤 손해를 보게 될 것인지는 계약서 내용에 따라 달라진다. 나는 이런 상담을 받을 때마다 우선 계약서의 해약금, 위약금, 계약금 부분을 자세히 살펴본다.

예를 들어 매매계약서에 매매대금 22억 원 중 계약금이 3억 원으로 되어 있다면, 특별한 약정이 없는 한 해약금도 같은 금액이 된다(민법 제565조).

'해약금'이라는 것은 중도금을 지급하기 전에 매도인이나 매수인이 계약을 끝내기 위해 포기하는 비용이다. 해약금은 계약을 포기하기 위해 손해를 감수해야 하는 '해방금'이다. 계약을 포기하고 끝내기 위해, 즉 계약에서 해방되기 위해 필요한 돈이다. 이러한 '해방금'을 지급하려면 한시라도 빨리 마음의 결정을 하고 해약금을 지급하거나 포기해야 한다.

이러한 결정은 상대방이 중도금을 지급하기 전에만 할 수 있으므로, 늦어도 중도금을 지급받기 전에는 결단을 내려야 한다.

중도금, 잔금을 지급하지 않고 버티게 되면 매도인이 계약을 해제하고 손해배상을 청구할 것이다. 매도인은 계약 해제를 하고 손해배상을 받을 것인지, 아니면 그냥 계약을 유지하고 나머지 매매대금을 달라고 할 것인지 선택할 수 있다.

계약을 해제하게 되면 해제로 인한 손해배상을 청구할 수 있는데, 손해액이 얼마인지 입증하기가 어렵기 때문에 미리 계약서에 위약금(내지 손해배상의 예정) 약정을 하게 된다. 문방구에서 파는 계약서에도 이것이 잘 기재되어 있다. 위약금을 정해 놓아도 법원에서 감액할 가능성도 있다. 실제 22억 원의 매매대금 중 3억 원을 계약금으로 받은 경우, 법원에서 손해배상액을 2억2천만 원으로 정하고 나머지 8천만 원을 돌려주라고 한 사례가 있었다.

채무불이행의 경우, 계약금 전액을 항상 배상해야 하는 것은 아

니므로 무조건 계약금을 포기할 필요는 없다. 위의 사례에서처럼 계약자는 미리 계약을 포기하였어도 계약금 3억 원을 포기하지 않고 버티었기 때문에, 그 결과 2억2천만 원만 손해배상을 해주고 나머지 8천 만 원을 돌려받아 손해를 줄일 수 있었던 것이다.

허위 유치권 신고에 대한 대처법

유치권이란 돈을 받을 때까지 물건, 주택을 반환하지 않고 보관하거나 점유할 수 있는 권리이다. 이것이 왜 경매에서 문제가 되는 것일까?

법원에서 한 부동산 매각 공고에 '유치권 신고 있음 금액 7억 원 있음' 등이 표시되었다면 섣불리 경매에 참여하였다가 낭패를 볼까봐 매수하려는 사람들이 많지 않을 것이다. 유치권을 행사하는 사람이 있는 경우, 그 사람에게 7억 원을 변제하기 전까지 부동산을 넘겨받을 수 없기 때문이다.

그래서 경매법원에 유치권 신고가 허위라고 주장하면서 유치권을 인정하지 말아달라는 신청서를 내는 경우가 있다. 제목은 '유치권 배제신청'이다. 그 내용은 "유치권자가 허위로 신고한 것이다. 법원에서 유치권이 가짜임을 판결해 달라."는 것이다.

물론 경매법원에서는 유치권 배제신청에 대하여 아무런 판단을 내려주지 않는다. 그냥 배제신청서가 접수되었다는 것만 표시될 뿐이다.

법원경매에서 유치권 신고를 하면, 법원에서 유치권 신고가 있다는 것만 매각공고에 표시할 뿐 달리 유치권이 실제 있는지 확인하지 않는다. 또한 유치권 신청이 있다고 해서 경매가 중단되지도 않는다.

법원 경매에서 유치권 신고를 남발하는 이유는 이러한 허점이 있기 때문이다. 허위의 유치권 신고를 해서 건물을 싸게 낙찰 받았다고 자랑하는 사람도 많이 보았다. 자신이 잘 아는 사람의 집에 경매가 들어와서 허위로 유치권 신고를 했더니 유찰이 두 번이나 되었고, 그 덕분에 가격이 많이 내려가 친척 이름으로 싸게 매수하였다고 은근히 편법을 과시한다.

이러한 편법에 허위의 유치권 신고가 이용된다. 혹시라도 경락을 받은 후에 유치권자가 실력행사를 하게 되면 분쟁이 생길 수밖에 없고, 유치권자가 주장하는 공사금액 등을 물어줄 위험이 크기 때문에 입찰을 꺼리도록 하려고 허위의 유치권 신고를 하고 분쟁을 일으키는 것이다.

이를 막기 위하여 법원에 유치권 배제신청서를 제출하는 것인데,

법원에서는 아무런 조치를 취하지 않고 그냥 신청서만 기록에 첨부해 놓을 뿐이다. 그러므로 보다 **적극적으로 유치권 배제를 하려면, 경매절차를 중지하고 유치권 부존재 확인의 소를 제기하여 법원으로부터 유치권의 존재 여부에 대하여 판결을 받는 것이 확실하다.**

유치권이 문제가 있다는 것을 확인받으려면 유치권의 신고 시기, 신고서에 나타나 공사내역, 언제부터 부동산을 점유하기 시작했는지, 집행관이 현장을 확인하고 조사한 후 작성하는 현황조사보고서의 내용, 감정인의 감정평가서의 점유 현황 등을 꼼꼼히 검토한 후 배제신청, 유치권 부존재 확인의 소를 제기하여야 할 것이다.

허위의 유치권 신고가 확실하다면 형사적으로 '입찰 방해'로 고소하는 것도 가능하다.

편법을 이용하려는 사람들도 많지만, 꼼꼼히 유치권의 허위신고 여부를 밝혀 민사소송·형사고소 등을 적절히 활용하면, 경매절차에서 받을 불이익을 사전에 피할 수 있다.

계약서에 기재되지 않은 약속

우리나라 사람들은 돈을 빌려주면서 차용증을 받지 않거나 돈을 주면서 영수증을 받지 않는 경우가 많다. 나도 대학에서 법률을 공부했고 현재에도 법조인으로써 법적 분쟁을 다루고 있지만, 계약서를 작성하는 것이 낯설 때가 많다.

그 이유는 이러한 서류를 요구할 경우 상대방이 기분 나빠할 것이라고 생각하기 때문이다. 약속을 하거나 합의를 할 때마다 합의서, 각서, 확인서 등을 작성하자고 하고 문구를 꼼꼼히 따져가며 자꾸 고치려고 하면, 결국에는 상대방이 짜증을 내고 "사람을 못 믿냐"고 정색을 할 수도 있다.

계약서를 작성하기는 했지만, 서로 합의한 내용을 모두 기재하지 않는 경우도 많다.

차용증을 작성하면서 약정한 이자의 내용을 기재하지 않은 경우,

매매계약 시 맹지인 토지의 진입로 제공, 분묘의 이전, 수목의 포함 여부에 대한 구두합의 내용을 기재하지 않은 경우, 임대차계약 시 권리금의 인정, 원상회복의 방법 등에 대하여는 구두로만 합의한 경우 등 계약서에 기재되지 않는 약속이 많이 있다.

이러한 약속이 표시되지 않은 경우에는 그러한 약속이 있었다고 재판에서 주장할 수 있을까? 우리 민법에는 계약을 체결할 경우에 반드시 서면 계약서를 작성하여야 한다는 규정은 없다. 즉, **서류에 의하든 말로 하든 합의하면 계약은 성립한다.**

법에서 반드시 서면에 의하도록 한 경우도 있고(유언 등), 서면에 의하지 않은 증여계약은 이유 없이 취소할 수도 있도록 한 경우가 있지만, 이것은 예외적인 경우이다.

그런데 왜 법률전문가들은 꼭 서류를 작성해야 한다고 말하는 것일까? 그것은 재판에서의 입증 문제 때문이다. **계약서에 기재하지 않은 약속은 다른 증거에 의하여 입증해야 한다.**

이러한 경우 약속 내용을 들었다는 사람이나 녹음한 녹취록을 증거로 많이 제출한다. 그런데 들었다는 사람은 한쪽 편의 일방적인 주장을 그대로 들었다고 위증하는 경우가 많이 있고, 중립적인 증인이 있어도 상대방과의 관계 때문에 증언을 하지 않으려고 하는 경우가 많다. 이를 만회하고자 나중에 계약 당시 상황을 물어보거나 확인하는 내용을 녹음하는 경우도 있다. 상대방 몰래 하는 녹음은 의도적인 유도질문이 많아서 원래의 생각이나 약속의 내용이 왜곡될 수 있으므로 증거로서 부족한 면이 있다.

이럴 때 계약서에 그 내용을 분명하게 기재하지 않은 것을 후회하게 된다. 그렇다고 분쟁이 생길 것을 예상하고 모든 일상생활의 대화를 녹음하거나 모든 합의 내용을 서면으로 작성한다면 오히려 인생이 피곤해지고 일도 번거로워질 것이 뻔하다.

평소 녹음하는 사람이라는 것이 알려지면, 어느 누구도 가까이하려고 하지 않을 것이고, 거래 자체를 기피할 것이다.

장래 분쟁이 생길 가능성이 조금이라도 있는 계약을 체결하는 경우에는 반드시 서면에 내용을 정확하게 기재해야 한다. 만약 그것이 중요한 내용임에도 상대방이 서면으로 기재하지 않으려고 한다면, 그러한 위험을 감수하면서 계약을 체결할 필요성이 있는지 신중하게 검토하고 판단해야 한다. 만약 그러한 위험을 감수할 만큼 이익이 나지 않는 계약이라면, 계약체결을 미루거나 과감하게 포기해야 한다.

손해배상액의 예정

위약금이란 무엇일까? 대다수 사람들은 '위약금이란 약속을 지키지 않았을 경우에 물어주는 돈'이라고 답할 것이다. 그러나 이것은 정확한 표현이 아니다.

부동산을 매매하면서 매매대금을 20억 원으로 정하고 위약금을 4억 원으로 정하였을 경우, 어느 일방이 약속을 지키지 않아서 매매계약이 해제되었다면 어떻게 될까? 이 경우 위약금으로 4억 원을 무조건 지급해야 하는 것은 아니다. 실제 법원에서 재판을 하게 되면 법원에서는 위약금을 감액하여 2억 원만 배상하라고 판결이 날 가능성이 높다.

어느 일방이 계약을 이행하지 않아 계약 해제가 되었을 경우 손해배상을 하게 되는데, 이때 **손해배상액을 미리 예정해 놓는 것이 위약금이다.** 민법에서 위약금은 손해배상액의 예정으로 추정한다고 되어 있다. 민법에 의하면 손해배상액의 예정은 법원에서 적정금액으로 감액할 수 있다. 실제 손해 발생액을 증명할 경우에는 위약금보다도 더 많은 손해배상을 받을 수도 있다.

위약금은 계약 당사자의 이행을 강제하거나 약속을 꼭 지키도록 하기 위한 금액이 아니라, 계약 파기로 인하여 입게 된 손해를 얼마로 평가하여 배상하여야 하는가를 미리 예정해 놓은 것이다. 법원에서는 통상적으로 매매계약의 경우 매매대금의 10%에 해당하는 계약금이 적당한 위약금, 즉 손해배상액이라고 보고 있으므로, 매매대금이 20억 원이었다면 위약금도 2억 원으로 인정할 가능성이 큰 것이다.

그렇다면 약속을 지키지 않았을 때 4억 원을 받을 수 있는 방법은 없을까?

계약서에 어느 일방이 계약을 위반하면 '위약벌'로 금 4억 원을 지급한다고 기재하면 된다. 이때에는 법원에서 재판을 하더라도 위약벌로 4억 원을 무조건 지급하라는 판결이 날 것이다. 약속을 어겼을 경우 벌칙으로 위약벌 금액을 지급하도록 하는 것이므로 감액이란 것이 있을 수 없다. 위약벌 금액은 매매대금의 10%를 훨씬 초과하더라도 상관이 없다.

위약금과 위약벌의 차이는 바로 깎을 수 있느냐, 없느냐에 있다.

만약 금액을 깎을 수 있는 것이라면 위약금 또는 손해배상액의 예정이고, 깎을 수 없다면 위약벌이다. 위탁판매의 경우, 매출신고 누락분의 열 배에 해당하는 벌칙금을 임대인에게 배상하기로 한 약정 등이 위약벌의 예이다.

문제는, 판례는 계약서에 '위약벌'이라고 썼어도 무조건 위약벌로 보지 않는다는 점이다. 거래 내용을 검토하여 채무불이행으로 발생한 직접적인 손해와 상관없이 **'상대방에게 계약의 이행을 강제하기 위한 벌금의 형태'라는 점이 분명해야 위약벌로 인정**하기 때문에, 확실한 위약벌을 받으려면 전문가와 상담하는 것이 필요하다.

토지거래허가 없는 매매계약

땅 소유자와 매매계약서를 작성하고 계약금을 지급했는데, 소유자가 며칠 후 연락을 해서 계약은 없던 일로 하자고 했다면 어떻게될까? 과거에는 땅값이 자고 일어나면 오르던 때도 있었지만, 최근에는 땅값이 오르지 않고 오히려 떨어지는 경우가 많다. 신도시 등인근 지역의 택지개발계획이 발표되면서 부동산 가격이 상승하는지역의 경우, 땅값이 크게 오를 것으로 판단한 매도인이 일방적으로 계약을 철회할 수 있을까?

어떤 사람들은 48시간 이내에는 어떤 계약이든 철회할 수 있다고믿고 있는데, 이것은 아무 근거가 없는 이야기다. 계약서에 도장을찍으면 철회란 있을 수 없다.

매매계약의 경우, 매도인은 중도금을 지급받기 전에 계약금의 두배를 돌려주고 계약을 해제할 수 있다. 매수인은 계약금을 포기하고 계약을 해제할 수 있다.

그러나 토지가 토지거래허가 구역 내에 있다면 얘기가 달라진다. 토지거래허가는 어마어마하게 무서운(?) 제도이기 때문에 허가 구역 내에서 매매계약을 체결하면 무효가 된다. 다만 토지거래허가를 받게 되면 그 계약서대로 매매를 한다는 계약서로 소급해서 써 먹을 수 있을 뿐이다. 이를 전문가들은 '유동적 무효'라고 말한다. 쉽게 말하면, **허가를 받기 전에는 아무것도 아닌 무효의 계약이므로 계약이 없는 것과 똑같다**는 뜻이다. 어쨌든 허가를 받기 전에는 무조건 무효이기 때문에 계약 자체가 없는 것과 같다. 따라서 어떠한 계약이행 청구도 할 수 없기 때문에 계약 해제 문제도 발생하지 않는다.

토지거래허가를 받기 전에는 계약이 없는 것과 같기 때문에 매수인이나 매도인이 계약이 없던 걸로 하자고 하면 모든 것이 끝난다. 계약금은 아무 조건 없이 돌려받을 수 있게 된다.

다만, 계약서에 '당사자 일방이 허가를 받기 위한 협력 자체를 이행하지 아니하거나 허가신청에 이르기 전에 매매계약을 철회하는 경우'를 계약 위반 사유로 명시하였다면, 손해배상을 청구할 수 있을 뿐이다.

비양심적인 매도인이 이런 점을 악용하지 못하게 대응하는 방법은 먼저 처분금지 가처분을 하고, 토지거래허가 협력을 요구하여 허가를 받는 것이다. 토지거래허가에 협조하지 않는 경우, 일정액을 벌금으로 지급받기로 하는, 위약벌 약속을 하는 것도 필요하다.

계주와 계원의 책임

열심히 일하고 알뜰하게 돈을 벌면서 매월 곗돈을 불입하고 나중에 목돈을 타서 재산을 늘려가는 것도 삶의 한 즐거움이라고 할 수 있다.

계는 타는 순서가 정해져 있는 번호계(순번계)와 곗날 높은 이자를 주겠다고 하는 사람에게 주는 낙찰계가 있다. 보통은 곗날 계원들이 모여 밥을 같이 먹고 곗돈을 태워주지만, 계원들이 바쁘다 보니 계주만 알고 다른 계원이 어떤 사람인지 얼굴도 모르고 곗돈만 타는 경우도 있다.

계주만 믿고 계원들이 누구인지 모른 채 매달 불입금만 입금하게 되면 나쁜 마음을 먹은 계주는 이를 이용한다.

돈이 급한 계주는 가짜로 계원명부를 만들어 놓고, 앞 번호로 자신과 가짜 계원들을 내세워 우선 곗돈을 다 타서 쓴다. 착하고 아무

것도 모르는 계원에게는 나중에 타면 이자도 많이 붙으니 미리 탈 필요가 없다고 하면서 순번을 뒤로 미뤄둔다.

나중에 먼저 탄 계원(계주가 내세운 가짜 계원 포함)들이 계 불입금을 다 내지 못하게 되면 계가 유지될 수 없음에도 계주는 이런 사실을 계원에게 알리지 않고 불입금을 계속 받아서 챙긴다.

몇 년 전에 설문조사를 한 것이 있는데, 계원이 곗돈을 내지 않을 때 계주가 개인재산이라도 털어서 대신 내주어야 하는지 물어보았더니 15%는 계주에게 책임이 없다고 답했다.

이것은 정상적인 계를 가정한 질문이었을 것이다. 계원이 일부 도망갔다면 계주로서는 어떻게 해야 할까? 계주 이외에 다른 계원들도 연대하여 책임을 져야 하는가?

법원에서는 "계주가 자기의 개인 사업으로 계를 조직 운영하는 것으로, 계 불입금 및 곗돈을 태워주는 것은 오직 계주와 계원 사이에 개별적으로 존재하므로, 계가 깨어졌다고 하더라도 다른 계원들을 상대로 정산해 달라고 할 수 없다."고 한다. 계주는 계원이 도망가더라도 나머지 계원의 곗돈을 모두 책임져야 한다. **계주는 자기 재산을 털어서라도 곗돈을 내줄 책임이 있지만, 다른 계원들이 이를 책임질 필요는 없다.**

다만, 나머지 계원들 중 이미 순번이 되어 곗돈을 탔다면 나머지

불입금을 내야 하므로 계주를 대위하여 미불입금의 지급을 청구할
수는 있다.

계주가 아무리 재산이 많고 수십 년간 계를 운영해 왔다고 하더
라도 눈으로 보기 전에는 절대 믿지 말고, 다른 계원이 누구인지 알
려주지 않는 계는 절대 가입하지 않는 것이 좋다.

고리대금업의 규제

경제가 어려워지면서 은행으로부터 돈을 빌릴 수 없는 서민들이 돈을 빌릴 수 있는 곳은 대부업체밖에 없다.

"전화 한 통만 하면 300만 원 대출!"

케이블 채널에서 영화를 보다 보니 중간에 광고가 나온다. 한 곳도 아니고 대부업체 여러 곳이 경쟁하듯 쉽게 대출을 해준다는 내용의 엄청나게 무서운 광고가 계속된다.

돈을 빌리는 사람이 많아지면서 불법채권 추심행위 또는 고금리에 관한 많은 피해가 발생하고 있다.

대부업자나 미등록대부업자가 이자율 제한을 위반해 대부계약 체결을 한 경우, 이자율을 초과하는 부분에 대해서의 이자계약은 무효이다.

IMF 이전에는 이자제한법으로 이자율을 연 25%, 40% 등으로 제한해 오다가 1998년 이자제한법이 폐지되어 이자의 제한이 없었던 적이 있었다. 대부업법에 의한 대출은 연 66%로 제한되었다가 2007년 10월경에 49%로 제한 이율이 정해졌고, 현재에는 34.9%로 낮춰졌다. 개인 간, 미등록대부업자의 대출은 2007년 3월 다시 제정된 이자제한법에 의하여 30% 이상은 무효가 되었고, 2014년에 다시 25%로 상한이 낮춰졌다. 2007년 6월 말까지는 60% 이상으로 정한 이율도 유효하지만, 그 이후에는 이자제한법 이율 초과 부분은 무효가 되었다.

돈을 빌려주는 경우에만 위 법의 적용이 있다. 즉 공사대금이 8천만 원이었는데, 공사대금을 3개월 내에 지급하지 못하면 시가 1억5천만 원인 집을 이전해 주겠다고 약속하더라도 유효하다.

몽골에 토지를 구입하는 문제로 출장을 간 적이 있다. 몽골이 우리나라의 20~30년 전과 비슷한 상황이다 보니 이자도 50% 이상 받아도 되고, 돈을 갚지 않으면 집을 양도받아도 되는 것처럼 착각하는 사람들이 있었다. 그래서 알아보니, 몽골 민법(제282조)에는 '이자율이 정당한 비율 이상인 경우에 돈을 빌린 사람의 요청에 의하여 법원이 이자율을 내려줄 수 있다'고 규정하고 있었다.

우리나라의 경우에는 이러한 규정은 없고, 대신 이자제한법이나 대부업법에 의하면 **법에서 정한 이율 이상의 이자를 받은 경우 무**

효로 하고, 형사처벌도 할 수 있게 되어 있다.

개인적으로는, 개개의 부작용에 대한 대처법으로 지나치게 높은 이자에 대해서는 법원이 적정이율로 감액할 수 있다는 명시적 내용을 규정하는 것도 필요하다는 생각이 든다.

16년의 억울한 징역

판사로 재직할 당시, 미국 미주리 주에 있는 세인트루이스 연방 법원 등에서 1년간 법관연수를 받을 때 들은 얘기다. 내가 미국으로 연수를 가기 몇 년 전, 연방법원에서 살인사건에 대하여 무죄판결이 선고된 일이 있었다.

그 살인사건은 1983년으로 거슬러 올라간다. 피고인 엘렌 리즈노버(42)는 당시 대학생이었고 두 살 된 딸이 있었다. 그녀는 1983년 세인트루이스 교외의 한 주유소에서 발생한 살인사건의 범인으로 지목돼 50년 징역형을 선고받았다. 증거가 될 만한 현장 목격자도 지문도 없었다. 경찰은 살인에 사용된 총기조차 발견하지 못했다. 배심원들은 그녀가 살인을 인정했다는 감방 동료 두 사람의 증언에 전적으로 의존했다. 그러나 이들이 증언을 대가로 감형 혜택을 받았다는 사실은 극비에 부쳐졌다. 배심원들은 그녀에게 무기 징역을 선고할 것인지, 사형을 선고할 것인지 결정을 내리지 못했고, 결국 재판부는 무기징역을 택했다. 당시 사형선고가 내려졌다면 그녀는 그 사이 처형됐을 것이고, 사건의 진실도 영원히 밝히지 못했을 것이다.

연방법원이 판결을 뒤집은 것은 변호인들의 집요한 추적조사가 이루어낸 개가였다. 이들은 재판 과정에서 공개되지 않았던 녹음테이프 두 개를 극비리에 입수, 연방법원에 새로운 증거로 제시했다. 경찰이 수사 과정에서 녹취한 것으로 보이는 두 개의 테이프 중 하나는 리즈노버가 감방 동료와 나눈 대화를 도청한 것인데, 리즈노버는 이 테이프에서 자신의 무죄를 거듭 주장하고 있다. 다른 테이프 역시 경찰이 리즈노버와 남자친구의 대화를 몰래 녹취한 것으로, 여기서도 리즈노버는 "나는 죽이지 않았다"고 털어놓고 있다. 문제는 경찰이 가지고 있던 이 테이프들이 재판 과정에서 제시되지 않았다는 것이다.

연방법원은 이 테이프를 결정적인 증거로 채택했고, 당시 담당판사인 해밀턴은 "검찰이 리즈노버의 무죄를 입증할 수 있는 중요한 증거를 무시함으로써 공정한 재판을 방해했다."는 이유로 무죄를 선고하였다. 검찰은 새로운 증거가 나타나지 않는 한 항소를 포기하겠다는 결정을 하였고, 결국 그 사건은 그렇게 끝이 났다.

경찰의 편파 수사와 배심원의 고정관념이 무고한 한 흑인 여성을 죽음 직전으로 내몰았던 이 사건은, 미국 사법제도와 사회정의에 근본적인 의문을 제기했던 사건이었다. 리즈노버는 석방되면서 "언젠가는 이런 날이 올 줄 알았어요. 하지만 이렇게 오래 걸릴 줄은 몰랐어요."라고 말했다.

내가 미국에 있을 때 미주리 주 옆에 있는 일리노이 주에서는 주지사가 사형집행에 대한 모라토리움(유예)을 선언하였다. 배심재판에서 만장일치로 유죄평결을 받은 사건들 중 나중에 유전자 조사결과 진범이 따로 있음이 밝혀진 경우가 많기 때문에 배심재판 결과를 믿을 수 없다는 것이었다. 미국의 배심재판은 전원 만장일치로 유죄평결이 나야 하는데, 배심원들이 모두 사람이다 보니 진실과 다른 만장일치의 결론을 내는 경우가 많다는 것이다.

우리는 뒤늦게 미국의 배심재판을 변형한 국민참여재판 제도를 도입하여 시행 중이다. 미국의 판사들이나 대학교수들은 배심재판 제도가 '스튜피드(stupid)'하다는 얘기를 많이 하곤 했다.

우리나라의 현재 국민참여재판은 무죄율이 더 높다는 얘기가 많다. 판사들은 유죄에 대한 선입관을 가지고 있고 검찰의 눈치를 보거나 사회적 여론을 의식하기 때문에, 배심재판이 더 무죄평결을 받는데 제약이 적을 수 있다.

앞으로 국민참여재판이 사법정의와 공정한 재판을 받을 권리에 많은 기여를 하길 기대한다.

결과보다 절차가 중요하다

성폭행 사건의 가해자 부모에게 피해자의 처녀막이 파열되지 않은 사실을 알려준 의사가 있었다.

당시 의사는 성폭행 피해자를 진찰한 후 '처녀막은 파열되지 않았고, 정액도 검출되지 않았다.'는 내용의 진단서를 작성해 피해자 가족에게 줬으나, 피해자의 어머니는 가해자 측에게 "진찰결과 처녀막이 파열됐다"며 1억 원이 넘는 합의금을 요구하였다.

이에 가해자 측에서 병원에 찾아와 처녀막이 파열되지 않았다는 내용의 확인서를 작성해 줄 것을 요구하였다.

이러한 경우 의사로서 어떤 처신을 해야 할까?

이런 이야기를 들으면 대부분의 사람들은 이렇게 생각할 것이다.

"아니 그런 괘씸한 부모가 있어요? 자식을 팔아서 돈을 벌려고 하는 파렴치한 사람들이네요."

그 의사도 같은 생각을 했던 것 같다. 가해자의 가족들이 부당하게 피해를 보아서는 안 된다는 생각을 한 의사는 가해자에게 유리한 내용의 확인서를 써 주었다.

"피해자는 처녀막이 파열된 적도 없고 정액도 검출된 사실이 없다."

의사의 사실 확인은 피해자 측의 부당한 금품 요구를 제지하는 효과를 가져왔지만, 불똥이 의사에게 튀고 말았다.

피해자 가족들이 의사를 형사고소한 것이다. 의사는 사회정의의 실현을 위하여 결과적으로 정당한 일을 하였다고 주장하면서, 자신의 행위는 위법성이 없는 정당한 행위라고 주장하였다. 그러나 대법원은 의사의 행위는 개인정보를 무단으로 누설한 것으로 보고 유죄판결을 하였다.

이 경우, 의사는 법에 의한 적법한 정보 제공, 자료 요구에 응한 것이 아니었다. **법원이나 수사기관으로부터 적법하게 의료기록을 요구받을 경우에는 알려주어도 법적으로 문제가 없지만, 의사가 적극적으로 나서서 사적으로 피해자의 진단 내용을 가해자 측에 알려준 것이 문제였다.**

진실을 밝히고 다툼을 해결해 주는 것도 물론 중요하지만, 의사는 본연의 직무에 충실해야 하고, 직무상 알게 된 비밀을 함부로 공개하거나 제공해서도 안 되는 것이다.

진실을 밝히고 진범을 잡기 위하여 형사 피의자를 고문하고 불법으로 체포하는 것, 불법 도청을 하는 등 불법행위를 하는 것은 정당화될 수 없다.

　돈을 갚지 않은 사람들의 재산을 찾기 위하여 불법적으로 신상 정보, 세무 자료을 빼내고 재산 추적을 하는 경우가 있다. 누군가가 내 재산과 신상 정보를 빼내 가지고 다닌다고 생각해 보라. 나의 신상정보나 사생활이 보호받기를 원한다면, 불법적으로 남의 정보를 이용하려는 생각을 먼저 버려야 할 것이다.

고소를 40번 한 사람

　뉴스에서 50억 원 상당의 생수공장을 빼앗긴 50대 사업가가 무려 39번이나 고소를 했지만 억울함을 밝히지 못하고 있다가, 40번째 고소에서 검사의 적극적인 수사로 8년 만에 공장을 되찾게 됐다는 내용이 보도된 적이 있다.

　생수공장을 건설하던 중 자금 압박이 심해진 고소인이 회사를 포기하게 된 상황에서 자금력이 풍부한 건설회사를 소개받은 것이 문제의 발단이었다. 건설회사에서는 공사를 진행하더라도 공사대금을 확보할 필요가 있으니 '공사대금 미지급 시 생수회사를 양도한다'는 '제소 전 화해'를 요구했던 것 같다. 고소인은 공사를 포기할 수 없었기 때문에 공사를 마치기 위하여 이러한 제의를 받아들였고, 공사를 마친 건설회사는 실제 공사대금을 부풀려 청구한 뒤 공사대금이 미지급됐다는 이유로 생수공장을 넘겨받아 이를 다른 사람에게 이전해 버렸다.

고소인은 8년간 수사기관이라는 수사기관은 다 찾아다니며 무려 39차례나 고소장을 냈으나 번번이 '혐의 없음' 처분을 받았다고 한다. 그동안 공장을 함께 설립했던 직원이 사망하기도 하고, 친구는 뇌경색으로 쓰러졌으며, 자신도 괴로움에 못 이겨 여러 차례 자살을 기도하기도 했다고 한다.

이 사건을 통해 왜 이러한 억울한 경우가 생겼는지를 따져볼 필요가 있다. 고소인이 성급하게 '제소 전 화해'를 통해서 '공사대금을 제때 지급하지 않을 경우 공장 전체에 대한 권리를 이전해 주겠다'는 약속을 한 것이 잘못이었다고 생각된다. 권리관계에 대한 약속이 들어 있는 문서를 '처분문서'라고 하는데, 특히 판사 앞에서 하는 제소 전 화해는 판결과 동일한 효력이 있으므로, 분쟁이 생겼을 경우에 이를 다시 취소하거나 다투는 것이 거의 불가능하다.

공사대금을 지급하지 못할 경우에 공장 전체에 대한 소유권을 포기한다는 약속을 공증한 경우에는 이를 지켜야 한다. 나중에 불공정한 법률행위라고 주장할 수 없다. **공사대금의 경우에는 대물로 지급하는 물건의 가액이 원금, 이자를 초과하더라도 이를 무효로 하는 민법 규정이 없기 때문이다.**

생수공장에 관한 기사에 의하면, 관련 사건의 위증을 조사하는 과정에서 혐의가 드러난 상대방이 스스로 재산을 내놓고 돌려주었기 때문에 합의가 되었다고 한다. 수사기관의 적극적인 진실 규명 노력의 결과, 합의각서에도 없는 합의를 이끌어냈다는 것은 참 다행스러운 일이다. 그러나 각서나 합의서, 제소 전 화해를 경솔하게 또는 무책임하게 작성해 놓고 억울하다고 하면서 몇 년씩 수사기관을 찾아다니는 것은 참으로 어리석은 짓이 아닐 수 없다.

수사기관의 담당자들은 신이 아니다. 비록 억울하다고 해도 고소한 내용을 밝힐 수 없는 경우가 허다하다. 고소를 많이 한다고 해서 진실을 밝힐 수 있는 것도 아니다. 또한 고소를 남발하는 것이 얼마나 위험한지도 알아야 할 것이다. 고소를 함부로 하는 경우에는 무고죄로 입건되거나 구속될 수 있다.

고소장을 제출하더라도 수사기관에서 수사를 한 결과 증거가 불충분하다고 판단되면 '혐의 없음' 처분을 한다. 고소 내용이 혐의가 없다는 것은, 고소를 제기한 사람이 상대방을 처벌받게 하기 위하여 허위사실을 주장했다는 것, 즉 무고죄를 범했다는 것을 의미한다. 그러나 수사기관에서는 실무상 무고 입건을 하지 않는 경우가 많다. 법리오해 또는 사실을 잘못 알고 고소했다고 보아 무고죄로 입건하지 않는 것이다.

정말 억울한 경우에는 40번째 진실을 밝힐 수 있는 기회가 오겠지만, 근거도 없이 반복해서 고소를 하는 경우에는 거꾸로 무고로 입건되거나 구속될 수도 있다. 그렇기 때문에 고소장 제출은 정말 신중해야 한다.

법보다 인정

법원에 경매 담당 판사로 재직할 때의 일이다. 배당기일이 오후 두 시에 열렸는데, 오후 네 시경부터 판사실 밖에서 소란스러운 상황이 발생하였다. 경매로 팔린 집에 세 들어 살고 있던 아주머니가 있었는데, 보증금 300만 원을 배당받지 못했다며 경매 담당 직원을 찾아와 자신의 억울한 처지를 호소하면서 담당 판사를 꼭 만나게 해달라고 했기 때문이었다.

그 아주머니가 배당받지 못한 이유는 '법'에서 필요한 '배당요구'를 하지 않았기 때문이었다. **경매절차에서는 채권자라고 하더라도 가압류를 하거나 배당요구를 하지 않으면 배당을 받을 수 없다.** 아주머니는 배당하는 날 "배당기일에 자신이 소액임차인이라는 증거인 임대차계약서만 가지고 법원에 나오면 되는 줄 알았다."고 했다.

당시 집이 경매되는 경우, 지방의 도시에서는 경매가 시작되기 전에 전입신고를 한 임차인 중에 보증금이 3천만 원 미만이면 1천만 원까지 모든 권리자들보다 우선해서 배당을 해주도록 되어 있었다. 그러기 위해서는 꼭 "배당해 주세요"라는 배당요구서를 미리 제출해야 하는데, 그 아주머니는 배당기일까지 아무런 요구서도 제출하지 않고 기다렸던 것이다.

배당기일에 법원에 왔지만 배당요구를 하지 않았다는 이유로 배당금을 한 푼도 받지 못한 아주머니는, 그 집에서 쫓겨날 수밖에 없는 상황에서 300만 원의 보증금을 돌려받기 위하여 법원을 나가 주위의 법무사 사무실을 찾아 돌아다니면서 억울함을 호소했지만, 모두 배당요구를 하지 않아서 가망이 없으니 포기하라는 말만 들었을 뿐이었다.

다시 법원으로 돌아온 그 아주머니는 경매 담당 직원들에게 배당을 받을 방법이 없냐고 울면서 매달렸고, 담당 판사님을 만나게 해 달라고 애원하였던 것이다. 직원으로부터 상황 설명을 들은 나는 배당을 해주지 못하더라도 일단 만나보기로 했다.

판사실로 들어온 그 아주머니는 눈이 부어 있었고, 한 푼도 없이 길거리로 나앉아야 하는 가족들 때문인지 제정신이 아니었다. 정신 없이 여기저기 찾아다니며 방법이 없는지 물어보았지만 누구도 도와줄 사람이 없었고, 방법이 없다는 말에 느꼈을 좌절감이 온몸과 얼굴에 쓰여 있었다. 눈물을 흘리면서 꼭 좀 도와달라고 사정을 하던 그 아주머니의 간절한 표정을 지금도 잊을 수가 없다.

그 아주머니는 배당요구를 하기 위하여 법원에 온 적이 있었는데, 그날은 서류가 미비해서 접수를 하지 못했다고 했다. 어쨌든 배당요구서를 제출하지 못한 이상 이미 늦었기 때문에 나로서도 할 말이 없었다. 내 돈을 꺼내어 주고 싶었지만 그럴 수도 없었고, 마땅한 해결책이 없나 생각해 보았다. 돌아가지 않고 하소연하는 그 허름한 옷차림의 아주머니와 자녀들을 생각하다가 경매 담당 직원에게 배당을 받아간 새마을금고 담당 직원에게 연락을 해보라고 했다. 이미 배당시간이 두 시간이나 지난 후라서 은행에서 돈을 찾아갔다면 다시 돈을 가지고 오라고 할 수도 없는 노릇이었지만, 혹시나 하는 생각에 연락을 해보라고 했던 것이다. 그랬더니 마침 그 담당직원이 배당표에 따라 배당금출급청구를 하지 않고 그때까지 은행에 배당금이 남아 있다고 했다. 나에게는 실낱 같은 희망이 보였다.

다행이라고 생각한 나는 그 직원을 법원으로 오라고 해서 사정을 설명했다. 그랬더니 그 직원은 "저도 그 집에 몇 번 가 보아서 이 아주머니가 어렵게 살고 있는 것을 잘 알고 있었습니다. 당연히 배당을 받아가는 것으로 알고 있었는데 배당이 되지 않아서 이상하게 생각했습니다."라고 말하는 것이었다. 그는 아주머니가 배당요구를 하지는 않았지만 불쌍한 처지에 있는 것을 잘 알고 있으므로, 자신이 나서서 아주머니에게 배당을 해달라고 하지는 않겠지만 "법원에서 다시 배당표를 작성하여 아주머니에게 배당하면 이의신청을 하지 않을 수 있습니다."라고 조심스럽게 말하였다.

나는 다시 배당표를 작성하여 배당금액을 변경하였다.

눈물을 참지 못하고 연신 감사하다는 말을 하며 돌아가는 그 아주머니의 뒷모습은 한없이 안쓰러워 보였다. 그때까지 밀린 월세는 공제하여야 한다고 하여 절반 이상을 공제하고 그 아주머니가 배당받은 금액은 200만 원도 채 못 되었던 것으로 기억된다. 아주머니가 돌아간 후, 괜히 나 때문에 배당금 손해를 본 새마을금고 직원이 나의 법에 어긋난 배당표 작성에 이의신청을 하지 않았다고 징계를 받지나 않을까 하는 걱정이 들었다.

그 이후 배당표 작성을 두 번이나 한 것에 대하여 과연 내가 잘한 것인지 생각해 보지만, 그 아주머니가 어렵게 살아가고 있을 모습을 생각하는 데에서 생각이 멈추어 버리곤 한다.

구속영장의 발부 기준

최근 정치인들이나 기업가들의 구속 수사가 문제된 적이 있다. 법원의 구속영장 발부 기준은 무엇일까? 남의 돈을 3천만 원 편취한 사기죄의 경우, 폭행치상으로 피해자에게 3주 진단의 상해를 가한 경우, 교통사고를 내 피해자가 사망한 경우, 절도죄를 범한 중·고등학생의 경우 구속해야 할까?

현행 형사소송법 제70조 제1항에서는 구속의 이유로서 죄를 범하였다고 의심할 만한 상당한 이유가 있고, ①일정한 주거가 없는 때 ②증거를 인멸할 염려가 있는 때 ③도망하거나 도망할 염려가 있는 때라고만 규정되어 있다.

일정한 주거가 없는 경우, 신병을 확보하지 못하면 수사를 원활하게 진행할 수 없기 때문에 구속 수사할 필요가 있다. 공범과 만나서 증거를 인멸하거나 조작할 우려가 있는 경우에도 구속을 할 필요가 있을 것이다.

 가장 문제가 되는 것이 '도망의 염려가 있느냐'이다. 주거가 일정하고 직업을 가진 살인사건의 피의자의 경우에는 도망갈 염려가 없다고 할 수 있을까? 살인죄를 저지른 피의자라고 하더라도 성격상 도망을 갈 가능성이 전혀 없는 사람이 있을 것이다. 이러한 경우에 도망할 염려가 없다고 불구속 수사, 재판을 해야 할까? **법원의 기준은, 재판에서 실형선고를 받을 것이 예상되는 경우에는 도망할 염려가 있는 것으로 보고 있다.** 즉 살인죄의 경우에는 실형 선고가 예상되는 한 구속을 하게 될 것이다.

 사기죄의 경우 편취금액이 얼마인지, 전과, 범행 수법, 피해 회복의 노력 여하에 따라 구속 여부가 달라질 수 있다. 폭행치상, 교통사고의 경우에도 전과, 피해자와의 관계, 음주사고의 여부 등 사정이 참작될 것이다. 절도죄를 범한 중·고등학생의 경우에는, 나이가 어리고 초범이며 부모가 책임지고 관리 감독할 수 있다고 판단되면 구속되지 않을 수 있을 것이다.

 그 밖에 재범의 위험성, 사회로부터 격리할 필요성이 있는 피의자의 경우에는, 실형 선고의 가능성이 있다는 이유로 구속 사유가 될 수 있다. 구속영장은 충분한 심리를 하지 않은 채 구속수사 여부만을 판단하는 것이기 때문에, 구속되었다고 하더라도 유죄가 인정되는 것은 아니다. 나중에 수사기관의 조사 결과 무혐의로 판명되어 석방되거나, 법원에서 무죄 판결을 받고 석방되는 경우도 있다.

영장을 청구하면 판사가 피의자를 불러 심문을 한 다음 구속 여부를 결정한다. 만약 구속의 필요성이 없으면 영장을 기각하게 된다. 기각 사유는 주거가 일정하고 도망할 염려가 없다거나 증거인멸의 우려가 없다는 것이 될 것이다. 가끔 법원의 영장 기각 사유 중에 '피의 사실에 대한 소명 부족'이 문제되는 경우가 있다.

법원에 판사로 재직하고 있을 때, 검찰에서 법원의 영장 기각 사유에 대하여 항의를 받은 적이 있다. 음주운전을 3회 한 사람에 대한 구속영장 청구를 했는데, 판사가 영장을 기각하면서 그 사유로 '구속의 필요성에 대한 소명이 부족하다'고 했다는 것이었다. 검찰에서는 피의자가 음주운전 사실을 자백하고 있고, 3회 처벌받은 전과가 있다는 것을 자료로 다 제출했는데, 소명을 제대로 못했다고 법원에서 질책성의 사유를 내세울 수 없다는 것이 불만이었다.

당시 영장 기각을 했던 판사님은, 영장을 청구하는 검사가 구속의 필요성에 대한 사유를 소명하여야 하기 때문에 기각 사유를 '소명 부족'이라고 할 수 있다고 주장하였다. 판사는 수사를 지휘하는 검사가 아니므로 수사 보완을 지시하거나 소명을 더 하라는 요구는 할 수 없음이 분명하다.

구속영장을 청구하는 검사는 구속의 필요를 인정할 수 있는 자료를 제출하여야 하고, 청구를 받은 판사는 상당하다고 인정할 때에는 구속영장을 발부하고 이를 발부하지 아니할 때에는 청구서에 그 취지 및 이유를 기재하고 서명 날인하여 청구한 검사에게 교부하도록 되어 있다. 법 규정에 의하면, 자료를 제출받은 판사는 구속할 필요가 있다(상당하다)고 인정되면 영장을 발부하고, 그렇지 않으면 영장을 기각하되 그 이유를 기재하도록 되어 있을 뿐이므로 어떻게 이유를 기재하여야 하는지 명확하지 않다.

그러나 사실 검찰과 법원의 영장 발부를 둘러싼 갈등은 이러한 문구 때문에 생기는 것이 아니다. 구속을 하느냐 마느냐에 대한 견해 차이가 이러한 문구 논쟁으로 가는 것에 불과하다.

공소시효 만료 전 체포된 경우

검사는 범죄를 저지른 사람을 처벌해 달라고 법원에 공소를 제기할 권한이 있다. 그런데 모든 범죄는 검사가 기소할 수 있는 시간, 즉 공소시효가 정해져 있다. 예를 들어 살인죄의 경우에 범행의 종료 후 25년 내에 기소를 하여야 한다. 만약 그 기간이 지나면 공소를 제기할 수 없으므로 처벌할 수 없다. 가끔 반인륜적 범죄 행위에 대하여 공소시효를 없애는 법이 제정되기도 한다.

공소시효는 중간에 중단될 수 있다. 공소시효가 완성되기 전에 기소를 하면 그 이후에 재판을 받더라도 공소시효가 문제되지 않는다. 또한 **공범이 기소되면 공소시효가 중단된다.** 1995년 개정된 법에 의하면, **처벌을 피하기 위하여 외국에 도피한 경우에도 그 기간 동안 공소시효가 중단되도록 되어 있다.** 외국에 도피한 경우에는 구속되어 재판을 받는 것보다 더 비참한 생활을 하는 사람들도 많다. 1995년 형사소송법이 개정되기 전에는 범인이 외국으로 나간 경우 공소시효가 진행되었지만, 법 개정으로 이러한 편법이 통하지 않게 되었다. 사기사건의 피의자가 사건 직후 외국으로 도주한 뒤 10년이 지난 후에 귀국한 경우, 국내에서는 공소시효가 아직 남아 있으므로 처벌이 가능하다. 실제로 법 개정 이후에 모르고 귀국했다가 입국심사과정에서 검거되는 사례가 많이 있다.

공소시효가 완성되기 전에 체포된 경우나 자수한 경우에는, 사건의 피해 정도가 비교적 가볍고 범인이 오랫동안 도피생활을 하면서 고생하였다면 이러한 사정이 참작될 수 있다. 자수를 한 경우에는, 처벌을 감경하거나 면제할 수도 있도록 규정하고 있으므로 여러 사정을 참작하여 선처해 주는 경우도 있다. 반면에 공소시효를 불과 하루 남겨두고 체포되어 기소되고 재판을 받는 경우도 있다. 하루 때문에 엄청난 형을 선고받게 되면 억울하다는 생각도 들겠지만, 국가형벌권 집행이 되었다는 점에서는 다행스러운 일이 아닐 수 없다.

기소유예 처분을 받은 경우에는 처벌이 끝난 것이 아니므로 나중에 다시 기소될 수 있는데, 이 경우에는 외국에 나갔다고 하더라도 공소시효가 진행된다. **형사처벌을 받지 않게 된 상황에서 외국으로 출국한 것은 '범인이 형사처분을 면할 목적으로 국외에 있는 경우'**

에 해당할 여지가 없어 공소시효가 그대로 진행되는 것이다.

구속을 피하여 외국으로 도피하는 이유중에 '정치적으로 표적 수사를 받아, 억울하지만 일단 피하였다가 정치적인 상황이 바뀌면 귀국하여 조사를 받겠다'는 경우도 있지만, 대부분은 구속이나 처벌을 피하기 위하여 도망가는 것일 뿐이다. 무작정 외국에 나간 경우에는 돈이 떨어져 거지 생활을 하는 등 폐인이 되는 경우도 있고, 불안감으로 고통을 받다가 결국 중간에 돌아와서 처벌 받는 경우도 있다. 중간에 돌아와서 처벌 받는 경우에는, 외국에서 고통 받으면서 살았다는 이유로 형이 감경되지는 않는 것 같다.

근저당권과 저당권의 차이

저당권은 금액이 정해진 한 개의 채권을 담보하는 것이고, 근저당권은 장래 계속적 거래에서 발생하는 여러 개의 채권을 담보하는 것이다. 집을 담보로 100만 원을 빌려줬다면 100만 원에 대한 저당권을 설정해 놓으면 그만이다. 그러나 돈을 계속 빌려주어야 한다면 근저당권을 설정해야 한다.

예를 들어 물건을 계속 공급하고 그 물품대금을 수시로 결제하는 경우, 물품대금 채무는 계속 변동되므로 이를 담보하려면 근저당권을 설정하여야 한다. 근저당권 설정 시에는 채권 최고액을 정하여 한도를 정하게 된다. 근저당에는 특정한 거래로 인한 채무를 담보하는 '한정근담보', 모든 거래를 담보하는 '포괄근담보' 등 여러 종류가 있을 수 있다.

저당권과 근저당권의 차이점은 무엇일까?

저당권은 채권을 담보하기 위하여 설정하는 것이기 때문에 **주된 권리인 채권이 소멸하면 저당권도 소멸**하게 된다. 즉 저당권은 채권의 발생, 소멸과 운명을 같이한다. 100만 원에 대해 저당권을 설정해 놓은 후 채무자가 100만 원 전액을 변제하게 되면 채권은 소멸하고, 저당권을 말소하지 않더라도 그 저당권은 이미 무효가 된다.

그러나 근저당권은 채무를 전액 변제한다 하더라도 소멸되지 않는다. 계속적인 거래 관계에서 일시적으로 채무를 변제한다 하여 그 거래 관계가 종료되는 것이 아니기 때문이다. 따라서 채무를 전액 변제하더라도 말소하지 않는 한 근저당권은 유효하게 존속하는 것이다. 근저당권은 결산기가 되면서 피담보채권이 확정되고 이를 다 갚으면 근저당권도 소멸한다.

무효인 저당권·근저당권 등기가 말소되지 아니한 상태로 있는 것을 이용하여 다시 활용하는 것도 가능하지만, 이해관계자가 있는 경우에 그 이해관계자에게 대항하지 못한다. 예를 들어 근저당권 이후에 가압류권자가 있다면, 그 이후 채권이 소멸되어 무효가 된 근저당권을 근거로 새로운 거래를 하더라도 가압류권자에게 우선권을 주장하지 못한다는 것이다.

저당권이나 근저당권이 설정되어 있어도 소멸시효는 계속 진행된다. 일반 채권의 경우 10년, 상사 채권은 5년, 공사대금 채권은 3년의 소멸시효가 적용되므로 그 기간 내에 소멸시효를 중단시키는 소제기, 경매 신청을 하거나 채무자로부터 채무 승인을 받는 등 채권 보전 조치를 취하여야 한다.

부당한 가압류 공격

가압류나 가처분은 상대방 몰래 행해진다. 상대방이 가압류가 들어오는 것을 눈치 채면 자신의 재산을 몰래 빼돌릴 염려가 있기 때문이다. 그런데 이러한 점을 악용하여 부당한 가압류도 많이 행해지고 있는 것 같다. 이러한 경우에 채무자는 부당하게 손해를 보게 된다.

아는 분이 부동산을 20억 원 정도에 매도하고 계약금을 받았다. 그런데 잔금을 받고 등기를 해주려고 등기부를 떼어보니 5억 원의 가압류가 되어 있었다. 깜짝 놀라 가압류한 사람을 찾아가서 항의를 했지만, 가압류를 한 사람은 억지 주장을 하면서 가압류를 풀어주지 않았다.

매수인은 가압류에 대하여 강하게 항의하면서 당장 가압류를 풀지 않으면 계약을 해제하겠다고 했다. 매도인은 매수인의 성화에 못 이겨 한 달 내에 가압류를 풀겠다고 약속하고 잔금 지급 기일을 연기하였다. 매도인은 매수인이 요구하는 대로 가압류를 풀지 못하면 이미 받은 계약금 2억 원과 위약금 2억 원을 추가로 반환하기로 하는 각서도 작성하여 주었다. 결국 가압류를 풀지 못하였다면 이런 책임을 누가 져야 할까?

나중에 5억 원의 가압류는 재판에 의하여 취소되었다. 매도인은 억울하게 계약을 해제당하고 계약금과 손해배상 각 2억 원을 물어준 것 때문에 화가 나서 가압류한 사람을 상대로 "부당한 가압류로 인하여 손해를 입었다"고 주장하면서 손해배상 청구를 했다.

이러한 경우에 부당하게 가압류한 것 때문에 계약을 해제하고 반환해 준 위약금 2억 원의 손해를 보았다고 할 수 있을까? 이 경우에는 매도인이 물어준 손해와 부당 가압류 사이의 인과관계가 인정되지 않는다. 매매계약을 체결한 후 제3자가 부당한 가압류를 하더라도 매도인은 당황해서는 안 된다. 매수인이 화를 내고 당장 가압류를 해제하고 이전등기를 해주지 않으면 계약을 해제하겠다고 하더라도 두려워해서는 안 된다.

가압류, 가처분이 된 상태로 등기이전 서류를 준비해서 교부하면 된다. 만약 나중에 가압류권자가 강제집행을 하여 경매가 되면 가압류 금액만큼의 대금을 돌려주면 된다. **가압류로 인하여 전체 부**

동산 가격만큼의 강제집행이 예상된다면 잔금 지급을 거절하고 기다릴 권리가 있지만, 매수인이 마음대로 계약 해제를 할 수는 없다.

매도인이 가압류를 해제하겠다고 약속하고, 이를 지키지 못하면 계약금 2억 원 및 위약금 2억 원을 반환하겠다고 약속했다고 하더라도, 이는 매도인이 호의적으로 반환 약속을 한 것에 불과하다. 따라서 이러한 반환 금액은 가압류와 관련 있는 손해가 아닌 것이다.

부당한 가압류, 가처분으로 인한 손해는 통상 가압류를 풀기 위하여 사용한 해방공탁금의 이자 정도이다.

예외적으로 '가압류 등이 있으면 계약 해제를 한다'는 매매계약의 특약을 넣은 것은 가능하다. 이런 사정을 알고 고의적으로 부당한 가압류를 하여 계약이 해제되었다면 손해배상 책임이 발생할 수는 있다.

금지금의 폭탄영업행위

법을 다루면서도 "이게 도대체 무슨 말인가?" 싶은 용어가 많다. '금지금 폭탄영업 행위'라는 말이 무슨 뜻일까? 조세 포탈 사건에서 금지금 폭탄영업이라는 말이 등장하는 경우를 많이 볼 수 있다. 처음에는 '도대체 금지금이 뭐야? 거래가 금지된 금인가? 아니면 금 중의 금인가?' 라고 생각해 보지만 도저히 이해가 가지 않았다. 금을 다루는 업자들은 생소하지 않겠지만, 일반인들은 아무리 들어도 무슨 뜻인지 알 수 없다.

금지금(金地金)이란 돈처럼 통용되는 금괴를 말한다. 금 99.5% 이상의 순도를 가진 금괴는 돈과 같이 이용된다. 금지금은 귀걸이, 반지 등과 같은 사치품이 아니라 돈처럼 취급되기 때문에 이를 수입할 때는 부가가치세를 부과하지 않는다. 그러나 **금지금을 일반금으로 가공할 경우에는 부가가치세를 부과**하게 된다. 그리고 **일반금을**

다시 금지금을 만들어 수출할 때는 이미 부과된 부가가치세를 환급해 주게 된다.

금지금의 유통업자들이 이러한 면세제도를 악용하여 부가세를 부당하게 환급받기 위해 중간에 유령 폭탄업체를 세워놓고 부가세를 폭탄업체에게 전가하고, 자신들은 관세를 부정 환급받는 방법으로 수천억 원씩 이익을 챙긴 사건이 있었다.

서울중앙지법에서 수개월 동안 집중적으로 금지금(金地金)의 매입·매출 영업을 한 뒤 폐업하고 부가세를 미납한 후 도주하는 소위 '폭탄업체'와 공모한 사람에게 징역 5년, 벌금 1천150억 원을 선고한 사건이 있었다. 당시 피고인은 폭탄업체 30여 개와 불법 거래를 통하여 부가가치세 571억 원을 부정 환급받았다. 그는 부가가치세 포탈을 통한 부정한 이익을 주목적으로 폭탄업체의 실제 운영자와 공모하였음에도, 범행을 부인하다가 중형을 선고받은 것이었다.

세금을 내지 않았다고 무조건 처벌하는 것은 아니다. 사기, 기타 부정한 행위를 통하여 조세를 포탈했을 때에만 처벌한다. 사전에 폭탄업체 등과 공모한 적이 없이 순수하게 일반금을 매입하여 금괴를 만들어 수출하였다면 부가세를 환급받더라도 죄가 되지 않을 것이다.

실제 금지금의 매입매출이 이루어졌다면 폭탄업체의 세금계산서 발행은 법적으로 하자가 없는 것이지만, 유령업체나 바지사장을 내세운 폭탄업체가 부가세를 미납하고 폐업하거나 도주하는 수법은 부가세의 징수를 곤란하게 한 범죄 행위로 보고 있다.

처음에는 법원에서도 폭탄영업 행위가 세금을 포탈하는 행위가 되는지에 대하여 논란이 많았지만, 대법원은 조세 포탈 행위에 해당하는 것으로 결론을 지었다.

부모재산에 대한 다툼

나이 많은 누나가 미국에서 들어와서 동생이 혼자 독차지하고 있는 아버지 재산을 찾게 해달라고 부탁을 한 적이 있다. 그동안 미국에 살면서 동생이 나중에 재산을 나누어 줄 것으로 믿고 기다려 왔는데, 지금까지 혼자 다 가지고 관리하면서 한 푼도 나누어 줄 생각을 안 한다는 것이었다. 미국에서 나이 들고 병이 들어 돌아왔는데, 동생에게 갔더니 문전박대를 했단다. 그녀는 눈물을 뚝뚝 흘리면서 제발 원수를 갚게 해달라고 했다. 과연 원수(?)를 갚을 수 있을까?

이러한 경우처럼 오히려 오래 기다려 온 형제자매일수록 해결책이 없다. 만약 아버지가 사망한 후 동생이 다른 형제들 몰래 자신이 단독상속인인 것처럼 서류를 위조하여 상속등기를 했다면, 그러한 사실을 안 날로부터 3년, 불법 상속등기한 날로부터 10년 이내에 소송을 하면 재산을 찾아올 수 있다. 그러나 그 기간이 지난 경우에는 상속재산을 회복하려는 소를 제기할 수 없게 된다. 위 사건에서는 억울하지만 원수를 갚을 길이 없었다.

위 사건에서는 아버지가 생전에 남동생에게 재산을 미리 증여한 것이 많아서 사망 당시에는 거의 모든 재산이 남동생에게 넘어가 있었다. 이러한 경우 다른 자식들은 즉시 이에 대한 이의를 해야 한다. 누나에 따르면, 남동생이 무단으로 상속등기를 한 재산도 있는 것 같다고 했다. 이렇게 **유류분 침해를 받은 자식들은 침해 사실을 안 날로부터 1년, 상속 개시일로부터 10년 이내에 상속재산을 나누어 달라는 유류분 청구를 해야 하고, 상속재산을 무단으로 상속등기한 경우에는 10년 이내에 재판 청구를 해야 한다.** 그런데 누나가 사무실에 온 것은 이미 10년이 지난 후였기 때문에 아무것도 할 수 없었던 것이다.

그런 내용을 잘 아는 동생은 해볼 테면 해보라는 식으로 나왔던 것이다. 재산도 많은 사람이 누나에게 치료비를 줄 생각도 안한다는 사실을 듣고 사람의 욕심은 끝이 없다는 생각이 들었다. 유류분이 아니라 그냥 도와줄 수도 있었을 텐데 말이다.

그들의 부모는 당신들이 모은 재산 때문에 오히려 자식들이 서로 원수가 될 수도 있다고는 꿈에도 생각지 못하셨을 게다.

꾀병은 무죄(교통사고 후 도주)

교통사고를 내고 사람이 다쳤는데 그냥 도망을 가면, 뺑소니가 되어 구속되기도 하고 운전면허가 취소되고 4~5년간은 면허를 다시 딸 수 없다. 왜 운전자들은 사고를 내서 사람이 다쳤는데 도망을 갈까?

술에 취하면 차에 타지 말아야 한다. 유혹을 뿌리치지 못하고 차에 올라타서 '설마 괜찮겠지' 하는 생각에 조심스레 차를 몰고 가는 사람이 있다. 나름 정신을 차리고 집중하여 운전하고 있는데 갑자기 앞에 가던 차가 서 있는 것을 느끼는 순간 '꽝' 하고 부딪치는 소리가 난다. 순간적으로 '망했구나' 라는 엄청난 후회와 감당하지 못할 창피함이 몰려오지만 이미 늦었다. 음주에 사고까지 냈으니 어서 도망을 가지 않으면 안 되겠다는 더 대담한 생각이 든다. 차를 세우지 않고 다시 후진한 후 다른 방향으로 차를 몰고 달아난다.

사례 중 직장인이 음주운전을 하고 가다가 접촉사고를 내고 도주한 사건이 있었다. 뭔가 탁 하고 부딪히는 소리가 났지만 겁이 나서 일부러 옆을 쳐다보지도 않고 그냥 진행해서 갔다. 계속 도망을 가다가 신호등에 걸려서 그만 잡히고 말았다. 경찰에서는 상대방에게 다친 곳이 없냐고 하자 허리가 뻐근하다고 했다. 경찰관이 그러면 진단서를 끊어서 제출하라고 하자, 상대방은 '요추부 염좌'로 2주 진단서를 받아서 제출했다.

교통사고를 내서 상대방이 다쳤는데 구호조치를 하지 않고 그냥 가면 특가법(도주차량)에 의해서 500만 원 이상 3천만 원 이하의 벌금이나 1년 이상의 징역에 처하게 되어 있다. 또 면허는 자동으로 취소가 되고 4년 동안(음주한 경우는 5년) 면허를 다시 딸 수 없다.

위 사례의 경우, 운전자는 단순히 살짝 스치기만 했는데 사람이 2주 진단이 나오도록 다쳤다는 것은 상식적으로 이해가 가지 않는다고 하면서 억울함을 주장했다.

이러한 경우 특가법에 의한 뺑소니(도주차량)에 해당될까?

법원에서는 이 사건에서 우선 피해자가 병원에서 어떠한 치료를 받았는지 알아보았다. 그 사람을 진단한 의사는 눈에 보이는 외상은 없고 허리가 아프다고만 하니까 1주를 할까, 2주를 할까 고민하다가 통상 하는 대로 2주 진단서를 끊어 주었고, 소염제만 이틀 분을 처방해 주었다고 했다. 피해자는 물리치료를 받지도 않았고, 더 병원에 가지도 않았다.

이러한 요추부 통증은, 굳이 치료를 받지 않더라도 일상생활에 지장이 없고 시간이 지나면 자연적으로 치유되는 것이므로, 구호조치가 필요 없는 경우라 할 수 있다. 이러한 경우 법원에서는 사고자가 구호조치를 안했다고 하더라도 뺑소니가 되지 않는다고 판단하여 무죄를 선고하게 된다.

나의 상품 가치는(초상권)?

"각자 자기 피알 해봐!"라고 할 때의 피알은 '피할 것은 피하고 알릴 것은 알린다'는 순우리말(?)이 아니라 영어 Public Relations의 이니셜이다. 회사가 소비자와 유대를 돈독히 하고 회사의 이미지를 올려 회사의 가치를 상승시키는 것을 나타낸다.

연예인 등 공적으로 알려진 사람들이 한 광고에 출연하면서 수억 원부터 수십억 원을 받는다. 연예인 등과 같은 공적인물들의 상품 가치를 퍼블릭시티권(Right of Publicity)이라고 하는데, 이를 우리말로는 초상사용권이라고 한다.

퍼블릭시티권이라는 용어는 1950년대에 등장하여 현재 학자들이 열심히 연구하고 있는 분야이다. 제임스 딘이라는 외국의 영화 배우 이름을 이용하여 속옷의 상표로 상용한 개그맨 주병진이 제임스 딘의 후손들로부터 소송을 당하여 수년간 재판을 했다.

퍼블리시티권이란 영화배우, 탤런트, 운동선수 등 유명인이 자신의 성명이나 얼굴을 상품 등의 선전에 이용하는 것을 허락하는 권리로서, 이를 관리하는 회사도 많이 생겨나고 있다. 초상권은 신체나 얼굴에 대한 사진이나 그림, 성명이나 예명, 그리고 음성까지도 포함된다. 사회활동을 열심히 하고 연기파 배우로서 수년간 노력하여 쌓아올린 인기와 명성을 보호할 가치가 있다는 것은 모두 공감하고 있다.

"모든 사람들이 좋아하고, 사진을 들고 다니면서 보고 싶은데 왜 그걸 막습니까?"라고 의문을 제기할 수도 있다. 그러나 순수하게 좋아서 사진을 오려서 남에게 보여주는 것을 못하게 하는 것이 아니다. '상업적'인 목적으로 이들의 인기를 이용하는 것을 못하게 하자는 것이다. 의류회사에서 유명 여배우가 자신들의 옷을 입고 나오는 광고를 하여 의류매출을 올리는 것처럼, 상업적인 목적으로 이용하는 경우에는 이에 대한 사용료를 내야 한다는 것이다.

우리나라에서는 이러한 권리는 어떻게 보호받을까? 초상권(퍼블릭시티권)이 법에서 규정하고 있는 소유권처럼 보호를 받고 있다면 무단 이용한 사람에게 이유를 불문하고 침해 행위 금지를 청구할 수 있을 것이다.

일부 사람들은 마치 퍼블릭시티권이 우리 법에서 규정되어 있기 때문에 내 땅을 무단으로 침범한 사람에게 손해배상을 청구할 수 있듯 권리로 보호받는 것이 아닌가 하는 착각을 하고 있지만, 아쉽게도 우리 법에서는 초상권을 물권으로 규정한 바가 없고 대법원 판례도 없다. 그러나 일부 하급심 판례에서 퍼블리시티권을 인정하는 추세가 늘어나고 있다.

목소리도 법의 보호를 받는다

전에 〈그 놈 목소리〉라는 영화가 개봉되었다. 해결되지 않은 유괴 사건을 영화로 재구성한 것인데, 이와 관련된 '상영금지 가처분' 신청이 법원에 제기된 적이 있다.

가처분 신청을 한 사람은 이형호의 양육모였는데, 영화 끝부분에서 유괴범과 자신이 전화통화한 내용을 가공하지 않고 그대로 나오게 한 장면 등을 문제 삼으며 자신의 인격권 및 프라이버시를 침해당했다고 주장하였다.

인격권은 헌법 제10조의 인간의 존엄과 가치, 제17조 사생활 비밀과 자유 등에 근거한 권리이고, 개인의 얼굴·목소리 등이 허락 없이 공개되지 않고 보호받을 권리이다. 인격권은 양도할 수 없는 권리로서 사망한 후에도 10~30년간 유족들에게 권리가 인정되고 있다. 1991년 《뉴스위크》 아시아판은 「돈의 노예들…이화여대생」이란 제호로 이화여대생 네 명의 여학생들 사진을 이들의 동의 없이 게재하였다가 손해배상 판결을 받은 적도 있다.

이와 반대로 유명 연예인, 운동선수 등은 오히려 개인의 얼굴·목소리·태도 등이 많이 알려지는 데 도움이 된다. 연예인이나 저명인사들은 이러한 특징을 상업적으로 이용할 수 있는 권리(퍼블릭시티권)를 가지고 있다. 미국에서는 1953년 야구선수의 사진을 게임카드에 사용하여 이익을 얻고 있던 회사에 대하여 상업적 사용을 중지하도록 한 판결이 있었고, 1954년 님머(Nimmer)라는 전문가가 이에 대한 법률적인 설명을 하여 퍼블릭시티권의 기틀을 마련하였다. '연예인들의 경우에 자신들의 말투나 얼굴 등 상업적인 가치를 돈을 받고 거래할 수 있도록 하여야 한다'는 것이 그 취지였다. 그 이후에 미국의 여러 주에서는 이러한 권리를 법으로 규정하기 시작하였고, 현재 약 20개 주 이상에서 이를 권리로 보호하고 있다.

우리나라에서는 이러한 권리가 민법이나 헌법에 특별히 규정된 것은 없다. 즉, 물권적 권리로서 보호하고 있지 않다. 다만 민법에 의한 불법행위 이론에 의하여 권리를 보호해 주고 있다. 의도적으로 상대방의 사생활을 침해한 경우, 또는 유명한 연예인이나 운동선수 등의 사진이나 목소리 등을 상업적으로 이용한 것에 대하여 이용을 금지시키거나 손해를 배상하도록 한 판결이 상당수 있다.

퍼블릭시티권에는 유명인의 이름을 허락 없이 이용하는 것, 즉 아놀드파머, 타이거 우즈 등 유명 골프선수의 이름을 골프경기 광고에 사용하는 것을 금지할 수 있는 권리, 목소리나 표현, 즉 미국 NBC의 유명한 토크 쇼인〈The Tonight Show〉의 진행자인 Johnny Carson은 1957년 이래 자신이 쇼에 등장할 때마다 'Here's Johnny'라는 말을 사용했는데, 이러한 표현을 변기 광고에 사용하는 것 등을 금지하는 권리가 포함된다. 이외에도 사진을 광고에 무단으로 사용하거나 영화 속의 연기나 자세, 몸짓 등을 흉내 낸 광고 등을 금지하는 권리 등도 이에 포함된다.

한류 열풍을 타고 우리의 영화와 연예인들의 정보가 동남아를 비롯한 각국으로 퍼져 나가고 있다. 그 속에는 수많은 퍼블릭시티권이 포함되어 있는데 이러한 권리를 지킬 수 있을까? 즉, 돈이 되는 권리를 외국에서 보호받지 못하게 될까 우려된다.

남의 땅에 몰래 쓴 산소의 보호

법원에 재직 중일 때 분묘굴이(산소를 파서 옮기는 것) 사건이 있었다. 임야 개발업자가 종중산을 매수한 후 종중산소를 모두 이장하라고 소장을 낸 사건이었다. 임야 개발업자는 높은 가격을 줄 테니 제발 산소를 옮겨 달라고 했지만, 종중에서는 돈도 필요 없고 대대로 모셔온 조상들의 산소를 옮기는 것은 불가능하다고 주장하였다. 임야 개발업자는 법대로 하자고 하면서 산소 주변으로 높이 2m 이상의 담장을 쌓겠다고 으름장을 놓기도 했다.

넓은 임야의 경우 땅 주인조차도 경계를 정확히 모르는 경우가 많고, 특히 상속받은 임야의 경우에는 분묘의 위치를 알 수 없는 경우도 허다하고 오래된 무연고 분묘 또한 비일비재하다. 관리가 안되는 임야의 경우, 인근의 동네사람이 주인 모르게 분묘를 설치하는 경우도 있다. 모처럼 구입한 임야를 측량해 보니 남의 산소가 있다면, 땅의 가치가 하락하는 것은 물론이고, 자칫 분묘를 이장하고 합의를 보는 데 많은 시간과 비용을 지출할 수가 있다.

이 사건에서는 종중에서 주장한 권리가 '분묘기지권'이었다. 분묘기지권이란 우리나라의 전통적인 묘지 풍습을 인정한 것이다. 예로부터 우리는 조상을 숭배하는 데 목숨을 바쳐왔고, 풍수지리 사상과 결합되어 후손의 발복을 위하여 조상이 편안히 안주할 수 있는 좋은 터(명당)에 매장하는 풍습이 있었다. 남의 땅에 임의로 쓴 산소도 신성한 것으로 간주하여 함부로 철거하거나 손상하는 경우가 없었고, 이러한 관습을 무시할 수 없어 소유권을 무시하면서까지 분묘를 보호하여 온 것이 우리의 관습이었다.

토지 소유자의 허락을 받아서 분묘를 설치하면 토지 위에 지상권에 유사한 권리를 취득하게 된다. 땅 주인 몰래 분묘를 설치한 경우에도 20년간 평온·공연하게 그 분묘의 기지(터) 등을 점유함으로써 분묘를 위한 토지 사용권에 유사한 권리를 취득한다. **자기 소유의 토지 위에 분묘를 설치한 사람이 분묘 철거 특약이 없이 토지만을 매도한 경우에도 분묘 기지권을 취득한다.**

중요한 것은, 묘지 안에 시신이 들어가 있어야 하고 봉분이 있어야 한다는 것이다(가묘, 암장, 평장은 권리 취득 못함). 봉제사를 중

시했던 조상들에게는 남의 토지 위에 허락도 없이 부모의 묘지를 설치한 사람보다 그 묘지의 철거를 요구하는 땅 주인이 더 부정적으로 인식되었던 것 같다.

그러나 요즘에는 자기 땅에 산소가 있어도 잘 관리하지 않는 것이 현실이다. 한때나마 분묘기지권이라는 물권을 만들어낼 정도로 열성적이었던 사람들이 이제는 개발을 위해 조상들의 산소를 갈아엎고 있다. 지난 **2000년 이후부터는 장사 등에 관한 법률에 의하여 남의 땅에 분묘를 설치한 경우 '분묘기지권'이 인정되지 않게 되었다.**

내 땅에 있는 타인의 분묘를 없애는 것은, 분묘기기권이 인정되지 않을 경우에만 가능하다.

내 땅을 돌리도

 과거에는 땅을 살 때 다른 사람 이름을 빌리는 경우가 많았다. 나중에 명의신탁한 땅을 찾아오는 것도 쉬웠다. 땅을 살 때 내가 돈을 주고 샀다는 증거가 있으면 언제든지 내 이름으로 바꿀 수 있었다.

 판사 시절 직접 관여하였던 재판 중 기억 나는 사건이 있다. 군인인 남편이 패러글라이딩에 미쳐 지내다가 추락사고로 사망하였다. 남편은 자신의 월급을 모아서 아파트를 어머니 이름으로 매수한 후 어머니가 살도록 했다. 그런데 남편이 사망하자 시어머니는 남편이 살았을 때보다 더 며느리를 구박하였고, 남편이 죽은 것도 며느리가 잘못 들어와서 그렇다고 험담까지 하면서 힘들게 하였다. 며느리는 법원에 시어머니를 상대로 명의신탁 재산의 반환과 아파트 명도를 청구하였다. 어머니는 눈에 흙이 들어가도 집을 나갈 수 없다고 버텼다. 나는 조정을 하려고 양쪽을 불렀지만, 좀처럼 합의가 되지 않았다. 여러 차례의 조정과 몇 시간의 대화 끝에 시간을 두고 아파트를 팔아서 일부 금액을 시어머니에게 주는 것으로 화해하고 재판은 끝이 났다.

나중에 대구에서 예쁜 편지가 하나 도착했다. 어머니의 재판을 가슴 졸이면서 지켜보았고 할머니의 심술로 고통 받았던 손녀딸의 편지였다. 어머니는 너무나 따뜻하고 아름다운 분인데 할머니가 시집살이를 시키고 고통을 주었기 때문에 어머니가 시어머니를 상대로 재판한 것을 이해해 달라는 것과 자신이 속한 오케스트라 공연을 꼭 보러 오라는 내용이었다.

현재 부동산실명제법에 의하면 명의신탁은 더 이상 인정되지 않는다. 종중과 부부 사이의 명의신탁은 예외로 인정된다. 무효인 명의신탁이 밝혀질 경우, 부동산 가액의 최대 30%까지 과징금을 물게 되었다.

법원은 예규를 통해서 부동산 명의신탁에 관한 판결이 내려지면 2주 안에 국세청과 시청에 통보하도록 하고 있다. 대법원은 부동산 실명법의 제정 취지인 부동산 투기, 탈세, 탈법 행위 등 반사회적 행위를 방지하고, 부동산 가격의 안정을 도모해 국민경제의 건전한 발전에 기여하기 위해 위와 같은 예규를 제정했다고 한다.

다른 사람을 내세워 땅이나 건물을 사는 경우 돈을 100% 댄 사

람이라도 나중에 땅이나 건물을 찾아올 수 없고, 들어간 돈을 다시 돌려달라고 할 수 있을 뿐이다. 예를 들어 1억 원을 주고 부동산 경매를 받으면서 친구 이름을 빌린 경우, 나중에 가격이 2억 원이 되었다고 하더라도 부동산을 돌려받을 방법이 없고 매수대금 1억 원만 돌려받을 수 있다.

명의신탁 재산은 아예 찾아올 수 없는 경우도 있고 찾아오더라도 과징금을 물어야 하므로, 가능하면 명의신탁을 하지 않는 것이 장래 분쟁과 추가적인 손해를 줄이는 길이다.

내기골프는 도박인가?

2002년 12월경 제주도의 한 골프장에서 1타당 최고 100만 원씩을 걸고 스트로크 게임을 하면서 전반 9홀에서 최소타를 친 우승자에 겐 500만 원, 후반전 우승자에겐 1천만 원을 주는 방식으로 내기골프를 한 사람들이 도박죄로 재판을 받은 적이 있다. 1심에서는 억대 규모의 내기골프라 하더라도 도박에 해당되지 않는다는 이유로 무죄 판결을 하였다.

도박죄의 구성 요건인 도박은 '돈을 걸고 우연의 결과에 의하여 승패를 결정하는 행위'이다. 1심은 "화투·카드·카지노처럼 승패의 결정적 부분이 우연에 좌우되어야 도박이 되는데, 내기골프와 같은 운동경기는 경기자의 기능과 기량이 승패의 전반을 결정하기 때문에 도박이 아니다."라고 판단했다. 도박은 화투나 카드, 카지노 등과 같이 '지배적이고도 결정적인 부분'이 우연히 결정되는 경우에만

한정되어야 한다는 논리였다.

그러나 이 판결은 형식논리에 치우친 것이라는 비판을 받았다. 억대 규모의 내기골프가 도박죄가 되지 않는다고 한다면, 한 달에 몇십만 원 또는 100만 원 정도밖에 되지 않는 월급을 받기 위하여 땀 흘리는 사람들에게 얼마나 큰 피해의식을 심어줄까? 도박죄를 만든 입법자는 '건전한 근로의식의 배양'을 위하여 일은 하지 않고 투기를 하거나 내기를 하여 돈을 버는 것을 제한하고자 이런 법률을 제정했을 것이다. 열심히 일해서 돈을 버는 사람보다 투기를 해서 돈을 버는 사람이나 도박을 해서 돈을 버는 사람이 더 부러움을 받는 사회는 우리가 바라는 사회가 아니다.

그러면 프로 운동선수나 국가대표 운동선수들이 하는 경기에 대한 상금의 지급도 처벌해야 하는 것이 아닌가라는 반박이 있을 수 있다. 방송에서 타이거 우즈 등이 매 홀당 승패에 따라 1억 원 이상씩의 돈을 따가는 스킨스(Skins) 게임 하는 것을 본 적이 있을 것이다. 이것은 왜 처벌하지 않을까?

이것은 일반 사람들이 하는 반사회적인 도박과는 분명 다른 점이 있다. 게임을 해서 받는 돈은 타이거 우즈 등 게임 참가자가 내는 것이 아니라 스폰서를 통해 제공되고, 또한 그것은 실질적으로 보면 수준 높은 경기를 보여주는 서비스나 국위선양 등의 성과에 대한 소비자나 국민이 제공하는 반대급부이다.

경기 결과에 따라 상금을 지급하는 것은 이러한 서비스에 대한 대가로, 정해져 있는 총상금을 공인된 합리적인 기준에 따라 배분하는 것일 뿐이다. 만약에 박인비, 백규정, 김효주 선수가 공인된 경기에서 내기를 하지 않고 사적으로 다액의 돈을 걸고 스킨스 게임을 한다면 당연히 도박죄에 해당될 것이다.

결국 항소심인 서울고등법원에서는, 1심에서 무죄가 선고되었던 억대 내기골프를 한 피고인들에게 유죄를 선고하고, 게임을 주도한 사람을 구속하여 실형을 선고하였다.

주택 담보대출 시 방의 개수를 세는 이유

아파트 담보대출을 받으려고 하면 은행에서는 아파트 방의 개수를 확인하고 그 개수만큼 대출금액을 깎는다. 돈을 빌려주는데 집에 방이 몇 개 있는지가 왜 중요한 걸까?

법원은 경매절차에서 매각대금이 납부되면 채권자들에게 매각대금을 나누어준다. 돈을 빌려준 사람들 중 등기부에 선순위 근저당권, 전세권을 설정해 놓은 사람이 우선변제권이 있다. 등기되지 않았어도 우선권이 인정되는 것 중에 소액임대차보증금이 있다.

우선변제를 받는 소액임대차보증금은, 서울은 보증금 9천500만 원 이하의 경우 3천 200만 원, 지방의 경우는 보증금 4천500만 원 이하의 경우 1천500만 원이다. 사업자의 경우에는 직원에 대한 최종 3개월분의 임금채권과 3년간의 퇴직금이 우선변제 대상이다.

예들 들어 방이 세 개 있는 3억 원짜리 집을 담보로 제공해 줄 테니 채권 최고액 3억 원의 근저당권을 설정하고 돈을 빌려달라고 부탁하여 원금 3억 원을 빌려주었는데, 그후 채무자가 집에 있는 방마다 4천500만 원씩 전세를 주고 세입자들을 입주시켰다고 가정해 보자.

경매절차에서 3억 원에 낙찰이 되면 세입자 세 명이 보증금 중 1천500만 원씩을 먼저 배당받아가고 남은 돈 2억5천500만 원만을 채권자가 배당받게 된다. 이자 없이 원금만 받더라도 2억5천500만 원밖에 회수할 수 없기 때문에, 이자를 감안하여 빌려준다면 2억 원 이상 빌려줄 수 없게 된다.

이처럼 **배당의 우선순위 문제는 담보대출금 회수문제와 직결**된다. 소액보증금 때문에 모두 회수할 수 없거나, 퇴직금 우선변제 조항으로 인해 대출금 채권을 모두 회수할 수 없는 경우가 생길 것을 예상하여 '담보물의 가치에서 예상되는 우선변제금을 빼고 대출'할 수밖에 없는 것이다.

그러나 이렇게 소액임차인들의 권리를 너무 많이 보장해 주면, 서민들의 보증금 문제는 해결할 수 있지만 일반적인 담보대출이 불가능해질 것이다. 은행이 아닌 일반 채권자들도 **주택을 담보로 돈을 빌려줄 때는, 예상배당액을 미리 계산한 후 돈을 빌려주어야** 할 것이다.

국가의 조상 땅 찾아주기

　충청남도에서는 일제시대 탐관오리이던 김갑순의 손녀 김모씨가 조상 땅 찾아주기 사업을 통해 행정중심복합도시 예정지 주변인 공주와 연기, 부여 등 세 개 지역에 할아버지와 아버지 이름으로 등록돼 있는 땅 99필지 20,701㎡를 찾았다는 기사가 난 적이 있다.

　공주 출신인 김갑순은 공주감영의 심부름꾼으로 시작하여 공주감영의 사령 군노, 총순, 군수로 순차 올라가서 1902년 부여군수를 시작으로 10여 년간 충청남도내 여섯 개 지역 군수를 지낸 뒤 1921년 조선총독부 자문기구인 중추원 참의를 세 차례나 역임한 친일파이자 탐관오리의 전형이었고, 부동산 투기의 전문가였다고 한다.

　그는 군수로서 징수한 상납금을 착복하고, 받아들인 각종 세금을 즉시 한양에 보내지 않고 장사나 고리대에 사용하면서 국고를 유용하고, 막대한 국고금을 사유화하여 많은 재산을 축적할 수 있었다. 1932년 당시 공주·대전 지역에 1천만 평 이상의 땅을 갖고 있었고, 대전 땅의 40%는 그의 땅이었는데, 충남도청이 공주에서 대전으로 옮겨지자 평당 15전 내외에 불과했던 가격이 평당 수백 원으로 폭등하였다고 한다.

정부에서 일제시대에 작성된 토지조사부 등의 지적자료를 검토해 조상이나 본인 명의의 토지를 찾아주는 '조상 땅 찾아주기' 제도를 운영하고 있다. 조선총독부는 합병 직후인 1910년 10월에 토지조사사업을 전담할 임시토지조사국을 설치한 다음, 토지조사를 위한 준비절차를 거쳐 1912년(대정원년) 8월 13일 제령 제2호로 토지조사령을 공포하여 토지조사사업을 시행하였다. 토지조사부에 토지 소유자로 등재되어 사정(査定)을 받으면 소유권을 확정적으로 취득하게 된다.

토지조사부에 이름과 주소가 기재되어 있으면 곧바로, 이름만이 기재되어 있고 주소가 없는 경우에는 국가를 상대로 소유권 확인 판결을 받아 소유권등기를 할 수 있다.

최근 친일파 후손들의 '땅 찾기'에 제동을 걸기 위한 노력도 활발하다. 법무부와 검찰청에서 송병준 등 친일파의 후손들이 '땅을 돌려달라'며 국가를 상대로 낸 네 건의 소송과 관련, 서울중앙지법과 서울고법 재판부에 재판을 중단해 달라는 요청서를 제출한 것을 비롯하여 국가 재산이 친일파 후손에게 넘어가지 않도록 하기 위한 조치를 취하고 있다. 2005년 12월에 시행된 '친일반민족행위자 재산 국가귀속 특별법(친일재산환수법)'의 취지에 맞춰 친일파 재산을 환수하기 위한 노력의 일환이다. 법무부는 국가 패소로 확정됐어도 등기명의인이 친일파 후손인 경우에는 관할 법원에 처분금지 가처분을 신청하고 있다. 다만 선의의 제3자가 정당한 대가를 주고 취득했다면 소유권을 인정하기 때문이다.

친일재산환수법은 아홉 명으로 구성되는 '친일반민족행위자 재산조사위원회'가 러일전쟁(1904년) 개시 전부터 해방 전까지 일제에 협력한 대가로 취득했거나 상속받은 재산, 친일재산이라는 사실을 알면서도 증여받은 재산을 '친일재산'으로 판단해 국가가 환수토록 제정한 법이다.

어쨌든 국가는 조상 땅 찾아주기를 통해 정당한 상속재산을 찾을 수 있도록 하는 역할만 할 것이 아니라, 구한말 친일 행각을 통해 부를 축적한 탐관오리들이 남긴 재산인지 아닌지의 여부를 따져 환수하는 역할도 제대로 하길 바란다.

유언으로 자식 한 명에게 모든 재산을 증여한 경우

부모들에게 죽을 때 재산을 자식들에게 물려줄 것인지 물어본다면 크게 대답은 두 종류일 것이다.

"물려줄 재산이 어디 있어요? 내가 쓸 재산도 부족한데…."

"어떻게 해서든지 자식들이 남에게 설움 받지 않고 살아가게 재산을 공평하게 물려줘야죠."

"큰아들이 집안의 기둥인데 벌써 대부분의 재산을 다 넘겨주었어요. 이제 죽어도 맘은 편해요."

재산이 많으면 자식은 없고 상속인만 있다. 재산을 자식들에게 안 물려주고 버티면 맞아 죽고, 재산을 반만 주면 졸려 죽고, 다 물려주면 굶어 죽는다고 한다.

서울의 한 택지개발지구에 살던 아버지가 돌아가시자 자식들 사이에 재산을 둘러싼 분쟁이 발생하였다. 둘째아들이 아버지를 모시고 있었는데 아버지가 대부분의 재산을 둘째아들 앞으로 해놓고 돌아가셨기 때문에, 딸들과 다른 아들들이 한편이 되고 둘째아들이 상대가 되어 치열하게 다투었다.

둘째아들은 이미 받은 재산이 많았기 때문에 있는 것만 챙기고, 남은 재산과 보상금은 다른 형제들이 나눠가지도록 포기하면 합의가 될 수도 있었다. 그러나 둘째아들은 욕심도 많고 생각도 달랐다. 자신이 부모를 모시면서 재산 형성에 기여를 많이 했다고 주장하면서 기여분 심판청구까지 하였다.

1심 판결이 나고 서울고등법원에 2심 재판이 진행되었다.

재판장이 기록을 덮더니 눈을 감고 훈계를 시작하였다. 자기는 둘째아들인데 형님이 시골에서 부모님을 모시고 농사를 지으셨다. 형님이 재산을 모두 상속받아 시골에서 살고 있다. 자신은 재산에 욕심도 없고 부모님을 곁에서 모시지 못한 불효자식이라고 하면서 눈시울을 붉혔다.

법정에 앉아 있는 아들들과 딸들을 한 명씩 호명하면서 질문하였다. 계속 재판을 하고 싸울 것인지 물었다.

딸들과 형제들 모두 흐느꼈다. 한 딸이 일어서서 얘기를 했다. "아버지가 원망스럽습니다. 재산을 미리 정리해 놓고 돌아가셨으면 이런 일도 없었을 텐데…."

결국 재산 많이 물려준 아버지의 잘못으로 모든 탓을 돌렸다.

결국 그 사건은 합의가 이루어지지 않았고 판결로 끝이 나고 말았다.

민법에 의하면, **모든 자식은 균등하게 재산을 상속받을 수 있다.** 만약 부모가 생전에 한 자식에게 재산을 전부 증여하였다면, 다른 자식들은 예상했던 재산을 상속받지 못하게 된다. **법에서는 부모가 편파적으로 한 자식에게 재산을 모두 증여하더라도, 상속분의 절반까지는 반환을 받을 수 있도록 '유류분' 권리를 인정하고 있다.**

부모가 사망하면 냉정하고 신속하게 상속재산에 대하여 서로의 의견을 얘기하고, 많이 물려받은 자식이 다른 자식들에게 일부 재산을 반환해 주는 것이 재산을 물려준 부모에 대한 도리일 것이다.

120억 원이 걸린 도장 없는 유언장

2003년경 사망한 김씨가 자신의 재산 123억여 원을 모 대학에 기부한다는 뜻을 친필로 작성해 은행에 남겼다. 유족들은 김씨가 사망하자 은행에서 예금을 출금하려다 거절당하였다.

그때 유언장의 존재를 알게 되었는데, 유언장에는 "내가 죽거든 내 소유로 되어 있는 123억 원의 예금은 모 대학에 기증하도록 해라. 2003년 0월 0일 유언자 *** "라고 기재되어 있었다.

아무리 보아도 유언장의 글씨는 김씨의 글씨체였다. 다만 유언장에는 유언자의 도장이 찍혀 있지 않았다.

유족들은 "유언장에 유언자의 날인이나 손도장이 없어 무효"라며 은행을 상대로 예금반환 청구를 했고, 김씨의 기부 의사를 뒤늦게 알게 된 대학에서도 소송에 참여했다.

이러한 경우에 유언에 따라 예금 전부가 대학 소유가 되고 유족들은 상속재산을 물려받지 못하는 것일까? 이러한 유언의 효력이 인정된다면 유족들은 얼마나 허탈할까? 미리 자식들에게 언질도 없이 돌아가시기 전에 유언을 해놓았다는 것 때문에 자식들은 재산을 상속받을 수 없게 되는 것일까?

민법에 의하면, **유언은 법에서 정한 방식에 따라야 효력이 있고, 그런 방식을 위반한 것은 유언으로써 효력이 없다.** 민법 제1066조 제1항은 "자필증서에 의한 유언은 유언자가 그 전문과 연월일, 주소, 성명을 자서하고 날인하여야 한다."고 규정하고 있으므로, 위와 같이 "직접 자필로 작성한 유언장이라고 하더라도 유언자의 날인이 없는 유언장은 자필증서에 의한 유언으로써의 효력이 없다."고 하는 것이 대법원의 판례이다. 위 사건에서도 역시 유언은 효력이 없다고 판결하였다.

이처럼 엄격하게 유언의 방식을 규정한 것은 유언자의 의지를 명확히 하고 그로 인한 법적 분쟁과 혼란을 예방하기 위한 것이므로, 법정된 요건과 방식에 어긋난 유언은 그것이 유언자의 진정한 의사에 합치하더라도 무효라고 하지 않을 수 없다는 것이다. 이에 대하여는 수많은 판결이 있다.

모 대학에서는 어떻게 해서든 123억 원을 증여받기 위하여 헌법재판소를 찾아갔다. "유언장에 자서(自書)와 동시에 날인(捺印)을 하도록 규정한 민법 조항은 유언의 자유를 비합리적으로 제한하고 있다."고 주장하며 헌법소원을 냈다. 그 근거로는 "유가증권의 경우 날인을 대신해 서명의 효력을 인정하고 있고, 국제적으로도 서명과 날인을 동시에 요구하는 국가는 우리나라와 일본밖에 없다."는 것이었다.

어쨌든 유언을 하려는 분들은 '죽으면서도 내 맘대로 재산을 증여하지 못하냐'고 불만이 있을 것이다. 내 진심이 입증되면 그만이지 무슨 형식과 절차가 그렇게 까다롭냐고 따질 수 있을 것이다. 유언의 자유를 달라고 외쳐도 법이 개정되거나 위헌 판결이 나기 전에는 유언의 방식을 어기면 안 되는 것이다. 죽기 전에 유언을 하려면 법에 따른 방법으로 유효한 것인지 신경을 써야 한다.

다만, 상속인들은 전 재산을 대학에 증여한다는 유언이 인정되는 경우에도 상속지분의 2분의 1을 찾아올 수 있는 '유류분'이라는 제도가 있어 절반 정도는 돌려받을 수 있다.

만약 위 사건에서 **도장을 찍지 않았어도 무인(손도장)을 찍었다면 효력이 있다**는 것이 판례이다. 위 유언장에 필요한 도장이나 손도장은 100억 원 이상의 가치가 있었다는 뜻이다.

일방적 피임과 이혼 사유

SBS 〈솔로몬의 선택〉 프로그램에 일방적으로 피임을 한 행위가 이혼 사유가 되는지 여부가 방영된 적이 있었다. 위 방송에 출연한 변호사가 그 이유에 대하여 자세히 설명하였다. 당시 출연한 변호사들은 모두 이혼 사유가 될 수 없다고 하였다.

약 50년 전 대법원 판결 중에는 "자손을 낳는 것은 혼인생활의 결과에 불과한 것으로 여자가 임신 불능이라고 하더라도 이혼할 수 없다."고 한 것이 있다.

민법 제826조 제1항에는 부부는 서로 동거하고 부양하고 협조할 의무가 있다고 되어 있으므로 이를 위반하면 이혼 사유가 된다. 그런데 여기서 말하는 동거에는 아이를 낳을 의무가 포함된다고 할 수 있을까? 따라서 단순히 아이를 낳지 않겠다고 피임을 하는 경우 이혼 소송을 제기할 수 있을까?

피임 그 자체는 이혼 사유가 될 수 없다. 피임은 여러 가지 이유가 있다. 요즘에는 아예 결혼하기 전부터 아이를 갖지 않겠다고 선언하는 여자들도 꽤 있는 것 같다. 결혼한 후 아이를 갖지 않겠다고 말하는 경우도 있을 수 있다. 아이를 갖지 않겠다는 부부들 중에는 피임의 문제를 제외하고는 아무런 문제가 없는 경우도 많다. 남편에게 사랑 표현을 충실히 하고 시댁식구들에게도 잘하며 남편 뒷바라지도 잘하는 경우, 피임을 한다는 사유만으로 이혼을 요구할 수는 없을 것이다.

그러나 단순히 피임의 문제가 아니라 부부간의 애정결핍, 성관계의 거부, 각방 사용 등 부부간의 가져야 할 애정을 상실한 상태로 진전된다면, 이는 혼인을 지속할 수 없는 중대한 사유에 해당될 수 있다. 즉, 정상적인 피임일 경우에는 이혼 사유가 될 수 없지만, 부당한 피임은 육체적인 이혼 파탄 사유가 될 수 있다는 것이다.

부당한 피임이라는 것은 반드시 그 동기와 의도가 있게 마련이다. 종교적인 이유로 피임하는 경우도 있다. 육체적인 애정 상실, 별거 또는 각방을 쓰는 행위, 아무런 이유 없이 성관계를 거부하거나 그와 유사할 정도의 애정 상실, 그로 인하여 자식을 낳지 않겠다는 마음을 먹고 배우자에게 알리지 않은 채 계속 피임을 했다면 부당한 피임이라고 할 수 있다.

임신한 처가 남편과 상의 없이 낙태를 한 사건이 있었다. 법원은 이미 아이가 두 명이나 있는 부부가 서로 주의하지 않고 피임을 소홀히 하였기 때문에 발생한 일이므로, 무조건 처에게 잘못이 있다고 할 수 없다고 판단하였다.

아이를 가지지 않겠다는 여자와 결혼하는 경우 "설마, 결혼하면 달라지겠지."라고 쉽게 생각하면 안 된다. 결혼 전부터 아예 아이를 가지지 않기로 약속하고 결혼하였다면, 결혼 후 달라지지 않았다고 하더라도 이혼할 수는 없을 것이다. 물론 다른 이혼 사유(?)를 내세워 이혼할 수는 있을 것이다.

내용증명 우편의 실체

　누군가로부터 갑자기 '내용증명'을 받고 심장이 벌렁거린 경험을 한 번쯤 겪어보았을 것이다. 내용증명을 받게 되면 지나치게 민감해지는 사람들을 자주 본다. 특히 내용증명에 빨간 글씨의 '법적 조치'라는 말이 있거나 '민·형사상 모든 책임을 묻겠다'는 내용이 들어 있으면 더욱 불안해진다.

　과거에 신용정보 회사에서 채권추심을 의뢰받아 채권을 회수할 목적으로 내용증명을 남발한 사례가 있었다. '독촉장'이라는 제목을 달고, 채무를 빨리 갚지 않으면 민·형사상 법적 책임을 묻겠다고 내용증명을 보내고, 늦은 밤에 가정집이나 직장으로 전화를 걸거나 찾아가 채무변제를 독촉하기도 했다. 지금은 이런 행위가 모두 금지되고 불법추심 행위를 하면 구속될 수도 있다.

　아무리 돈을 빌려 쓰고 갚지 못했어도 이러한 독촉에 시달리면 정말 밖에 나가는 것이 무섭고 사람도 피하게 된다.

실제로 내용증명은 절대로 무서워할 것이 아니다. 내용증명 우편은 우체국에서 실시하는 우편서비스의 일종으로써, 글자 표현 그대로 어떤 내용의 우편물을 보냈는지를 우체국에서 증명해 주는 것일 뿐이다. 즉, 보낸 내용을 우체국에서 보관하고 있어서 분실할 염려가 없고, 나중에 어떤 내용으로 보냈는지 증거로 사용할 수 있다.

사무실에 어떤 사람이 찾아와서 내용증명을 보여주면서 답변서를 보내야 한다고 불안해 하는 것을 본 적이 있다. 그 내용에는 "만약 7일 이내에 답변을 하지 않으면 자신의 요구를 받아들이고 요구 조건을 이행하는 것으로 간주하겠다."고 되어 있었다.

그러나 내용증명은 구두로 자신의 요구를 한 것과 다를 바가 없다. 상대방이 보는 앞에서 7일 이내에 답이 없으면 요구 조건을 받아들이는 것으로 알겠다고 하더라도 이는 일방적인 요구일 뿐이다. 아무런 답을 하지 않아도 그만이다.

내용증명 우편으로 이런 내용을 보냈다고 하더라도 다를 것이 없다. 즉, **내용증명 우편은 보내는 사람의 일방적인 주장에 불과하기 때문에, 보내는 사람의 일방적인 주장에 대해 답변하지 않는다고 하여 그 내용을 인정하는 법률 효과가 생기는 것은 결코 아니다.**

채권양도 통지라면 내용증명 우편이 의미가 있다. 채권양도가 중복되는 경우에는 먼저 보낸 사람이 우선권이 있는데 내용증명 우편에 확정 일자가 찍혀 있어서 누가 먼저 보냈는지를 확인할 수 있기 때문이다.

그 밖에 내용증명은 매매계약의 이행의 최고(催告), 계약 해제통보 등 의사 표시를 하여야 효력이 발생하는 경우에 어떤 내용으로 해제통지를 하였는지 증거로 사용할 수 있어 유용하다.

분쟁이 생긴 경우, 내용증명 우편에 자신의 주장과 당시까지 일어났던 사실 관계를 자세히 적고, 분쟁에 대한 강력한 이의를 제기하는 것을 보내는 것도 이후 재판에서 유용한 증거로 이용될 수 있다.

그런데 이런 내용증명 우편을 상습적으로 보내는 사람들이 있어 문제이다. 내가 판사일 때 내 앞으로 내용증명 우편이 도착한 적이 있다. 재판을 진행한 후 며칠이 지난 시점이었다.

"재판이 짜고 치는 고스톱이라는 말을 익히 들었지만, 피고가 중국에 가지도 않았는데 갔다고 거짓말하고 기일변경신청을 해 판사가 재판기일을 변경해 준 것은 판사와 피고가 미리 짜고 쳤다는 증거이다. 중국에 간 사실이 있는지 여부를 사실 조회하겠다."

그 내용증명 우편은 개인에게 온 것이 아니라 진행하고 있는 사건에 대한 것이므로 나는 재판 기록에 그것을 편철하도록 했다.

그 내용증명에 대하여 답을 할 필요는 없었지만, 다음 재판에서 어떻게 그 사람을 대할 수 있을지 걱정이 되었다. 다음 재판기일이 열리고 그 사람은 법정에서 자신의 말을 계속 늘어놓았다. 순간 머릿속에는 이런 생각이 떠올랐다.

'말을 못하도록 막으면 재판이 끝나고 또 다른 내용증명 우편이 날아오겠지? 그래도 말을 막아야 하나?'

이런 생각이 계속 머릿속을 어지럽게 했다. 얼마동안 얘기를 듣고 나는 그 사람에게 말했다.

"더 하실 말씀이 있으면 내용증명으로 보내세요."

주택임대기간은 무조건 2년?

　요즘에는 주택임차인을 보호하는 주택임대차보호법이 효력을 발휘하고 있다. 미처 생각하지 못한 일도 법에 의하여 보호를 받는 경우가 많다.

　'임대기간 2년 보장'과 '묵시적 갱신' 제도가 그 예이다.

　예를 들어 임대인이 임대계약서에 임대차기간을 1년으로 쓰자고 하여 임차인이 이에 응하였다고 가정해 보자. 주택임대차보호법에서는 **'기간의 정함이 없거나 기간을 2년 미만으로 정한 임대차는 그 기간을 2년으로 본다'**고 규정하고 있으므로, 위 임대차계약 기간은 2년으로 보게 된다.

　직장 때문에 지방에 근무하게 된 공무원이나 회사 직원들은 1년만 지방에서 근무를 하고 다시 서울로 직장을 옮기는 경우가 많기 때문에 임대기간을 1년으로 정하는 경우가 있을 수 있다. 이때 임차인이 계약서대로 1년이 지난 후 나가겠다고 하면 임대인이 다음과 같이 주장할 수 있다.

"주택임대차보호법은 기간을 2년 미만으로 정한 경우에는 그 기간은 2년으로 보아야 한다고 규정하고 있습니다. 보증금을 돌려드릴 수 없으니 2년이 될 때까지 기다리세요."

그러나 이 경우, 임차인은 임대계약서에 기재된 1년의 기간이 지나면 보증금을 돌려받고 이사를 갈 수 있다. 주택임대차보호법은 '임차인을 보호'하기 위한 법이지 임대인을 보호하기 위한 법이 아니기 때문이다. 임대인은 언제나 우월한 지위에 있다는 것을 전제로, 임대인의 횡포를 막기 위하여 제정된 법이 주택임대차보호법이기 때문에, 임차인이 중간에 나간다고 하더라도 임대인은 이를 막을 수 없는 것이다.

위 경우에도 임차인이 원하면 계약기간이 2년이라고 주장할 수 있다. 그런데 2년이 지나도록 서로 아무런 이야기를 하지 않고 있다가 2년이 지났다면 어떻게 될까? 이미 임대기간이 지났기 때문에 무조건 나가야 하는 것인지 의문을 가질 수 있다. 이때에는 별 이의 없이 임대기간이 지났기 때문에 묵시적으로 계약이 다시 체결된 것, 즉 묵시적 갱신이 된 것으로 본다.

이런 경우에 임대기간은 기간의 정함이 없는 계약이 되는데, 주택

임대차보호법에서는 기간의 정함이 없는 경우에는 그 기간을 2년으로 본다고 규정하고 있다.

법원은 "묵시적 갱신의 경우, 기간의 정함이 없는 계약이 되기 때문에 임차인은 다시 2년의 계약기간을 주장할 수 있다."고 판결하고 있다.

집주인은 2년이 지난 후 임차인을 내보내려면 2년이 되기 6개월부터 1개월 전에 내용증명으로 재계약을 하지 않겠다는 통지를 해야 한다. 깜빡 잊고 갱신 거절의 통지를 하지 못하면 '다시 2년'을 기다려야 한다. 한편, **임차인은 언제든지 나가겠다는 통지를 할 수 있고 3개월이 지나면 계약이 종료된다.**

주택임대차에 관한 한 임차인은 집주인의 횡포로부터 많은 보호를 받을 수 있다.

뇌물죄의 가중처벌

의사들 리베이트 수수관행에 관하여 쌍벌제가 시행되면서 의사들이 제약회사로부터 처방에 대한 대가를 받고 기소되는 경우가 많아졌다.

제약회사의 영업사원들에 대한 수사가 개시되면서 금품을 수수한 여러 명의 의사들이 재판을 받게 되었다. 대부분 수수한 금액이 수천만 원에서 수억 원에 이르렀다.

대부분 자백을 하고 집행유예를 선고받았는데, 그중 한 명만 이례적으로 3년 6개월의 실형을 선고받았다.

공무원이 아닌 경우의 부당한 금품수수는 보통 배임수재에 해당한다. 임무에 위배하여 부정한 청탁을 받고 금품을 교부받은 데 대하여 처벌을 하는 것인데, 그 처벌 강도는 뇌물죄보다 약하다. 뇌물죄는 벌금형이 없지만 배임수재죄는 벌금형이 있고 법정형도 더 낮다.

위 사건에서 높은 실형은 선고받은 의사는 산재병원에 근무하고 있었는데, 그 병원이 근로복지공단의 산하 병원이었고 근로복지공단은 특가법에 의한 정부투자기관이었기 때문에 뇌물죄로 가중처벌 대상이 된 것이었다.

재개발조합장이 뇌물 1억 원을 받아 징역 5년을 선고받은 사건도 있었다. 앞서 말한 의사와 마찬가지로 재개발 조합장이 공무원으로 의제되었기 때문이다. **법은 재개발 사업의 공공성을 감안해 조합장이 금품을 수수하면 공무원 뇌물죄와 같이 처벌하고 있다.** 이처럼 정부투자기관의 임직원, 금융기관의 직원은 준공무원으로 엄청난 가중처벌을 감수해야 한다.

공무원의 뇌물수수액이 1억 원 이상이면 무기 또는 10년 이상의 징역에 처하게 되어 있다. 감경을 해도 5년 이상의 징역을 받아야 한다.

1990년 이전에는 수뢰액이 2천만 원 이상인 때에는 사형·무기 또는 10년 이상의 징역, 수뢰액이 200만 원 이상 2천만 원 미만인 때에는 5년 이상의 유기징역에 처하도록 되어 있었다. 돈을 실제 주지 않고 주겠다는 약속만 해도 동일한 법정형이 적용된다.

정말 무시무시한 처벌 규정이다.

현행 특가법에 의하면, 금액이 5천만 원이면 특가법의 적용 대상이 되고 징역 7년 이상에 처하게 되어 있다. 범죄의 정상에 참작할 만한 사유가 있는 때에는 작량하여 그 형을 감경할 수 있는데, 이러한 경우에 법정형의 2분의 1로 감경이 된다. 징역 7년 이상은 징역 3년 6개월 이상으로 감경되지만, 최하 3년 6개월 이상의 징역형을 선고하여야 하기 때문에 집행유예가 불가능하다. 집행유예는 3년 이하의 징역형을 선고할 경우에만 가능하기 때문이다.

그렇다면 경미한 뇌물죄의 경우 어디까지 선처받을 수 있을까?

뇌물죄의 경우에는 벌금형 자체가 없기 때문에 일단 기소되면 징역형만을 선고할 수 있다. 공무원은 집행유예의 판결만 받아도 퇴직금을 수령하지 못하고 당연 퇴직 사유가 되어 공직에서 물러나야 한다.

2013년 이전에는 뇌물죄로 처벌을 받더라도 법원에서 선고유예 판결을 받아 살아나서 다시 공직에 복귀하는 경우가 있었다. 그러나 2013년 12월 이후에는 뇌물죄로 선고유예를 받더라도 공직에 복귀할 수 없도록 법이 개정되고 말았다.

뇌물을 받은 공무원이 살아날 방법은 오직 하나뿐이다. 검찰에서 기소를 하지 않는 것이다. 비록 뇌물을 수수하였다고 하더라도 사안이 경미하고 미리 자수를 하는 등 깊이 반성하고 있는 경우, 검사는 예외적으로 기소유예 처분을 할 수 있다.

부실감정으로 인한 손해

혹시 누군가로부터 돈을 빌려달라는 부탁을 받았을 때, 이를 거절하고 싶다면 어떻게 대답해야 할까?

가진 돈이 없으면 사실대로 "빌려주고 싶은 데 빌려줄 돈이 없네요."라고 대답하면 그만이다. 돈이 있더라도 "가진 돈이 없어서 미안합니다."라고 거짓말을 해서 거절하는 것이 제일 좋은 해결책이지만, 실제로 그렇게 쉽지가 않다.

마침 빌려준 돈을 받은 것을 알고 있거나 집 판 돈을 가지고 있는 것을 알고 있는 친구로부터 또는 친척으로부터 돈을 빌려달라는 부탁을 받았을 때에는 차마 거절하지 못하고 돈을 빌려줄 수밖에 없다.

대학교에 다닐 때 교수님께서 말씀하셨던 꼭 지켜야 할 원칙이 아직도 기억난다.

"절대 남의 보증을 서지 마세요."

그 교수님도 남의 보증을 섰다가 재산을 날렸다. 하지만 어쩔 수 없이 돈을 빌려주거나 보증을 서야 한다면 담보를 받는 것이 좋다. 나중에 낭패를 보는 것을 면할 수 있기 때문이다. 교수님의 말씀은 이렇게 바꿀 수 있다.

"확실한 담보 없이는 돈을 빌려주거나 보증을 서지 마세요."

그런데 확실한 담보물인지 아닌지 여부를 알기도 쉽지 않다. 주로 많이 발생하는 사기가 바로 가치 없는 땅이나 물건을 담보로 맡기고 돈을 빌려가는 경우이기 때문이다.

등기부를 보여주었는데 자세히 보지 않고 2순위로 근저당권을 설정한 사람이 있었다. 나중에 문제가 터지고 자세히 보니, 제3자 앞으로 가등기가 이미 되어 있어 근저당권 순위는 아무런 의미가 없었다.

어떤 사람은 1순위 근저당권의 채무자란에 붉은 줄이 그어져 있어 그 근저당권이 말소된 것으로 착각하는 경우도 있다. **채무자가 변경되는 경우에 채무자 이름에만 삭제 표시가 되고 새로운 채무자를 다른 칸에 기재한다.**

이런 등기부 상의 문제가 없어도 허위 감정이나 부실 감정으로 피해를 보는 경우가 있다. 담보물이 얼마나 가치가 나가는 것인지를 알기가 어렵기 때문에 감정평가사들의 도움을 받게 되는데, 감정평가사가 감정한 가격을 믿고 돈을 빌려주었는데 나중에 보니 감정가격과 시가가 차이 날 경우에는 어떻게 해야 할까?

감정평가사가 아닌, 친구나 부동산중개를 하는 사람에게 부동산의 가격을 물어보고 돈을 빌려준 경우에도 그 사람에게 책임을 묻기는 어려울 것이다. 그러나 감정평가사는 돈을 받고 감정을 해주는 사람이다. 감정평가사는 일정한 보수를 받고 토지 등의 경제적 가치를 판정하게 된다. 부동산을 평가할 때에는 실지 조사를 해서 물건을 확인하고, 토지의 형상·용도·지목·주변 환경 등을 검토하여 감정을 하게 되며, 토지의 사용 제한, 해제, 형질 변경이나 지목의 변경 등의 사항도 참작하여 공정하게 감정을 해야 할 주의 의무가 있다.

실제 사례에서 법원은 "감정평가업자가 위 사항을 제대로 확인하지 않고 과대평가한 경우가 있을 수 있고, 이러한 경우에는 정당한 가격을 기준으로 대출하여야 할 금액을 초과하여 대출한 부분에 대한 손해를 배상하여야 한다."고 판결하였다.

담장에 깔려 다친 사고

법원에서 소액재판을 담당하고 있을 때의 일이다. 국립공원 밑에 있는 한 음식점 입구에 설치된 계단의 나무 난간이 부서지면서 추락한 사람이 식당 주인을 상대로 소를 제기하였다. 난간이 오래되어 썩어가고 있었는데 마침 손님이 난간에 기대자 난간이 더 이상 견디지 못하고 부서졌고, 그 순간 그 난간에 기댔던 손님이 계단 아래로 떨어졌던 것이다. 주인은 결국 치료비를 물어줄 수밖에 없었다.

모 우유회사 회장도 이런 봉변을 당한 적이 있다.

회장은 제주도에 있는 한 럭셔리한 호텔에 갔다가 새벽 일찍 사우나에 들어갔다. 회장은 그냥 탕으로 몸을 쑥 집어넣고 들어갔는데, 물이 얼마나 뜨거웠던지 그만 화상을 입고 말았다. 후회해도 이미 늦었고 그는 응급실로 실려 갔다. 사우나의 탕 관리를 하는 직원의 실수로 그 회장님은 전신에 화상을 입고 곤욕을 치렀는데, 호텔 측에서는 그 회장님에게 손해배상을 해주었다.

임대한 창고에서 불이 나는 바람에 옆집으로 화재가 번진 사건이 있었다. 인근 주택의 소유자들이 손해배상 청구를 하였다. 창고 주인은 괜히 나대지를 임대 주었다고 후회하였다. 임차인이 카센터를 한다고 하여 땅을 임대하였고 임차인이 차 수리시설과 창고를 지어 타이어 등을 보관하면서 관리하였는데, 그 창고에서 누전으로 화재가 발생한 사건이었다. 결국 임대료의 수십 배에 달하는 손해를 배상할 수밖에 없었다.

주택가에서 건축공사를 하게 되면 현장에 터파기를 하는데, 비가 오면 물웅덩이가 생기기도 한다. 행인이 밤길에 그곳을 지나다가 미끄러지면서 웅덩이에 빠져 죽거나 다치는 사고가 발생한 경우도 있다. 요즘 건물은 간판도 규모가 커져 간판이 떨어지면서 아래 있던 차량이 파손되는 등 손해가 발생하기도 한다. 건물의 전기 누전으로 화재가 발생하여 인근 주택이나 점포가 소실된 경우도 있다.

이러한 경우에 과연 식당 주인, 호텔, 담장의 주인이 무조건 책임을 져야 할까?

우리 민법에서는 **"공작물의 설치 또는 보존의 하자로 인하여 타인에게 손해를 가한 때에는 공작물 점유자가 손해를 배상할 책임**

이 있다."라고 규정하고 있다.

시설물에 하자가 있는 한 "왜 기댔냐?", "왜 몸을 들이밀었느냐?", "왜 지나갔느냐?", "왜 불난 집 옆에서 장사했느냐?"라는 항변을 할 수가 없다.

1차적인 손해배상은 점유자가 해야 하지만, 점유자가 손해의 방지에 필요한 주의를 해태하지 아니한 때에는 그 소유자에게 책임이 있다.

재산을 많이 가진 분들은 자기 재산이 많다고 흐뭇해 할 것이 아니라, 건물이나 공사 현장에 하자가 없는지 주의 깊게 살펴보고 미리 하자를 수리하거나 주변 사람들이 피해가도록 하여, 예상치 못한 손해가 발생하지 않도록 미연에 조심해야 할 것이다.

도로부지는 원래 도로가 아니었다
(현황 도로의 보상평가)

토지의 일부가 공공용지로 편입되는 경우에는 국가로부터 보상을 받게 된다. 그럴 경우 누구든지 시가에 의한 정당한 보상을 받도록 헌법이 보장하고 있다. 공공용지 보상에 관한 법률에 의하면, 사도법에 의하여 토지 소유자가 허가를 얻어 개설한 사도는 주변 토지의 5분의 1, 기타 도로는 3분의 1 가격으로 평가하도록 하고 있다. 도로는 그만큼 거래에서 가치가 적을 수밖에 없기 때문이다.

사도법에 의한 도로는 개인이 관할 시장이나 군수의 허가를 받아 설치한 도로이고, 그 이외의 사실상의 사도는 개인이 자신의 편의를 위하여 설치한 도로, 토지 소유자가 대지 또는 공장 용지를 조성하기 위하여 개설한 도로이다.

그러나 실제로 사람들이 다니는 도로로 사용되고 있더라도 일시적으로 방치되어 있는 경우에는 도로로 평가해서는 안 된다. 언제든지 개발을 하려고 마음먹으면 건물을 짓거나 공장을 지을 수 있으므로 매매에서도 제대로 된 가격을 받고 매매할 수 있기 때문이다.

일반 사람들이 많이 통행하여 길이 생긴 곳 중에는, 도시계획에 의하여 개발 행위를 하지 못하고 건축 허가를 받지 못하는 곳이 있다. 이것은 토지 소유자가 이용하고 싶어도 도로법에 의하여 도로구역으로 지정되어 있거나 도시계획에 의하여 도로개설예정지로 지정되어 있기 때문에 소유자가 이용을 포기한 곳이므로, 사실상 사람들이 통행하고 있는 도로라고 하더라도 도로로 보지 않고 그 이전의 상태로 평가를 해야 한다.

가끔 비보상용지에 대한 보상에서도 이러한 평가가 문제가 된다. **국가가 개인의 토지를 보상 없이 도로를 개설하여 사용해 온 경우에는, 토지를 도로부지가 아니라 도로로 편입되기 이전의 상태로 평가해 보상해야 한다. 또한 보상 이전의 사용료도 국가에서 부당 이득금으로 지급해 주어야 한다.**

자기의 토지를 이용하기 위하여 스스로 설치한 도로는 사실상의 도로로서 주변 시세에 비하여 낮게 평가해도 할 수 없지만, 다른 사람들이 무단으로 통행하고 있는 도로는 도로로 보아서는 안 된다.

문제는, 장기간에 걸쳐 인근 주민들이 사실상 통행하여 오다 보니 토지 소유자가 소유권을 행사하여 통행을 금지시킬 수 없는 경우이다. 판례에 의하면, "한국전쟁 이전부터 인근 주민들이 통행로, 초등학교 학생들의 통학로로 이용되어 왔고, 해당 토지가 지목이 도로로 변경된 후 포장되었다면, 그 이후에 토지의 소유권을 취득한 사람에게 보상을 할 때 사실상의 사도로 보아 보상한 것은 정당하다."고 하였다.

자신의 재산이라도 오랜 시간 방치하면 권리를 잃을 수도 있다는 사실을 명심하자.

도로 지정 후 방치된 토지의 매수청구

　서울행정법원에 근무할 때 행정소송을 접하면서 다루었던 사건 중에 도로에 대한 보상사건이 있었다. 국가나 지방자치단체에서 무질서한 주택가를 없애고 직선 도로를 내거나 공원을 조성하기로 하는 도시계획시설 결정을 고시한 후 예산 부족으로 이를 방치하는 경우, 토지 소유자는 엄청난 재산 상의 피해를 보게 된다.

　이러한 경우에는 보상을 해줄 때까지 기다려야 한다. 이는 심히 부당한 처사라고 생각한다. 일단 도시계획에서 도로부지로 결정되면 그곳에는 건축 허가를 받을 수 없고, 기존의 주택도 증축이나 개축을 할 수 없어 흉물스럽게 방치되게 된다. 도심에 아무런 개발도 하지 못하고 방치되어 있는 토지들이 바로 이러한 경우이다. 도로부지로 지정되면 토지의 형질 변경이나 건축 행위가 불가능하므로, 세월이 흐르면 자연스럽게 일반인들이 통행하는 길이 형성되기도 한다.

도로를 닦기 위하여 토지를 매수하거나 보상을 해주고 집을 헐어 버리면 문제가 없지만, 시에서 예산 상의 문제로 도로시설 설치를 하지 못하고 몇 년씩 방치하는 경우에는 사유재산권을 침해받게 된다. 토지 보상을 하지 않은 채 방치하면 사유재산권을 보장한 헌법의 이념에 반하기 때문에, 헌법재판소에서는 1999년 "보상 규정이 없는 것은 위헌"이라고 판단하였다. **대지를 사적으로 이용할 수 없는 경우에는 현저한 재산 상의 손실이 발생하게 되므로 보상을 해주어야 한다**는 것이 그 이유였다. 헌법재판소는 "대지를 10년 이상 아무런 보상 없이 방치하는 것은 과도한 재산권 침해가 된다."고 하였지만, "임야나 전답의 경우에는 토지를 종래 목적대로 사용할 수 있으므로 보상이 불필요하다."고 보았다.

현행법은 "10년 이내에 도시계획시설로 개발되지 않는 토지는 국가나 시에서 매수해 달라고 청구할 수 있다."고 규정하고 있다. 매수할 때 현금을 지급하여야 하지만, 지방자치단체가 돈이 없는 경우에는 채권(도시계획시설채권)을 발행하여 지급할 수 있도록 하였다. 그러나 모든 토지가 매수청구의 대상이 되는 것은 아니다. **지목이 대지인 토지 및 지상 건축물에 한하여 매수청구권이 인정**된다.

또한, 매수청구권 이외에도 도시계획시설 결정이 고시된 후 20년이 지날 때까지 시설이 설치되지 않으면 그 도시계획시설 결정은 실효되도록 한 규정도 있다. 이것은 도시계획시설 지정이 효력이 없어진다는 것에 불과하므로 새로운 개발 행위가 가능하다는 의미에 불과하고, 당연히 보상을 청구할 수 있다는 의미는 아니다.

담보 목적의 가등기로 인한 피해

일반인은 금전 거래를 하면서 채권 회수를 위하여 근저당권을 설정하거나 가등기를 설정하는 경우가 많다. 담보를 확보하기 위한 수단으로 이용되는 가등기는 근저당권과 달리 문제가 있다.

근저당권의 경우에는 근저당권 등기 내용에 채권 최고액을 기재하게 되어 있고, 일반인이 이를 열람할 수 있어 근저당권의 피담보 채무액을 쉽게 확인할 수 있다. 그런데 담보가등기의 경우에는 피담보 채무액이 어느 정도인지 예측할 객관적인 기재 내용이 없다.

담보가등기의 피담보 채무가 무엇인지 확인한 후에, 후순위 근저당을 설정하고 금전 거래를 하면 안심할 수 있을까?

가령 2억 원 시세의 부동산에 선순위 담보가등기의 채무금액이 1억 원인 사실을 확인하고, 후순위로 근저당권을 설정했다고 하자. 근저당권이 설정된 이후에 선순위 담보가등기권자와 채무자 사이에 추가적인 금전 거래로 채무액이 증가되는 경우, 추가적인 금전 거래 금액이 담보가등기의 피담보 채무에 포함되어 후순위 근저당권에 우선할 수 있는지 문제가 된다.

만약 추가적인 채무가 근저당권에 우선한다면 근저당권자는 채권 회수를 다 하지 못할 수 있다. 대법원은 "채권자와 채무자가 가등기담보권 설정 계약을 체결함에 있어 가등기 이후에 발생할 채무도 가등기의 피담보 채무 범위에 포함시키기로 한 약정은, 가등기담보 등에 관한 법률의 어느 규정에도 반하는 것이라고 볼 수 없고, 가등기담보권의 존재가 가등기에 의하여 공시되므로 후순위 권리자로 하여금 예측할 수 없는 위험에 빠지게 하는 것도 아니다."라는 이유로, "가등기 이후 추가로 발생한 채무금액도 담보가등기의 피담보 채권에 포함한다."고 보고 있다.

즉, **담보가등기의 현재 채무만을 확인하고 후순위 근저당권을 설정하는 것은 예측하지 못한 손해를 입을 수 있다**는 것을 의미한다. 선순위 가등기가 말소되지 않은 상태에서 후순위 권리자로 등재되는 것은 상당히 위험하다는 사실을 반드시 명심해야 할 것이다.

어묵집과 떡볶이집의 싸움

상가 건물을 지은 회사에서 3층 9호는 핫바와 어묵을 의무업종으로 하여 분양하였고, 3층 8호는 떡볶이를 의무업종으로 하여 분양하였다. 핫바& 어묵집 주인은 처음에는 분양 조건에 핫바& 어묵만을 팔라고 되어 있었기 때문에 꼬치어묵, 양념어묵 등을 팔았지만 떡볶이는 팔지 않았다. 그런데 옆에 있는 떡볶이집에서는 떡볶이 이외에 튀김어묵도 팔고 있다는 사실을 알게 되었다.

핫바& 어묵집 주인은 즉시 상가관리운영위원회로 찾아가서 항의하고 떡볶이집 주인에게 어묵을 팔지 말라고 요구하였다.

떡볶이집 주인은 "대한민국에 직업의 자유가 있는데 내가 무엇을 팔든지 무슨 상관이냐"는 태도였다. 며칠이 지나도 떡볶이집 주인은 그대로 떡볶이를 팔면서 어묵국물에 튀김어묵을 넣어서 같이 파는 일을 계속했다.

핫바& 어묵집 주인은 몇 번이나 분양 회사와 떡볶이집을 찾아가서 항의했지만 소용이 없었다. 그래서 핫바& 어묵집 주인은 직접 떡볶이집을 상대로 어묵을 팔지 말라는 소송을 제기하였다. 상가의 분양 회사와 관리운영위원회는 빠지고 상인들끼리 분쟁이 생긴 것이었다.

떡볶이집 주인은, 자기는 상가를 분양한 사람과 분양조건을 정하기는 했지만, 핫바& 어묵집 주인과 약속을 한 것은 아니니까 제3자는 간섭하지 말라고 하면서 이에 응하지 않았다.

상가의 점포를 분양받은 후에는 무슨 영업을 하든지 선의의 경쟁을 하면 그만이 아닌가 하는 생각이 들기도 한다. 그러나 상가 건물 내에서는 업종에 따라 분양가도 달라지는데, 분양 후에 업종을 바꾸게 되면 비싸게 특정 업종을 할 권리를 분양받은 사람이 손해를 보게 되고, 동일 업종이 같은 건물 내에서 제한된 손님을 놓고 싸우는 것이 상가 전체로 보더라도 이익이 될 수 없다.

어묵 사건은 대구에서 실제 있었던 일인데, 법원에서는 떡볶이집에서는 어묵을 팔지 말라고 판결했다. 이유는, "각 점포별로 업종을 지정하여 분양한 경우에는, 그 입주자는 그 상가 내의 다른 점포 입주자들에 대한 관계에서 상호 간에 명시적이거나 또는 묵시적으로 업종 제한 의무를 수인하기로 동의하였다고 볼 수 있다."

는 것이었다.

대법원은, 업종 제한이 있는 상가 내 점포가 일반 매매가 아닌 경매나 공매로 이전된 경우, 업종 제한 의무를 부인한 경우도 있다. "경매 당시 상가 전체가 분양된 적이 없어 업종 제한에 대한 인식이 미미하고, 경매 당시 업종 제한 여부가 조사된 바도 없기 때문에 경매로 취득한 사람이 업종 제한 의무를 수인하기로 동의한 것으로 보기 어렵다."고 한 사례였다.

집합건물법에 따른 관리규약은 법에서 인정한 자치규범이므로, **규약에 중복 업종을 제한하고 있는 경우에는 규약 제정에 동의하지 않은 소유자와 임차인 등 모두에게 효력이 강제된다.**

딸도 종중의 구성원

우리 사회에는 아직도 많은 종중이 활동하고 있다. 종중은 공동 선조 할아버지의 산소를 지키고 제사를 지내는 것을 주된 목표로 하고, 종중의 구성원 서로의 친목을 도모하는 단체로서 특별한 조직행위를 필요로 하지 않는 자연발생적인 단체이다. 그러므로 특별하게 사용하는 명칭이나 서면으로 만든 종중규약이 없어도 되고, 대표자가 선임되어 있지 않아도 된다.

종중원은 자신의 의사와 관계없이 당연히 종중의 구성원이 되는 것이어서, 종중원 중 일부를 종중원으로 취급하지 않거나 일부 종원에 대하여 종원의 자격을 영원히 박탈하는 내용으로 규약을 개정하는 것은 종중의 본질에 반하는 것이다.

종중은 조상숭배의 관념을 바탕으로 제사를 가문의 최고 중대한 일로 생각하는 종법사상(宗法思想)에 기초한 제도로서, 조상에 대한 제사를 계속 실천하면서 남계혈족 중심의 가(家)의 유지와 계승을 위하여 종원들 상호 간에 긴밀한 생활공동체를 달성하는 것을 주된 목적으로 성립되었다. 성년 남자만을 종중의 구성원으로 하는 종래의 관행은, 이러한 종법사상에 기초한 가부장적, 대가족 중심의 가족제도와 자급자족을 원칙으로 한 농경 중심의 사회를 그 토대로 하고 있었다. 그래서 과거에는 종중 구성원의 자격을 성년 남자만으로 제한하는 관습이 있었다.

그러나 요즘은 부모와 미혼의 자녀를 구성원으로 하는 핵가족이 생활공동체를 바탕을 이루고 있다. 출산율의 감소와 남아선호 내지 가계계승 관념의 쇠퇴에 따라 딸만을 자녀로 둔 가족의 비율이 증가하게 되었고, 부모에 대한 부양도 아들과 딸의 역할에 차이가 없어졌으며, 과거의 엄격한 제사 방식에도 변화가 생겨 여성이 제사에 참여하는 것이 더 이상 특이한 일로 인식되지 않게 되었다.

몇 년 전 대법원에서는 "종중의 목적과 본질, 사회변화 상황에 비추어 볼 때, 공동 선조와 성과 본을 같이하는 후손은 여자들도 성년이 되면 당연히 그 구성원이 되어야 한다."고 판결하였다.

"종중은 공동 선조의 사망과 동시에 그후손에 의하여 자연발생적으로 성립하는 것임에도, 공동 선조의 후손 중 성년 남자만이 종중의 구성원이 되고 여성은 종중의 구성원이 될 수 없다는 종중규약이나 관습은, 공동 선조의 분묘 수호와 봉제사 등 종중의 활동에 참여할 기회를 출생에서 비롯되는 성별만으로 부여하거나 원천적으로 박탈하는 것으로써, 위와 같이 변화된 우리의 전체 법질서에 부합하지 아니하여 정당성과 합리성이 있다고 할 수 없다."는 것이 이유였다.

종중 소유의 부동산 관련 분쟁에서도 여성이 참여하지 않은 종중총회를 개최할 경우 부적법하게 되었으므로, 종중총회에서 여성들의 발언권이 커지게 되었다.

땅값이 올랐는데 해약할 수 있는지

땅을 2억 원에 팔기로 하고 계약금을 5천만 원 받았다. 그런데 그 후 부동산 가격이 오르면서 땅값도 3억 원으로 올랐다. 이렇게 되면 땅을 팔기가 아까워진다. 계약금을 돌려주고 해약을 하고 싶은데 얼마를 돌려주어야 할까?

계약금은 통상 매매대금의 10%이므로 10%의 배액만 돌려주고 해약할 수 있다. 그러나 이것은 사회적 관행에 불과할 뿐, '계약금은 반드시 매매대금의 10%'라는 법 규정은 없다. 만약 계약금을 10% 이상 받았다면, 매매계약에서 계약금은 다른 사정이 없는 한 해약금의 성질을 가졌으므로, 매도인이 받은 계약금의 배액, 위 사례의 경우 1억 원을 물어주어야 해약할 수 있다.

계약서에 "매도인은 계약금의 배액을 상환하고, 매수인은 계약금을 포기하고 계약 해제를 할 수 있다."고 특약사항이 기재되어 있는 경우가 많지만, 이러한 특약의 기재가 없어도 해약을 할 수 있다. 땅값이 1억 원 이상 올랐다면 5천만 원의 해약금을 지급하더라도 이익이 될 것이다.

가격이 싸거나 올라갈 가능성이 크다면 계약금을 많이 걸고 사는 것이 계약파기의 가능성을 줄이는 것이다. 계약을 지키지 못할 우려가 많다면 계약금을 적게 책정하는 것이 유리하다.

그러나 계약금을 포기하거나 배액을 물어주고 계약을 해제하는 것도 아무 때나 할 수 있는 것이 아니다.

중도금을 지급하기 이전이라야 한다. 일단 **중도금을 지급받은 후에는 계약금의 배액을 상환하더라도 마음대로 해약할 수 없고, 중도금을 지급받은 후에 임의로 타에 처분하면 형사상 범죄인 배임죄로 처벌을 받을 수 있다.**

계약을 하면서 계약서도 작성하지 않고 계약금만 받는 경우가 있다. 이러한 경우에도 위와 같이 계약금을 포기하거나 배액을 상환하고 해제를 할 수 있을까?

법에서는 매매계약을 '서면'으로 작성해야 한다고 규정한 것이 없고, 서로 의사의 합치만 있으면 된다고 되어 있다. 서로 매매물건, 매매대금 등에 대하여 약속한 것이 있으면 족하다. 다만, 서면에 의하지 않은 구두계약의 경우에는 재판에서 증거가 부족하여 불리해질 수 있고, 서면에 의하지 않은 증여계약의 경우 일방적으로 증여계약의 해제를 당할 수도 있다.

전에는 가격보다도 인정이나 의리에 따라서 거래를 하고, 손해가 생기더라도 한 번 팔기로 한 사람에 대한 신뢰를 저버리지 않으려고 노력하는 경우가 많았다. 그러나 요즈음에는 계약을 체결하고도 가격이 오르면 즉시 해약하고 더 비싸게 처분하여 재판을 하는 경우도 많다.

어린이집 보육교사의 책임

전에 도내 교감선생님들을 대상으로 한 교육정보원 교육프로그램에 참가하여 강의를 한 적이 있다. 강의가 끝난 후 질문이 이어졌는데, 가장 궁금해 하고 걱정하는 것이 학교에서 폭행사고나 안전사고가 발생한 경우 교사의 책임이었다.

체육 활동을 하다가 학생이 쓰러져 다친 경우, 방과 후에 학생이 학교 내에 들어와 다투다가 넘어져 뇌를 다친 경우의 학교의 책임 여부 등에 대하여 질문이 쏟아졌다. 학교 활동이나 시설물 안에서 발생한 각종 사건사고로 인하여 학교에서 골머리를 앓고 있음을 알 수 있었다.

최근 어린이집에서 제공한 식단에 포함되어 있던 콩을 생후 20개월 무렵의 영아가 집어 먹다가 기도가 막혀 뇌손상을 입은 사건이 있었다. 이 사건에서는 어린아이를 보호할 책임이 있는 어린이집 보육교사 등에게 과실이 인정되는지 여부가 문제되었다. 또한 유아가 귀가하던 중 폐냉장고 안에서 놀다 질식사한 경우 어린이집의 책임 등도 문제가 된 적이 있다.

이러한 경우에는 어린이를 보호하고 감독해야 할 사람이 누구인지를 잘 따져 보아야 한다. 나이가 어린 어린이집이나 유치원의 경우 보호 · 감독의 필요성이 훨씬 크기 때문에 중 · 고등학생에 비하여 책임이 인정될 가능성이 커지게 된다.

콩을 먹다 기도가 막힌 어린아이의 경우, 법원은 "아이가 발육이 부진하여 큰 반찬을 먹을 수 없음에도 어린이집 교사가 콩을 으깨지 않고 그냥 먹도록 하여 어린아이가 손으로 집어 먹다가 콩이 목에 걸려 기도가 막혔기 때문에 관리 · 감독 소홀로 인한 손해배상을 해야 한다."고 판결하였다.

유아들을 차량을 이용하여 등·하교 시킨 것은 단순히 호의를 베푸는 것이 아니라 유아들이 걸어서 집으로 가는 경우 발생할지도 모르는 사고로부터 유아들을 보호하기 위한 것이다. 차량을 제공하여 귀가시키는 것은, 교통사고의 방지 및 귀가 과정에서 아동이 위험한 장난을 함으로써 일어나는 사고도 방지하려는 것이다. 이를 위반하여 그냥 걸어서 귀가하도록 방치한 것은 유치원의 과실이라고 판결한 예도 있다.

매매계약 시 소유자 확인 의무

부동산 매매계약을 체결할 때 매매 의뢰자가 실제 소유자와 동일인인지 여부를 확인하는 것이 필요하다. 형사 사기사건의 피해 중에는 토지 소유자를 가장하여 계약을 체결한 후 매매대금을 받아서 편취하는 경우가 있다.

가짜 매도인이 실제 소유자의 신분증을 위조하고, 그 이름으로 예금통장을 개설하여 계약금과 중도금을 받아간 사례가 있었다. 부동산중개업소에서도 그 사람이 진짜 집주인이라고 생각하고 계약을 중개하였다가 나중에 진짜 주인이 따로 있는 것을 알게 되어 매수인이 중개업소를 상대로 손해배상을 청구하기도 했다. 중개업자는 중개 행위를 함에 있어서는 목적 부동산의 소유자가 맞는지 조사하고 이를 확인해야 할 업무상의 주의의무가 있다.

그렇다면 부동산중개업자가 부동산거래를 중개하면서 매도인의 소유권의 유무를 확인할 주의의무는 어디까지이고, 매수인은 어디까지 소유자 여부를 확인해 보아야 확실할까?

우선 매도인이 제시하는 **주민등록증의 진위 확인 전화서비스**(행정안전부 제공)를 할 수 있는데, 이것만으로는 안 된다. 일반적으로 타인의 등기부등본, 주민등록증 등을 부정으로 입수하여 부동산 소유자의 인감이나 인감증명서 등을 위조하는 수법을 사용하는 경우가 많기 때문이다. 소유자라고 사칭하는 사람의 말에 현혹되어서는 아니되므로, 부동산의 매도 의뢰자와 전혀 면식이 없는 때에는, 자칭 소유자라는 사람이 **등기권리증을 가지고 있는지 확인**하거나 소유자의 주거지나 근무지 등에 연락하여 확인하는 등 소유권의 유무를 조사하고 확인하여야 한다. 만약 임차인이 있다면, 임차인으로부터 임대계약서를 받아 임대인의 인적사항을 확인해서 연락해 보아야 한다.

실제 사건에서 가짜 매매 의뢰인은 평소부터 알고 지내는 사람도 아니었고, 매도 의뢰를 하는 아파트에 실제 거주하지도 않았으며, 등기부등본과 주민등록증에 기재된 소유자의 주소가 서로 다름에도 불구하고, 매매계약의 체결 당시는 물론이고 중도금의 지급기한까지도 모르고 있었다.

"매수인이나 중개업자가 그 처분 권한의 유무 확인 등을 위해 필요한 등기권리증을 보관하고 있는지 여부를 확인하지 않았던 경우, 매매계약이 기존의 임대차계약을 승계하기로 한 계약임에도 위장 매도인이나 임차인으로부터 임대차계약서를 확인하지도 않았던 경우, 부동산중개업자는 소유자에 관한 조사확인의무를 다하지 아니한 과실이 있다."고 한 사례가 있다.

중개업자도 책임이 있겠지만 매수인도 계약의 당사자로서 이를 조사할 책임이 있으므로, 손해배상을 받을 때 과실이 참작되어 배상금액이 줄어들 것이다.

불가리스와 불가리아의 상표 전쟁

요구르트는 어떤 제품을 드십니까?

과거 10년 이상을 '불가리스'라는 상표로 유산균발효유를 판매하던 N회사는 후발 업체인 M회사가 불가리아라는 요구르트를 출시하면서 시장을 잠식당하게 되었다. 불가리스는 1991년 출시 이후 발효유산균 프리미엄 제품임을 내세워 하루 평균 55만 개의 판매고를 기록하고 있던 롱 런 히트상품이었다.

그런데 이런 히트상품의 상표를 본 딴 불가리아라는 제품이 등장하여 시장을 급격히 잠식하기 시작하였다. M유업은 불가리아 국영기업 LB불가리쿰사와 불가리아 정통 유산균 불가리쿠스와 서머필러스를 독점 공급받기로 하고, 불가리아 정부의 공식 인증을 받은 제품이라는 것을 이유로 '불가리아'라는 상표를 사용하면서 권리를 주장하였다.

불가리스 회사에서는 "상표명 등에서 혼동을 일으키고 불가리스의 이미지를 훼손할 우려가 있다."며 즉시 판매금지 가처분 신청을 하였다. 이에 대하여 불가리아는 오히려 "불가리스 회사에서 원료 유산균을 마치 불가리아에서 생산되거나 가공된 것처럼 허위광고를 했다."며 부정경쟁행위금지 가처분 신청을 하는 맞불작전을 폈다.

결과는 불가리스의 승리였다. 법원의 판매금지 가처분명령을 받은 불가리아는, 제품 출시 이후에 하루 평균 10만 개 이상 판매하던 것을 중단하여야 했다. 불가리아라는 상표를 사용하지 못하자 매출은 급격히 감소했고, 떨어진 매출 회복은 거의 불가능하였다. 불가리아는 매출 감소 및 기존 제품의 회수, 그동안 들인 광고비, 영업조직망 투입비용 등 수백억 원의 손실을 본 것으로 추정된다.

그 이후 새로운 상표인 '구트(GUT) HD-1', '프로바이오 GG' 등은 불가리아만큼 빠른 광고 효과를 얻기 못하였고 판매량이 지지부진하였다.

상표는 이처럼 제품 자체보다 더 중요한 판매유인 효과, 즉 판매를 촉진시키는 효과가 있다. 상표를 개발하는 데 제품 개발비 이상을 쓰는 이유도 여기에 있다.

G제약회사에서 나온 비타500이 1억5천만 병이나 팔리는 성공을

하자 유사 제품이 봇물 터지듯 쏟아져 나왔다. 법정 공방에서 비타바란스500, 비타미노500, 비타파워500, 비타씨500 등이 모두 부정경쟁행위로 판매중지 가처분을 받았다. 이러한 유사 제품의 과열 양상은 오히려 비타민 시장을 크게 만들어 원조 제품이 덕을 보기도 하였다.

성공한 상표는 모두 이런 과정을 거치게 된다. 생맥주 프랜차이즈 상표인 '쪼끼쪼끼'의 경우에도 유사 상표가 10여 개 이상이 생겨났다. 블랙쪼끼, 쭈끼쭈끼, 쪼끼타임, 한쪼끼·두쪼끼, 조끼조끼, 블루조끼, 쪼끼닷컴, 컬러쪼끼, 쭈끼쪼끼 등 '쪼끼'를 도용한 상호가 줄을 이었다. 이러한 경우 유사 상표로 인한 가맹본부 이미지 손실도 그렇지만, 점주들의 피해가 극심하다는 것이 더 큰 문제였다.

상표는 제품을 표시하는 것에서 출발하지만, 나중에는 상표 자체만으로도 엄청난 브랜드 가치를 가지게 된다. 상표가 널리 알려지고 가치가 올라갈수록 유사 상표가 나타난다. 상표로 등록이 가능한 것은 무엇인지, 어떻게 해야 상표 침해로부터 보호받을 수 있는지 미리 알아보고 방어할 필요가 있다.

목사님의 연봉과 명예훼손

같은 회사에 근무하는 직원이 비리 혐의로 벌금을 냈다는 사실을 회사 게시판에 올린 경우, 이것이 정당화될 수 있을까?

직원들이 모인 자리에서 회사의 관리반장이 변호사법 위반죄로 기소되었다는 사실을 알리고, 같은 내용의 공고문을 작성하여 회사 게시판에 게시한 사건이 있었는데, 법원은 위법성이 없다고 판결하였다. "문제의 직원은 같은 회사 직원에게 음주운전을 빼주고 구속을 면하게 해주겠으니 교제비를 달라고 하여 600만 원을 받았고, 그러한 사실로 변호사법 위반죄로 기소되었는데, 회사 게시판에 게시한 내용이 모두 사실이고, 공고한 이유가 회사 내에서 같은 피해자가 다시 발생하는 것을 막기 위한 것으로써 그 주요한 목적이 공공의 이익을 위한 것이었다고 볼 수 있다."는 것이 이유였다.

전에 국립대 교수의 여제자 성추행 사실을 실명과 함께 인터넷에 공개하였다가 명예훼손 혐의로 기소된 사회단체 대표에게 무죄가 선고된 사건이 있었다. 개인의 명예를 보호하기 위한 명예훼손죄와 국민의 알 권리와 다양한 사상·의견의 교환을 보장하는 언론의 자유를 비교할 때, 학내 성폭력사건의 철저한 진상조사와 처벌 그리고 학내 성폭력의 근절을 위한 대책 마련을 촉구하기 위한 목적으로 게시한 것은, 공공의 이익을 위한 것으로 달리 비방의 목적이 있다고 할 수 없으므로 무죄라는 것이다.

서울중앙지방법원에서 1억 원 이상의 연봉을 받는 목사의 기사를 쓰면서 연봉이 지나치게 많다는 취지를 게재한 인터넷 신문사의 행위 또한 정당하다는 취지로 판결한 것이 있다. 신문사가 기사를 게재한 것은 목사를 비방하려는 것이 아니라, 교인들의 자발적 헌금으로 운영되는 교회에서 목사가 받아야 할 보수 중 개인생활 및 활동에 지출되는 금액의 비중이 상당히 높다는 것을 알려주기 위한 것이므로, 국민의 정당한 관심 사항에 대한 것으로써 불법행위가 되지 않는다는 것이다.

개인의 사생활은 존중되어야 하고, 제3자가 나서서 개인사나 가정사에 간섭하지 않는 것은 정말 필요하다. 그러나 이러한 개인의 사생활 보호는 공적인 일에 관련이 되거나 국민의 관심사가 될 경우에는 예외적으로 알려지더라도 감수해야 할 경우가 있다. 유명인이 되거나 공인이 되는 것이 항상 좋은 것만은 아니다.

사기 '계'를 피하는 방법

얼마 전 차를 바꿔야겠다는 사람이 있었다. 그 이유를 물어보니, 안 좋은 차를 타고 땅을 사러 가는 바람에 아파트 부지를 구입하지 못했다고 했다. 다른 경쟁자는 벤츠를 타고 왔는데, 매도할 사람이 그 사람을 선택했다는 것이었다. 벤츠를 타고 온 사람이 재산이 많아 보이고 매매대금도 잘 치를 것 같으니까 그 사람에게 권리를 넘겼다는 것이다. 차보다 다른 이유가 더 있었겠지만, 그런 말을 들으니 씁쓸했다.

계주를 하는데도 이런 것이 필요한 것 같다. 신문을 읽다 보면, 수십억 원 혹은 수백억 원 규모의 계 사기 사건이 터지고 계주는 잠적하였다는 기사가 가끔 등장한다. 계주가 외제차를 타고 명품 옷을 입고 다니면서 돈을 잘 쓰면 부자라고 믿는다. 그런데 실제 계주는 겉만 부자일 뿐 속으로는 엄청난 빚을 떠안고 있는 경우가 많다. 계주는 계원에게 곗돈을 태워주지 않으면서 높은 이자를 줄 테니 자신에게 빌려달라고 하고 고율의 이자를 주기도 한다.

계주만 믿고 곗돈을 매월 송금하였는데, 나중에 계가 깨지고 계주가 야반도주를 하거나 계주가 가진 재산이 없다는 사실을 알게 되면 계원들은 잠도 못 자고 고민하게 된다. 어떻게 나를 속이고 사기를 칠 수 있을까? 계주가 밉고 원망스럽지만 이미 늦었다. 사기를 당한 순진한 사람들에게는 정말 사회가 싫어지는 순간이다.

스물한 명의 계원을 모집하여 5천만 원의 계를 조직하여 운영하여 오던 계주가 열 개의 계를 태워주고 더 이상 지불 능력이 없다며 계를 일방적으로 깨고 잠적한 사건이 있었다. 나중에 안 사실은, 이미 태워준 것으로 알았던 열 개 중에는 계주 본인과 세주의 형제자매들이 대부분이었다.

계에 꼭 가입하고 싶으면, 이러한 사기를 당하지 않는 방법, 즉 계 모집 당시 계주가 실질적으로 계를 운영할 의사가 있는지 알아보아야 한다. 실제로 계원을 모집했는지 확인해 보지 않고, 계원들이 누구인지도 모르면서 계에 가입하면 사기를 당하기 쉽다. 계 모임 때마다 매회 불참하는 계원이 있다면, 계주가 허위로 내세운 계원일 수 있다. 유령계의 경우, 계주가 별도의 계원 모임을 갖지 않고 계좌이체나 개별적으로 찾아가 곗돈을 수금한다.

계원이 재산 능력이 있는 사람인지도 잘 알아보아야 한다. 계원 중 곗돈 불입 능력이 없는 사람이 있으면 계가 깨질 가능성이 커진다. 능력이 없는 계원을 받아주는 계주는 믿어서는 안 된다. 곗돈 불입 능력이 없는 계원을 가입시켰다면 무리하게 계원을 모집한 증거이다.

확실한 계주는 불입 능력 없는 사람은 아예 계원으로 받지 않고, 계를 태워줄 때에도 남은 계 불입금을 확실하게 받기 위하여 담보나 공무원, 직장인을 보증인으로 세우도록 요구한다.

우리나라 사람들은 이상하게 계를 좋아한다. 어떤 사람들은 무조건 돈만 생기면 계를 들기도 한다. 계주는 은행이 아니다. 계는 담보도 없이 내 재산을 맡기는 '불안한' 적금 제도라고 보면 된다. 계가 너무 성행하고 사회문제가 되자 법을 만든 것이 상호신용금고법이다. 상호신용금고는 개인보다 믿을 만한 계주라고 보면 된다. 그런데 지난 금융위기 때 많은 상호신용금고가 파산했다. 하물며 개인 계주는 오죽할까.

계로 인한 피해를 예방하는 방법은, 가능하면 계에 가입하지 않는 것이다. 부득이하게 계에 가입하게 되었다면 제일 먼저 곗돈을 타는 것이 좋다. 아니면 소규모 친목계에 만족해야 한다. 한 달에 한 번 만나서 맛있는 음식도 먹고 수다를 떨면서 부담 없는 곗돈을 내는 것은 깨져도 그만이니까.

교통사고 내도 돈만 주면 되나?
(교통사고처리특례법 위헌 사건)

교통사고 피해자가 반신마비의 후유증으로 학업마저 중단했는데도, 가해자가 종합보험에 가입했다는 이유만으로 찾아오지도 않고 사과 한마디도 없다면 어떨까?

교통사고처리특례법에 의하면, 교통사고를 냈다고 무조건 처벌하는 것이 아니고, 신호 위반, 음주운전, 무면허 운전 등 열두 가지 항목을 위반한 경우에만 처벌된다. 즉, 위반 항목에 해당되지 않고 종합보험에 가입되어 있으면 처벌받지 않는다. 그렇다 보니 위와 같은 비인간적인 일이 생기게 되는 것이다.

1997년 헌법재판소에서는 이런 불처벌 조항이 4:3으로 합헌이라고 결정한 바 있다. 그런데 2009년 초에 다시 헌법재판소는 위헌 결정을 내렸다. 교통사고 중상해 야기자는 형사 책임을 물어야 한다는 것이다. 이것은 무조건 형사 책임을 묻지 못하게 한 법이 문제가 있다고 지적한 것이다. 종합보험이 있으니 '교통사고처리특례법'이 정한 열두 개 항목에 해당되지 않는다고 다른 사람을 중상이나 불구로 만들어 놓고도 운전자들이 책임감 없이 '보험회사에서 해결해 주면 될 것 아니냐'는 태도를 취하는 것은 부당하다.

일단 종합보험에 가입하면 교통사고를 일으키더라도 처벌을 면제받을 수 있다는 것은, 운전자의 죄의식 내지 책임의식을 희석시키게 된다. 나아가 이는 운전자의 주의력을 떨어뜨려 교통사고에 대한 위험을 높일 수 있다. 교통사고로 인하여 영구 불구자가 되거나 중상해를 입은 피해자의 입장에서도, 가해 운전자가 종합보험을 무기삼아 사죄나 반성의 빛도 없이 보험 처리만 하면 된다는 비인간적인 태도를 보일 때, 법에 대한 배신감과 환멸을 느낄 것이 분명하다.

물론 신호 위반, 음주운전 등 주요 항목 위반의 경우에는 처벌을 하고 있기 때문에 운전자의 주의력이 떨어지지는 않는다는 주장도 가능하다. 교통사고는 운전자의 주의력보다는 도로 조건에 의하여 영향을 더 받기도 하고, 사고 피해자들이 교통사고를 빌미삼아 과도한 합의금을 요구하는 부작용도 생길 수 있다.

'중상해'라는 결과 책임을 인정하는 것은 책임주의에도 적합하지 않고, '과실범의 비형벌화'라고 하는 형사법상의 최근의 경향과도 어울리지 않는다는 비판도 있다.

그러나 우리나라는 차량 1만 대당 사망자가 3.2명으로 OECD 회원국 평균의 두 배 이상이라고 한다. 교통사고의 중상해 비율이 높은 것은, 교통사고에 대한 안전의무 소홀과 도덕적 해이 때문이다.

헌법재판소는 위헌의 근거로 재판절차 진술권과 평등권 침해를 제시하였다. 그러나 속내는 중상해 피해자의 억울함 때문에 위헌 결정을 한 것이라고 생각한다. 범죄 피해자가 재판절차에서 진술할 권리와 차별 금지에 대한 평등권이 위 조항과 어떤 관련이 있는지 잘 모르겠지만, 위 위헌 결정 때문에 중상해 교통사고가 조금이라도 줄어들었다면 다행이다.

명의신탁의 위험성

요즘에는 옛날보다 부동산 등기를 다른 사람의 이름을 빌려서 하는 경우가 줄어들었다. 부동산실명제 때문이다. 명의신탁이 무효라고 법에 규정되어 있지만, 아직도 많은 사람들이 자신이 아닌 다른 사람들의 이름을 빌려서 등기를 하는 경우가 많다.

그 이유는 주로 자신의 재산을 숨기기 위한 것이다. 신용불량인 사람은 자신 앞으로 재산이 있으면 바로 강제집행이 들어오기 때문에 타인에게 등기 명의를 부탁하여 등기를 한다. 과거에 가장 많았던 것은, 종중의 재산을 종손이나 종원에게 명의 신탁하는 경우와 부모가 자식 이름으로 부동산을 구입하는 경우였다. 일제시대에는 종중 이름으로 소유하는 것을 인정하지 않았기 때문에 종중원들의 이름으로 등기하여 관리할 필요도 있었다.

사랑하는 동거녀의 이름을 빌려서 사업을 하고 동거녀의 이름으로 부동산도 사 놓은 사람이 있었다. 그런데 동거녀와 갑자기 사이가 나빠져 동거녀가 연락도 끊고 사라져 버리면 어찌될까? 이때 동거녀를 상대로 자신이 사 놓은 부동산의 등기명의를 넘겨 달라고 할 수 있을까? 또는 아버지가 아들 이름으로 부동산을 사 놓았는데, 나중에 아들이 자기 땅이라고 주장을 하는 경우에는 어떨까?

이럴 상황이 되지 말아야겠지만 현실은 그렇지 않다.

이런 경우에는 명의신탁을 해소하고 재산을 찾기 위한 온갖 법정 투쟁이 시작된다.

명의신탁에는 두 종류가 있다. 부동산을 살 때 명의를 빌려준 사람과 실제 매수하려는 사람이 같이 가서 매도인을 만나 사정을 설명하고 명의신탁을 하는 경우와 실제 매수인이 아예 나타나지도 않는 경우다.

실제 계약을 체결하고 돈을 준 사람은 따로 있고, 매도인에게 명의신탁의 필요성을 설명하는 등 **3자가 합의하여 등기 명의만 제3자 앞으로 한 경우 명의신탁은 무효**이다. 이때 등기는 무효이므로 명의신탁 등기는 말소되어야 한다. 원래 매도인에게 소유권이 회복되면, 다시 부동산을 원래 매수인 앞으로 이전할 수 있다.

그런데 **실제 돈을 댄 사람이 전면에 나타나지 않았던 경우에는, 명의신탁을 하였다고 하더라도 부동산을 찾아올 방법이 없고 명의**

**자의 소유로 확정된다. 다만 부동산을 살 때 자금을 준 것은 부당
이득으로써 반환을 받을 수 있다.**

물론 명의신탁이 무효라고 하더라도 '돌아올 수 없는 강'은 있다.
명의수탁자가 재산을 처분하였을 경우이다. 이때에는 명의신탁의
무효를 주장하면서 부동산을 찾아올 수 없다. 처분한 재산을 넘겨
받은 제3자는, 명의신탁 사실을 알고 있었다고 하더라도 소유권을
취득하게 된다.

최근에 땅값이 올라가면서 부모와 자식 사이, 형제들 사이에 명
의신탁을 둘러싼 소송이 많아지고 있다. 증여한 것인지, 아니면 명
의만 신탁한 것인지, 오랜 시간이 지나면 누구도 증거를 분명하게
제시할 수 없다. 끝까지 가는 경우에 어느 한쪽은 부동산에 대한 권
리를 챙기게 되지만, 양쪽 다 잃는 것이 있다. 의리나 효도는 간 데
없고 그 쓸쓸한 빈자리를 피도 눈물도 없는 판결서가 채우게 된다.

몇 달 내에 꼭 처리되니
걱정하지 마세요

최근 오래된 도심지의 낙후된 지역이 재개발되고 있다. 오래된 건물이 밀집되어 있는 지역은 이용 가치가 높기 때문에 이를 모두 헐어내고 터를 넓게 확보한 후 상가나 아파트를 지어서 분양하면 많은 수익이 난다.

도시개발법, 국토의 계획 및 이용에 관한 법률에 의하면, 개발 구역 내의 일정 면적 또는 일정 숫자 이상의 토지 소유자들이 개발에 동의하면 이러한 개발이 가능한다. 그래서 개발을 하려는 사람들은 토지의 일정 비율을 동시에 매수하거나 동의를 받기 위한 사전 준비 작업을 하게 된다.

개발업자들은 토지 · 건물의 주인에게 사업계획을 설명해 주고, 토지 · 건물을 매도하면 개발사업을 하겠다고 제의를 하면서 사업에 필요한 매매계약서를 작성하자고 한다. 이때 작성되는 매매계약서는 일반 토지 매매계약서와 다른 내용이 들어가 있다.

계약금과 잔금을 지급하지 않은 상태에서, 우선 계약만 해놓고 토지 소유자 몇 퍼센트 이상 매매계약이 체결되면 계약이 유효하게 되어 계약금을 지급한다는 내용도 있고, 최소한 사업구역 내 80% 토지를 매수하면 계약금을 지급하고, 나중에 사업시행인가가 나면 은행자금을 대출받아 잔금을 지급한다는 내용도 있다. 이러한 매매계약은 일반 매매계약과는 달리 나중에 많은 문제가 발생한다.

사업지역 내 토지 80%를 매수하는 계약이 체결되면 계약금을 지급하겠다는 것은, 일방적으로 매수인에게 유리한 규정이다. 계약금도 지급하지 않고 무슨 계약을 하느냐고 따지면 사업자는 "걱정하지 마십시오. 한 달 내에 다 처리되니까."라고 말할 것이다. 그러나 이를 계약서에 기재하지 않으면 의미가 없다.

'80% 계약이 체결되었을 때 계약금을 입금하면 계약의 효력이 발생한다.'고 기재된 경우에도 이를 무시하고 미리 입금하는 경우도 있다. 전체 토지를 매수하는 계약이 체결되지도 않은 상태에서 몇 개의 토지에 대한 계약금만 입금하게 되면, 다른 업체에서 사업부지를 취득하는 것이 불가능해진다.

기존의 개발 업체가 일부 토지를 매수해 놓고 사업을 중단하게 되면, 새로운 업체가 이를 인수하기 위하여 많은 돈을 지불해야 한다. 일종의 알박기가 되기 때문이다.

개발 구역 내의 다른 토지들과 같이 개발되는 토지의 소유자는 계약서를 작성할 때 꼭 전문가와 상의하는 것이 필요하다.

양도세를 매수인이
부담하는 매매계약

　부동산을 매도한 후에 꼭 내야 하는 세금이 바로 양도소득세이다. 양도소득세는 보유 기간, 금액에 따라 세율이 달라진다. 부동산을 매수한 이후 오래 보유하지 않고 바로 매각하는 경우에는 세율이 높기 때문에 양도세가 무서워 부동산을 팔지 않으려고 하는 경우도 있다.

　이러한 경우에 토지를 꼭 매수하려는 사람들은 매도인이 부담할 양도세를 대신 물어주겠다는 제의를 하게 된다. 양도세는 원래 매도인이 내는 것인데 매수인이 이를 대신 내준다는 약속이 세법 상 인정될까?

　세무서에서는 매도인에게 양도소득세를 부과하므로, 매수인이 양도세를 부담한다고 약속하였다고 하더라도 매수인에게 직접 세금을 부과하지는 않는다. 부동산매매 시 양도세를 매수인이 부담하기로 하는 약정을 한 경우, 매도인은 매수인에게 양도소득세를 지급해 달라고 청구할 수 있다. 매수인이 양도세를 원래의 매매대금에 포함시켜 매도인에게 지급한 경우, 이를 세무서에서 알게 되면 양도세를 어떻게 계산하여야 할까?

대법원은 **양도소득세를 매수인이 부담하기로 한 약정은 유효**하다고 판결하였다.

세무서에서는 그런 약정의 양도소득세의 양도가액을 정할 때, 매수인이 부담하기로 한 세금도 양도가액에 포함시킨다.

양도가액은 자산의 매도로 인하여 발생하는 총수입금액을 말한다. 그 '총수입금액'이란 양도인이 당해 자산을 양도하는 대가로 취득하는 모든 수입을 뜻하고, 매매대금은 실질과세의 원칙상 그 명목 여하에 관계없이 자산의 양도와 대가관계에 있는지의 여부에 의하여 판단하기 때문이다.

양도소득세를 매매대금에 포함시켜서 전체 금액에 대한 양도소득세를 다시 계산하게 되면, 당초 매매대금에 대한 양도소득세보다 세금이 증가하므로, 매수인은 그 부분까지 추가로 지급해 주어야 한다.

어차피 매도인은 양도소득세를 내야 한다. 그런데 부동산 처분을 주저하는 가장 큰 이유는 팔고 난 후 세금폭탄 때문이다.

매도인으로써는 차라리 땅값을 더 달라고 하여 세금을 내면 되겠지만, 양도소득세가 얼마가 나올지 알 수 없기 때문에 얼마가 나오더라도 매수인이 책임지겠다고 하면 갑자기 마음이 편해지는 것이다. 별도로 지출한 비용에 대한 걱정을 털어내 주고, 그것을 보전해 주겠다고 하는 매수인이 매도인은 한없이 고마운 것이다. 결국 조삼모사(朝三暮四)일 뿐인데.

판사들도 징크스를 믿을까?

화재가 나서 사람이 죽은 집을 수리한 후 그것을 숨기고 팔았다면 사기죄가 될까? 아니면 매매계약을 취소할 수 있을까?

2002년경 서울지방법원에서 있었던 사건이다. 부부싸움 끝에 일어난 방화 때문에 배우자 한 명이 아파트에서 사망하였다. 사건 발생 3개월여 만에 이 아파트가 매각되었는데, 매수인은 이런 사실을 알지 못하였다. 부부싸움을 하다가 불을 질러 배우자 한 명이 사망한 집이라고 하더라도 거주하는 것 자체에는 아무 문제가 없고, 등기부 상으로도 깨끗하기 때문에, 법률적으로만 보면 매도인은 법적인 하자가 있는 아파트를 매도한 것이 아니다.

요즘은 장례식장에서 장례를 치르지만, 예전에는 부모님이 돌아가시면 살고 계시던 집에서 장례를 치르는 경우가 많았다. 부모님이 백수를 하고 돌아가신 경우라면 집에서 장례를 치르더라도 호상

이기 때문에 집에서 사람이 사망했다는 것 자체가 나쁜 일은 아니다. 그런데 병이 나서 사망하는 경우, 화재로 사망하는 경우는 기분 좋은 일은 아니다. 매매계약 시에 이런 사실도 꼭 알려야 할까?

'모르는 게 약'이라는 말이 있다. 방화가 일어난 집의 경우 이를 모르고 살면 아무런 문제가 없지만, 일단 그런 일이 있었다는 것을 안 매수인은 기분이 좋을 리 없다. 아파트에 어떤 물리적·법률적인 하자가 있는 것은 아니라 하더라도, 사람이 행복하고 편안하게 살기 위하여 이사를 하기 때문에, 흉사라고 여기는 사건사고가 일어났던 집에 입주를 꺼리는 것은 엄연한 현실이다. 아파트에서 방화 및 그로 인한 사망사건이 있고 나서 불과 3개월여가 지났을 뿐이라는 점을 매수인이 알았다면 쉽사리 매수하지는 않았을 것이다.

더구나 매매대금의 결정에 그와 같은 사정이 고려되지 아니하였다면 더욱 문제가 될 것이다. 매매계약 체결 3개월여 전에 위와 같은 사건이 발생하였다는 사정은 매매계약의 목적물에 관한 '중요한 사항'으로써 "매수인이 사정을 모르고 계약 체결한 것은, 계약의 중요 부분에 관한 착오로 인한 것이므로 매매계약을 취소할 수 있다."고 보아야 할 것이다. 법원은 위 사건에서 같은 이유로 계약 취소를 인정하였다.

1993년 서울의 삼풍백화점이 무너졌다. 그 이후 흉물스럽게 방치되어 있던 백화점 부지에는 새로운 주상복합 건물이 들어섰다. 만약 위 판결과 같이 흉사라고 여겨지는 사건이 있었던 터에 입주하는 것이었다면 쉽게 분양되지 않았을 터인데, 현재 위 부지 위에 있는 아크로비스타 주상복합 건물의 가격은 아주 높다.

위 재판에서 매매 대상이 되었던 집의 경우에도, 시간이 지나서 사람들이 그러한 일을 신경 쓰지 않게 되면 주변 시세와 같아질 수도 있다. 빠르면 몇 년 내에 그 부근이 뉴타운으로 지정되거나 재건축 대상이 되어 오히려 더 가격이 높아질 수도 있다. 이때에도 매수인이 매매계약을 취소해 달라고 할 수 있을까?

가끔 법원도 법적인 판단을 하지 않고 비이성적인 생각을 하는 경우가 있다고 느낄 때가 있다. 이상한 흉사라고 생각하는 것들이 과연 존재하는 것일까 의문이 들지만, 법원의 판사들도 어떤 경우에는 흉사와 나쁜 일이 연관이 있다고 믿는 사람들의 생각을 받아들일 수밖에 없는 것이 현실이다.

언젠가 법정에서 "법 위에 상식이 있는 것을 모르십니까?"라고 말하던 재판장의 말이 떠오른다.

민·형사상 책임을 진다는 문구의 의미

일반적인 계약이나 이행 각서, 합의서를 작성할 때 '상대방과의 약속을 지킨다'는 취지에서 약속을 이행하지 않을 경우에 '민·형사상 모든 책임을 진다'고 기재하는 경우를 흔히 볼 수 있다.

합의서나 이행 각서에 이러한 내용을 기재한 경우, 나중에 민사상·형사상 큰 불이익을 받을까 두려워하는 사람들이 많다. 글 자체로 보면 엄청난 약속이고 그 효과도 대단할 것 같지만, 실제로는 별다른 법적 제재를 가할 수 없는 표현에 불과하다.

'민·형사상 모든 책임을 진다'는 문구의 통상적인 의미는 '민사상이나 형사상으로 인정되는 책임이 있으면 책임을 지겠다'는 뜻이다.

약속 불이행에 대한 민사적인 책임은 손해배상이 주된 것인데, 손해에는 '통상손해'와 '특별손해'가 있다. 우리 법은 특별손해는 손해

발생의 원인을 제공한 사람이 특별한 사정을 알거나 알 수 있었을 경우에만 손해배상책임을 인정하고 있고, 이러한 입증책임은 청구하는 사람에게 있으므로 이를 입증할 분명한 증거가 없다면 손해배상을 받을 수 없다. 비록 '민·형사상 모든 책임을 진다'는 문구가 있더라도 특별손해는 당연히 배상받을 수 있는 것이 아니다.

한편, 채무자가 약속한 사항을 거부한다고 하여 이를 형사적으로 처벌하기도 곤란하다. 이러한 행위는 단순한 민사적인 계약불이행 문제로 취급될 가능성이 크기 때문이다.

결국 **'민·형사상 모든 책임을 진다'는 문구는, 약속을 이행하지 않은 사람에 대하여 불이익을 가하기에는 매우 불완전한 것**이다. 따라서 약속 이행을 철저하게 담보하기 위해서는, 이와 같은 두리뭉실한 문구가 아니라, **보다 구체적인 불이익 내용을 특정하여 기재하는 것이 필요**하다.

즉, '언제까지 명도하지 않을 경우, 지체일수 하루당 1백만 원씩의 위약금을 지급키로 한다', '매수 토지에 모텔 신축이 불가능할 경우에는 매도인이 모든 책임을 지고 매매대금을 반환한다', '언제까지 돈을 갚지 못할 경우 처 또는 아들이 연대책음을 진다. 처 000(서명), 아들 000(서명)' 같은 식의 문구가 바로 그것이다.

'사기죄 등 모든 형사 책임을 진다'는 문구는 각서를 쓰더라도 의미가 없다. 실제 사기죄가 되는지 여부는 별도로 따져봐야 하기 때문이다.

"하도 각서를 쓰라고 해서 쓰라는 대로 썼어요. 저도 약속을 지키려고 노력을 했다고요."

계약서를 작성할 때 위약금·위약벌·손해배상액 등을 미리 정해 놓거나 다른 담보를 제공받는 것이 오히려 상대방을 약속 잘 지키는 착한 사람, 도리를 다하는 사람으로 만들고 좋은 관계를 유지하게 만든다.

사장의 회사 자금 유용과 횡령

    소규모의 회사들은 대부분 대표이사(사장)가 회사 자금을 관리하면서 회사를 운영하게 된다. 경리직원이 있어도 대부분은 사장이 시키는 대로 하기 때문에 회사 돈은 전적으로 사장의 뜻대로 사용된다. 이러한 경우 회사에서 필요한 자금이 사장의 개인 주머니에서 나오기도 하고, 사장이 회사 자금을 개인적으로 꺼내 사용하기도 한다.

    회사를 운영하고 있던 사장이 회사의 자금 3천만 원을 꺼내 자신의 오피스텔 구입 자금으로 사용한 사건이 있었다. 사장은 회사에 빌려준 대여금이 그 이상 되었기 때문에 며칠 후 오피스텔 구입 자금을 회사에 빌려주었던 돈과 서로 상계처리하는 것으로 회사의 회계장부를 정리하였다.

    검찰에서는 이러한 행위가 회사 자금을 횡령한 것이라고 판단하고 업무상 횡령으로 기소하였다. 남의 돈을 보관하고 있다가 임의로 사용해 버리거나 이를 반환하지 않는 경우에 횡령죄가 된다. 회사의 자금을 무단으로 인출하여 개인적인 용도에 사용하였다면 업무상 횡령죄가 될 것이다.

그러나 이 사건에서는 사장이 회사에 빌려주었던 돈을 변제받아야 하는데, 마침 회사에 남은 돈이 있어 이를 인출하여 자신의 오피스텔을 구입한 다음 이를 반환하지 않고 자신의 채권과 상계한 것이므로 그냥 반환을 거부한 것과는 내용이 다르다.

법원에서는 위 사건에 대하여 무죄를 선고하였다. 회사에 돈을 빌려준 것이 있으므로, 회사의 돈을 꺼내 사용한 다음 이를 반환하지 않고 상계처리한 것은 계산을 간단히 한 것에 불과하므로 회사 자금을 임의로 꺼내 사용한 것으로 볼 수 없을 것이다.

그런데 위 사건의 경우, 회사의 장부에 아무런 회계처리를 하지 않고 회사에 빌려준 대여금을 그대로 남겨두었다면 어떻게 될까?

회사 돈을 꺼내 쓰기 위하여 거래처와 짜고 원자재 대금이 1억 원인데 1억 3천만 원에 구입한 것처럼 허위 공급계약서를 작성하는 방법으로 부풀린 원자재 값을 지급한 다음, 거래처로부터 차액을 차명계좌로 돌려받거나 현금으로 돌려받아 오피스텔 매수자금으로 사용하는 경우를 많이 보았을 것이다.

나중에 업무상 횡령으로 문제가 된 후에 "제가 회사에 넣은 돈이 더 많아요."라고 주장해도 소용이 없다.

회계처리를 하지 않고 회계장부에 아무런 기재를 하지 않았기 때문에, 나중에 회사에 넣은 돈을 고스란히 다 가지고 갈 것이 뻔하기 때문이다.

다른 사람의 빚을 대신 갚아달라는 부탁을 받고 돈을 받았는데, 자기가 받을 돈이 있다는 이유로 이를 다른 사람에게 변제하지 않고 자신이 가진 경우에도 횡령죄가 된다는 판례도 있다.

회사 돈의 사용은 횡령도 문제가 되지만, 세금이 더 큰 문제가 된다. 회사의 주주가 회사에 돈을 빌려주었고, 회사의 대표이사가 개인적으로 이를 인출하여 주주에게 반환하였다고 하더라도, 명확한 변제의 근거가 없으면 대여금을 변제한 것으로 인정받지 못한다. 이 때에는 대표이사가 회사 돈을 인출한 만큼 상여(보너스)를 받은 것으로 처리하여 소득세와 가산세 등을 물 수 있다.

배심원과 예비군의 공통점

　우리나라는 최근 국민참여재판 제도를 도입하였다. 배심원들은
판사에게 유·무죄의 의견을 제시한다. 판사는 배심원의 의견을 존중
하여 유·무죄를 판단하고, 죄가 인정되는 경우 직접 형을 선고한다.

　우리나라는 배심원의 의견이 최종 판결은 아니지만, 미국에는 일
반 시민으로 구성된 배심원들이 검사로부터 공소사실과 증거를 제
시받고 변호인의 변론을 들은 후 유죄냐 무죄냐를 최종 결정하고
있다. 배심원들은 시민들 중에서 임의로 차출하여 선정하고, 수십
명의 배심원들 중에서 재판에 필요한 사람을 뽑는 데만 하루 이상
이 걸린다. 이렇게 선정된 배심원들은 검사와 변호사의 변론을 듣고
증거를 모두 제시받은 다음, 서로 의논하여 유죄인지 무죄인지를
판단한다. 재판은 시작하면 끝날 때까지 며칠씩 계속되고, 길게 가
는 경우에는 6개월, 1년씩 가기도 한다.

배심제도는 일반 시민들이 생활하는 데 지장을 초래한다. 자영업을 하는 사람들은 배심원으로 소환되는 것을 가장 싫어한다. 배심원으로 며칠씩 재판정에 가야 한다면 자기 사업을 전혀 할 수 없게 되기 때문이다. 그래서 고의적으로 배심원이 되지 않으려고 노력한다. 우리나라의 경우, 자영업을 하는 사람들이 예비군 훈련을 회피하려는 것과 똑같다.

배심원에서 빠지는 방법은 다양하다. 배심원으로 소환을 받고 나가지 않으면 안 되므로 여러 핑계를 대서 불참 의사를 통보하고, 그래도 소환에 응해야 할 상황이 되면 일단 법원으로 간 다음 배심원 선정 절차에서 검사나 변호사에게 자기는 매일 텔레비전에서 범죄 영화만 즐겨 본다거나 친구가 강도를 당해서 피해를 본 적이 있다는 등 답변을 한다. 이렇게 대답하면 배심원에서 제외될 가능성이 높아진다.

이처럼 1년씩 배심원으로 법원에 가야 한다면 과연 누가 배심원이 되고 싶어 할까? 우리나라는 아직 며칠씩 배심재판을 하는 경우가 많지 않고, 법원에서 배심재판이 적절치 않은 경우 배제 결정을 할 수 있기 때문에 이런 사건은 아직 없다.

그러나 점차 복잡한 경제적인 범죄가 많아지고, 전문 법관인 판사들도 하루 종일 재판을 하면서도 수십 회 공판기일을 여는 경우가 많아지는 터라 변호사가 국민참여재판을 신청하였다면 법원이 이를 무조건 배제하는 것은 쉽지 않을 것이다. 물론 법에서는, '그 밖에 국민참여재판으로 진행하는 것이 적절하지 아니하다고 인정되는 경우' 법원은 국민참여재판을 거부할 수 있게 되어 있기는 하다.

법원이 국민참여재판을 실시한다고 하더라도, 바쁜 국민들이 배심원으로 선정되지 않으려고 할 것이 뻔하기 때문에 불만도 생길 것이고, 이로 인한 부작용도 예상된다. 국민참여재판 제도가 과연 어디까지 나아갈지 궁금하다.

배심재판은 stupid?

  우리나라에서는 외국의 배심재판 제도를 일부 도입하였지만, 미국과 달리 배심원들은 어디까지나 판사에게 의견을 개진할 수 있을 뿐이고 판결을 할 권리는 없다.

  그러나 최근 대법원은, 국민참여재판으로 진행된 제1심에서 배심원이 만장일치의 의견으로 평결을 하였는데 법원이 이를 수용하지 않고 유죄를 선고한 사건을 파기하였다. 이런 대법원의 판결 취지로 인하여 법원에서는 배심원들의 의견이 마음에 들지 않아도 그 의견은 존중할 수밖에 없게 되었다.

  과연 배심원들의 만장일치 의견은 진실을 밝히는 보루일까?

  미국에서는 배심원들이 변론에 집중하도록 메모를 하지 못하게 하는 경우가 대부분이다. O. J. 심슨 사건의 경우, 거의 1년 동안 배심재판을 하면서도 배심원들에게 메모를 하지 못하게 했다. 유명 미식

축구 스타였던 심슨이 재혼한 처와 남자친구를 살인했다는 혐의로 기소된 사건이었는데, 배심원들이 어떻게 메모도 하지 않은 채 수많은 시간 동안 듣고 보았던 모든 증거에 대하여 어떻게 판단할 수 있을까? 위 사건에서 심슨은 유능한 변호사를 고용하였고, 변호사 비용으로 엄청난 돈을 썼다고 한다. 결국 심슨은 배심원들의 무죄 평결을 받고 석방되었다.

미국의 경우 형사재판에서 배심원 중 한명이라도 유·무죄에 대한 의견이 다른 경우 'Hung Jury'라고 하여 배심재판이 무효화되고 만다. 검사는 배심원들의 만장일치 유죄판결이 날 때까지 다시 기소할 수 있지만, 그것이 쉬운 일이 아니다. 유죄 또는 무죄 모두 만장일치로 결론이 나야만 끝이 나는 형사 배심재판은, 시간과 돈이 많이 들어가기 때문에 결국 엄청난 세금을 축내게 된다.

미국의 일리노이 주에서는 사형수에 대한 사형집행을 일시 정지하였는데, 그 이유는 과거 배심원 만장일치로 살인죄가 인정되어 사형선고를 받은 사람이 수십 년이 지난 후 유전자 검사에 의하여 진범이 아닌 것으로 밝혀지는 사례가 속출하였기 때문이다. 배심원이 만장일치로 유죄 평결을 하였다고 하더라도 그것이 100% 진실이라는 근거는 없다.

존 그리샴의 소설『사라진 배심원(The Runaway Jury)』을 보면 미국 배심제도의 허점과 문제점이 잘 나타나 있다. 30년간 담배를 피고 폐암으로 죽은 사람의 처가 회사를 상대로 엄청난 징벌적 손해배상을 청구한다. 담배회사는 배심원을 자기 편으로 만들기 위하여 온갖 수단을 동원하고, 배심원인 주인공은 담배회사의 이러한 의도를 최대한 이용하여 엄청난 돈을 챙긴다.

판사시절 미국으로 해외연수를 간 적이 있는데, 그때 만났던 연방지방법원의 법원장은 배심재판을 한마디로 말한다면 "stupid"라고 했다. 지금도 그때 그 표정이 가끔 떠오른다.

싸우다 보니 권리가 없어졌네요(소멸시효)

어떤 사람이 경매로 부동산을 취득하였는데 문제가 생겼다. 부동산에 갑자기 유치권자가 길을 막고 붉은색으로 '유치권 행사 중'이라는 글을 벽에 써놓은 상태였다. 그 사람들은 경매가 개시되자 자신들의 공사한 토목공사대금을 받지 못하였다고 주장하면서 유치권 신고를 하고, 권리행사를 하면서 합의금으로 공사비 등 10억 원을 요구하였다.

터무니없는 금액 요구와 불법 점유 침탈에 대항하기 위하여 강제로 현장에 들어가려고 하였지만, 경찰에 업무방해 등으로 신고하면서 법적으로 대응하라고 엄포를 놓았다.

진정한 유치권자의 경우에는 당연히 법에 의한 보호를 받아야 할 것이다. 문제는, 정당한 공사를 하고 공사대금을 받지 못하여 유치권을 행사하더라도 소멸시효는 진행된다는 점이다. **유치권을 주장**

하면서 건물을 점유하고 관리했다고 하더라도, 공사대금의 소멸시효인 3년 이내에 판결을 받거나 소멸시효가 중단되도록 조치를 취하여야 한다. 가압류, 소 제기 등을 하지 않고 유치권을 가지고 싸우다가 3년이 지나면, 소멸시효가 지나서 공사대금 채권이 없어지고 유치권도 주장할 수 없게 된다.

위 사건은 경매가 진행되는 동안 몇 년이 흘렀기 때문에 유치권자의 공사대금 채권도 소멸시효 3년이 지난 것이 확인되어서 쉽게 해결될 수 있다.

유치권을 행사하고 있거나 근저당권을 설정해 놓은 경우에도, 의외로 공사대금의 소멸시효가 진행되지 않는다고 잘못 생각하는 사람들이 많다.

"소멸시효는 권리 위에 잠자는 자를 보호하는 것이잖아요. 유치권자가 밤잠도 안 자면서 공사현장을 지키고 있는데, 권리 위에 잠자는 자인가요?"

유치권을 행사하는 경우 시효 중단이 인정되려면 민법의 시효 중단 사유가 기재되어 있어야 한다. 민법에는 재판상 청구, 가압류, 압류, 채무자의 승인 등 시효가 중단되는 경우를 정해 놓고 있다. 일단 판결을 받으면, 판결에 따른 공사대금 채권은 시효가 10년으로 변경된다.

근저당권의 설정도 시효 중단 사유가 아니다. 근저당권 설정은 담보를 취득해 놓은 것에 불과하기 때문에, 따로 공사대금을 청구하여 달라고 하지 않으면 권리행사로 보지 않는 것이다.

재판상 청구는 법원에 소장을 제출하고 재판을 하는 것이라서 번거로울 수 있다. 이때에는 간단한 방법으로 소멸시효를 중단시킬 수 있다. 채무자에게 '언제까지 갚겠다'라는 각서를 작성해 달라고 하면 된다. **각서를 작성하게 되면 채무자가 채무를 승인한 것이므로 소멸시효는 중단되고, 그때부터 다시 3년의 소멸시효가 진행된다.**

유치권을 둘러싼 다툼이 생겨 재판을 하더라도 거기에만 전념하면 안 된다. 싸우다 보면 정작 유치권의 전제가 되는 권리가 없어지는지도 모르는 경우가 있으므로, 유치권을 행사할 때부터 소멸시효 문제를 반드시 챙겨야 한다.

몰래 찍은 사진은 증거가 될 수 없다

박씨 가족은 지난 2000년 승용차를 타고 가다 고속도로에서 트럭에 부딪히는 사고를 당했다. 트럭 운전자가 가입한 보험사와 합의를 시도했으나 너무 적은 금액을 제시하자, 박씨 가족은 박씨가 중중 장해 판정을 받았다면서 병원 감정 결과를 토대로 손해배상소송을 냈다.

보험사 직원들은 박씨가 가짜로 중환자 행세를 하고 있다는 의심을 하고, 박씨 가족들을 미행해 박씨가 정상적으로 생활하는 사진 50여 장을 찍어 법원에 증거로 제출했다. 만약 이러한 사진이 증거로 채택된다면 박씨는 병원을 속이거나 병원과 짜고 가짜로 중환자 행세를 한 것이 탄로 나게 될 운명에 처하였다.

박씨는 보험회사에서 불법적으로 자신의 사진을 몰래 찍었다고 주장하면서 보험사를 상대로 불법적으로 남의 사생활을 침해한 것에 대한 위자료를 물어내라는 소를 제기하였다.

박씨 가족의 주장은 자신들의 사진을 몰래 촬영한 것은 초상권과 사생활을 보호받을 헌법 상의 권리를 침해했다는 것이었다. 이에 대하여 보험회사는, 민사소송에서 박씨 가족들이 부당한 손해배상 청구를 했기 때문에 그에 대한 증거를 수집하기 위한 것이었고, 사진을 찍은 장소도 누구나 다니는 공개된 장소였으므로 정당한 이유가 있다고 주장했다.

대법원은 이 사건 상고심에서 "보험회사가 박씨 가족 몰래 사진을 찍은 것은 초상권 침해가 인정된다."고 판결했다. 대법원은 "초상권과 사생활의 자유를 침해한 것은 불법행위라 할 수 있는데, 이것이 공개된 장소에서 이루어졌다거나 민사소송의 증거를 수집할 목적이었다는 이유로 정당화되지는 않는다."고 판단하였다. 대법원은 이와 함께 **교통사고 환자의 감정 결과가 의심되더라도 법적 테두리 안에서 증거를 수집해야 한다**고 하였다.

간혹 교통사고 환자들과 보험회사들 사이의 보험금액을 둘러싼 분쟁을 많이 본다. 환자들은 몸에 골병이 들어 누워 있는데, 보험회사는 꾀병이라고 주장하면서 병원 주변을 탐문하거나 몰래 사진을 찍어 환자들을 이중으로 괴롭히는 경우가 있다.

이런 경우 피해 환자들은 울화통이 터진다. 재활을 위해 억지로 걷기 연습도 하고 계단을 오르내리는 것인데, 누군가 미행하고 이를 몰래 촬영하여 마치 환자가 꾀병을 부리는 것으로 몰아간다고 생각해 보라.

필자가 실제로 다룬 교통사고 손해배상 사건에서는, 보험회사 측에서 몰래카메라로 찍은 동영상을 제출하자 법원이 이를 병원에 보내 노동능력상실률을 다시 감정하도록 하였다.

실제 법원의 재판 과정에서는 이처럼 몰래 찍은 사진 등의 자료들이 많이 제출되고 있고, 의사의 진단을 믿을 수 없다는 주장이 되풀이되면서 재감정 신청이 끊이지 않고 있다. 이런 문제는, 일이 많은 의사들이 환자들의 상태를 제대로 확인하지 못하고 진단을 내린다는 불신의 크기 때문에 쉽게 없어지지 않는 것 같다.

이런 문제를 해결하려면, 정당한 절차에 따라 의사의 진단과 판단에 의견을 제시하게 하고, 진단기록과 검사를 정밀하게 하여 당사자들의 신뢰를 쌓는 것이 선행되어야 할 것이다.

"저는 누가 키워주나요?"
(이혼 시 양육권)

법원에서 이혼 사건을 담당하고 있을 때의 일이다. 부부가 이혼에는 서로 합의를 했지만, 자녀 두 명을 서로 자신이 키워야 한다고 주장했다. 당시에 아들 두 명을 데리고 있던 아버지는, 엄마가 아이들을 버리고 나갔기 때문에 아이들이 엄마를 원망하고 미워하고 있다고 하였다. 그러나 엄마는 아이들이 아빠의 강압에 못 이겨 엄마에게 전화도 하지 못하고 있을 뿐이고, 마음속으로는 엄마를 따르고 있다고 했다.

양육권 및 친권행사는 이혼 시 당사자가 협의하여 정하고, 협의가 되지 않으면 법원이 정하도록 되어 있다(민법 837조).

당시 아이들은 초등학교에 다니고 있었는데, 아들이 법원에 아빠 몰래 편지를 보낸 것이 있었다. 엄마가 보고 싶다는 내용이었다. 아빠는 엄마 얘기를 하면 화를 내고 엄마에게 전화하는 것을 싫어한다는 내용이었다. 나는 아들을 법원으로 데리고 오라고 했다. 그 아이는 아빠가 있는 자리에서 엄마가 얼마나 보고 싶었는지 울면서 얘기를 꺼냈다.

"아빠 몰래 엄마 옷이 걸려 있는 옷장에서 엄마 옷을 만지면서 많이 울었어요. 그렇지만 아빠는 엄마가 집을 버리고 나간 나쁜 사람이라고 하면서 전화도 못하게 했어요. 엄마 생각하며 울면 혼냈어요."

아빠는 아무 말도 못하고 앉아서 아들과 엄마가 우는 것을 보고 있었다. 아빠는 아이들에게 세뇌교육을 시켰지만, 아이의 마음속까지 바꿔놓을 수는 없었던 것이다.

한 젊은 부부가 이혼을 하러 왔을 때 내가 당황한 경우도 있었다. 아빠가 아이를 안고 있었는데, 아이가 울자 엄마가 "이리 줘봐!" 하면서 데려가서 안아 달래는 것이었다.

"이혼하러 온 사람 맞아요?"라고 묻고 싶었지만 참고, 대신 "이혼하는 것에 대하여 두 분이 완전히 합의하셨나요?"라고 물어보았다.

"그러니까 여기 왔죠!!"

"아~ 네. 그럼 아이는 누가 키우기로 하셨지요?"

요즘 부부들은 아이에게는 서로 협조적이지만 이혼에 대하여는 과감하다.

"아이는 아빠가 키우기로 했고, 저는 매주 토요일 아이를 데리고 가서 보고 여름방학과 겨울방학에는 일주일씩 보기로 했습니다. 또 필요할 경우에는 제가 요청하면 언제든지 볼 수 있도록 해주겠다고 합니다."

판사는 두 사람의 의사를 확인한 다음 협의이혼이 성립된 것으로 하고 돌려보내면 그만이다. 그때마다 한 가지 중요한 것이 빠졌다는 생각이 들곤 한다.

아이가 과연 어떻게 생각할까이다.

"판사님, 저에게는 왜 아무것도 물어보지 않아요? 제가 엄마가 보고 싶지 않을 때에는 어떻게 하죠? 아님 아빠가 보기 싫고 엄마와 같이 있고 싶을 때에는 누구한테 바꿔 달라고 해야 하나요?"

매도인의 우월 의식

우리 주변에는 부동산 매매 시 매도인이 항상 우월한 지위에 있다고 착각하는 사람들이 많다. 상대방이 잔금을 지급하지 않는 것만 염두에 두고 정작 자신의 의무에 대해서는 신경을 쓰지 않는 것이다.

다음의 예에서 이러한 상황을 살펴보자.

자신의 땅을 팔았는데, 매수인이 계약금과 중도금을 약속한 날짜에 지급했으나, 잔금을 지급하지 않자 매수인에게 잔금 지급을 독촉하면서 잔금을 가지고 오지 않으면 매매계약을 해제하겠다고 일방적으로 통보를 하였다. 매수인이 찾아와 사정을 하면서 자신이 돈을 마련하는데 어려움이 있으니 며칠만 기다려 달라고 하였다. 매도인은 반드시 약속을 지키겠다는 각서를 쓰라고 했다.

"만약 1주일 내에 잔금을 주지 않으면 계약금은 물론 중도금도 모두 포기하겠음. 매수인 OOO" 그런데 1주일이 지나도 매수인이 잔금을

251

지급하지 않자 내용증명으로 계약을 해제한다는 편지를 보냈다.

매도인은 자신 만만하게 계약 해제 통지서를 들고 사무실로 찾아와서 계약은 해제되었으니 모든 게 끝났다고 주장한다. 과연 그럴까?

그때 변호사는 물을 것이다.

"계약 해제를 하기 전에 매도인께서도 소유권 이전등기에 필요한 등기권리증, 인감증명서, 근저당권 말소서류 등을 준비하였나요?"

통상 매도인은 매수인이 돈을 가지고 오면 바로 인감증명서를 발급받아 등기서류를 준비해 주면 된다고 생각한다. 근저당권도 잔금을 지급받을 때 갚고 말소해 주면 된다고 생각한다.

이것이 매도인의 우월의식이다. 매매계약에서 잔금 지급과 이전등기 서류 교부는 동시이행의 관계에 있다. 법률적으로 **매도인이 매수인의 잔금 미지급을 이유로 매매계약을 해제하거나, 잔금에 대한 지연이자를 청구하기 위해서는, 매도인도 이전등기서류인 매도용 인감증명서, 등기권리증 등을 준비하고 이행, 제공하여야 한다.**

매도인은 이를 모르고 잔금 지급을 독촉하는 경우가 많다. 매도인 자신의 의무를 이행하여야 한다는 사실을 망각하면 안 된다. 이행 준비를 했다고 입증할 서류를 준비하지 않으면 낭패를 당하게 된다.

사례 중에는 매수인이 계약 후 9년이 지난 후에 잔금을 지급하고 이전등기를 해달라고 요구한 경우가 있었다. 물론 매도인이 재판에서 졌다.

법원을 속인 판결
(소송사기죄)

소송사기란 법원에 허위 증거나 증인을 내세워 자기에게 유리한 판결을 얻는 범죄 행위이다. 재판을 하면 현명한 재판장이 '솔로몬의 지혜'를 가지고 진실을 밝혀 줄 것이라고 믿는 사람들이 많다. 그러나 법원의 재판을 담당하는 판사들도 사람이기 때문에, 진실을 밝혀내지 못하고 당사자가 허위 주장을 하는 것에 속아 그릇된 판결을 할 수 있다. 3심제를 두고 지방법원, 고등법원, 대법원 판결을 받아야 판결이 확정되도록 하는 것도 이러한 실수를 예방하기 위한 것이다.

법원의 판사를 속여 잘못된 판결을 받아 상대방의 재물 또는 이익을 취득하는 경우에는 소송사기죄가 된다. 소를 제기했다가 패소하는 경우라면 어떨까? 소를 제기한 사람의 주장이나 증거를 법원이 인정하지 않았기 때문인데, 이러한 경우에도 법원을 속이려고 한 소송사기죄의 미수범이 되는 것일까?

소송사기를 쉽게 인정하면, 누구든지 소를 제기하여 자기에게 유리한 주장을 하는 것을 꺼리게 된다. 이렇게 되면 소를 통하여 권리구제를 받을 수 있는 민사재판 제도의 위축을 가져올 수밖에 없다. 그래서 **소송사기죄는, 재판에서 주장하는 것이 사실과 다름이 명백하고, 소송을 제기하는 사람이 그 주장이 명백히 거짓인 것을 알았거나 증거를 조작한 경우에 한하여 인정된다.**

따라서 단순히 사실을 잘못 알았거나 법률적 의견이 달라 재판에서 진 경우에는 사기죄가 되지 않는다. 소송상 주장이 자신이 억울하다고 생각하는 근거를 과장한 탓에 다소 사실과 다른 경우에도 사기죄의 고의가 없기 때문에 처벌하면 안 될 것이다.

소를 제기한 사람뿐만 아니라 방어적으로 응소한 피고라 하더라도, 허위 내용의 서류를 작성하여 증거로 제출하거나 위증을 교사하는 등의 적극적인 방법으로 법원을 속여 승소판결을 받았다면 소송사기죄가 성립할 수 있다.

법원을 속이는 기망 행위는 허위의 증거를 조작하는 경우, 예를 들어 차용증을 위조하거나 위증을 교사하는 행위를 말한다. 자기가 발행한 가계수표를 타인이 정상적으로 교부받은 사실을 알면서도, 허위로 분실했다고 주장하면서 제권판결을 받은 경우에도 사기죄가 된다. 이미 기왕증을 앓고 있던 사람이 교통사고로 다친 것처럼 허위의 진단서를 제출하여 손해배상 판결을 받은 행위도 소송사기가 된다.

이혼했는데 양도소득세?

한 남자가 남대문시장에서 부인과 같이 옷가게를 운영하면서 20년 동안 재산을 많이 모았다. 그런데 점차 가정불화가 생기더니 급기야 이혼하게 되었다. 그 부부는 결혼해서 번 돈으로 아파트 등 부동산을 네 개를 샀는데 그중 두 개는 남편이 가지고 두 개는 처가 가지기로 합의하고, 이혼합의서를 작성하여 서로 도장을 찍었다.

"쌍방은 조건 없이 이혼한다. 남편은 이혼 위자료로 아파트를 가지고, 부인에게는 용인의 땅 두 개를 등기이전해 준다."

남편은 서류를 갖추어 용인의 부동산을 부인 앞으로 '매매'를 원인으로 소유권 이전을 해주었다. 그런데 그후 세무서에서 양도소득세를 내라고 통지가 왔다. 남편은 이혼할 때 위자료로 재산을 준 것이라서 양도소득세를 낼 수 없다고 소송을 제기했다. 이 경우 양도소득세를 내야 하는 것일까?

부부가 이혼하게 되면 그동안 공동으로 모아놓은 재산을 나누어 가져야 한다. 법원에서는 여자가 직장을 가지고 있지 않고 집안에서 살림만 한 경우에도 30~50%의 재산에 대하여 권리를 인정해준다.

재산분할은 위자료와는 다른 것이다. 위자료는 일방이 부정행위를 하거나 폭행하여 상대방에게 마음의 상처를 주었기 때문에 이에 대한 정신적인 고통을 돈으로 달래주기 위하여 주는 것이다. 위자료 금액은 돈이 많은 사람들은 수십억 원이 인정되기도 하지만, 보통 평범한 가정의 경우에는 수천만 원만이 인정된다.

양도소득세는 물건을 팔고 이익이 나면 그중 일부를 세금으로 내는 것이다. 이혼하면서 재산을 분할하는 경우에는 세금을 안 내도 된다. 재산을 반으로 나누는 것은 이혼하면서 그동안 벌었던 재산을 나누어 갖는 것에 불과하다. 즉, 둘이서 공동으로 번 재산을 이혼하면서 그대로 나누어 갖는 것이므로 '주는 것'이 아니다. 내 것을 내가 찾아 갖는 것이기 때문에 양도소득세를 물지 않아도 된다. 이러한 이유로 **등기 사유가 어떻게 되어 있든 이혼 시 적절한 재산분할이 행해진 경우에는, 비록 등기 원인이 매매로 되어 있다고 하더라도 양도소득세를 내지 않아도 된다.**

만약 위 재산을 위자료로 주었다면 어떨까? 위자료는 돈으로 주어야 하는데 돈 대신 재산으로 주었으니, 재산을 팔아서 준 것과 동일하므로 **위자료로 재산을 넘겨주었다면 양도세를 내야 한다.** 이혼할 때 기분 좋게 위자료를 많이 주는 것도 좋지만, 위자료로 줄 현금이 없다면 위자료는 없는 것으로 하고, 차라리 재산분할을 후하게 쳐서 주는 편이 나을 것이다.

부인 앞으로 재산을 빼돌렸어요

빌려준 돈을 받으려고 채무자의 재산을 조사해 보니, 얼마 전에 다른 사람 앞으로 재산을 이전해 놓은 것을 알게 되었다. 확인해 보니 채무자의 처 앞으로 아파트 소유권을 이전해 놓은 것이었다.

이러한 경우에 부인 앞으로 돌려놓은 아파트를 되찾아오거나 강제집행할 수 있는 방법이 있을까?

우선 생각해 볼 수 있는 것이 '사해행위 취소'이다. 사해행위란 빚은 진 사람이 자신의 유일한 재산을 제3자에게 처분하여 자신의 재산을 없애는 행위이다. 이때 **돈을 받을 사람은 이러한 사실을 안 날로부터 1년 이내에 사해행위를 취소하는 소를 제기할 수 있다.**

또 다른 방법은, 명의신탁의 법리를 이용하는 것이다. 부동산 실명제법에 의하면, **부부간에 명의 신탁은 가능하지만 강제집행 면탈을 목적으로 한 경우는 무효이다.**

만약 부부가 서로 짜고 부동산 소유자를 바꾸어 놓았다면 통정 허위 표시로서 무효가 된다.

부부 사이에는 일상가사 대리권, 가사채무의 연대책임이 인정된다. 부부가 가정생활을 하는 동안에 일상적인 집안 살림을 위해서 쓰는 돈, 즉 식료품을 구입하거나 집세, 아파트 관리비, 수도나 전기요금 등 공과금을 내는 일, 자녀의 교육비, 결혼식 축의금을 내는 것은 부부가 살아가는 데 필요한 경비이므로 부부 중 한 명이 다른 쪽을 대리하여 사용할 수 있는 권리가 있으며, 그렇게 사용한 비용에 대해선 다른 쪽에서도 갚아야 할 의무가 있다. 예를 들어 부인이 동네 쌀집에서 쌀을 외상으로 사왔는데, 갚지 않을 경우에는 남편이 대신 갚아줄 의무가 있다.

형사적인 고소를 하는 방법도 있다. 서로 짜고 재산의 명의를 바꾸는 것은 강제집행면탈죄에 해당된다. 또한 돈을 빌린 후 처 앞으로 재산을 빼돌린 것은 처음부터 빌린 돈을 갚지 않겠다는 생각을 한 것이므로 사기죄가 될 수도 있다.

딸과 사위가 타고 가던 비행기가 추락한 경우

비행기를 타고 가던 딸과 사위, 손자들이 모두 사망하자 딸이 가입하였던 생명보험금을 친정엄마가 모두 타게 되었다.

원래 손자들이 생명보험금을 타야 하지만, 비행기 사고로 같이 사망했기 때문에 친정엄마가 보험금을 타게 되었던 것이다. 친정엄마는 세무서에서 보험금에 대하여 상속세를 내야 한다고 해서 일단 세금을 냈다. 그런데 왠지 억울한 생각이 들었다.

"보험료는 딸이 냈지만 딸이 보험금을 타는 것이 아니고, 직접 수익자로 지정된 상속인이 보험금을 탔으니까 상속재산이 아닌데…."

생명보험금은 사망한 사람에게 지급되는 것이 아니다. 즉, 사망한 딸이 아니라 살아 있는 상속인에게 지급된다. 사망한 사람에게 지급할 보험금이 상속에 의하여 상속되는 것이 아니다. 생명보험금은 보험 계약의 효력에 따라 보험수익자가 취득하는 고유재산이고, 민법상의 상속재산은 아니다. 따라서 다른 상속인들은 상속재산을 나눠달라고 할 수도 없다.

친정엄마는 이미 납부한 세금을 돌려달라는 소를 법원에 제기하였지만 패소하였다. 그러자 헌법재판소에 억울하다면서 헌법소원을 냈다.

생명보험금은 피상속인이 사망하면 즉시 생명보험금이 보험수익자인 유족에게 지급된다. 생명보험은 주로 살아 있는 상속인들의 생활보장을 목적으로 가입하는 것이다. 사망 전에 번 돈을 보험료로 납부한 후 사망할 때 보험금을 자식들에게 주도록 하는 것은 생전에 자식 이름으로 적금을 드는 것과 같다. 이러한 생명보험의 기능은 민법상의 상속과 다를 바가 없다.

만약 생명보험금에 상속세를 부과하지 않는다면, 죽음을 앞두고 있거나 필연적으로 죽음을 맞이할 수밖에 없는 상태에서 재산을 상속재산으로 남길 것이 아니라, 재산의 일부나 전부를 보험료로 납부한 다음 이를 생명보험금의 형태로 상속인이 취득할 수 있도록 할 것이다. 즉 **상속세를 부과하지 않으면 생명보험금은 고율의 누진세제가 적용되는 상속세를 회피하는 수단이 될 수 있다.**

상속세를 과세하는 대신에 생명보험금 전체를 소득으로 보아 소득세를 과세할 수도 있고, 피상속인이 납부한 보험료에 대해서는 상속세를, 보험료를 공제한 나머지 보험금에 대해서는 소득세를 과세하는 방법도 있을 수 있다.

그러나 상속이나 증여에 의한 재산의 취득은 무상으로, 그리고 일시에 실현된다는 점에서 다른 소득과 다르기 때문에 다른 나라에서도 거의 소득세 대신에 상속세 또는 증여세를 과세하고 있다. 상속세법은 상속세 회피를 방지하고자 상속재산과 동일하게 상속세를 부과하고 있고, 헌법재판소에서는 이러한 이유로 합헌 결정을 하였다.

빚을 갚지 않고 버티는 채무자

사촌형수가 잘 아는 스님에게 돈을 빌려주고 자식들에게 말도 못
하고 끙끙 앓고 있었다. 그 스님은 절을 운영하면서 돈도 많을 텐데
돈을 갚지 않았다. 원금만 6천만 원이었고, 거의 7~8년 이자를 안 갚
았기 때문에 이자까지 합치면 1억 원이 넘었다.

막상 판결은 받았지만, 채무자 소유의 토지는 1순위 근저당권을
비롯한 선순위 근저당권 채권 최고액이 너무 높았다. 안 될 줄 알면
서 경매 신청을 했다. 법원에서 통지서가 날아왔다.

"부동산의 최저매각가격이 3억8천만 원인데, 경매 신청자의 채권
에 우선하는 부담금이 6억8천만 원(근저당권 등)과 절차 비용을 변
제하면 남을 것이 없다. 1주일 이내에 선순위 이상의 가격으로 매수
하겠다는 신고를 하고 충분한 보증을 제공하라."

결국 경매는 취소되었다.

다른 방법이 없을까?

부동산이 양도 금지가 되었거나 시가가 너무 싸서 바로 경매하는 것이 불리한 경우에는, 부동산을 경매하지 않고 관리인을 임명하여 관리인이 부동산에서 생기는 수익으로 관리 비용과 세금 등을 공제하고 나머지를 각 채권자에게 배당하도록 하는 '강제관리'라는 제도가 있다.

어쨌든 문제가 있는 강제관리 제도이지만, 이 사건의 경우에도 채무자로부터 채무를 변제 받을 수 있는 뾰족한 방법이 없어 강제관리를 신청했다.

다시 법원 담당 판사님으로부터 직접 연락이 왔다.

"이거 안 되는 것 아시죠? 채무자의 거주지 또는 영업소를 빼앗아 임대하는 강제관리는 인정할 수 없습니다."

강제관리는 채무자의 부동산에 대한 수익을 목적으로 하는 것이기 때문에 수익의 상실 이상의 불이익을 주는 것은 허용되지 않는다. 따라서 채무자가 현재 거주용으로 사용하는 주택이나 채무자가 영업으로 이용하고 있는 점포를 목적으로 하여 그 명도를 필요로 하는 강제관리는 허용되지 않는다는 것이었다.

결국 강제경매, 강제관리로는 받을 방법이 없었다. 남은 방법은 유체동산 경매였다. 절에 있는 TV, 김치냉장고, 불상 등 절에서 쓰는 물건 모두에 대한 동산 경매 신청을 하였다. 그런데 불상 등은 압류 및 경매가 금지된 물건이라고 모두 경매 대상에서 제외되었다.

집행관을 대동하고 현장에 가서 경매를 실시하였다. 그런데 남편이 '공유자 우선매수청구권'을 행사한다는 신청을 하였다. 모두 부부 공동의 재산이므로 공유자인 남편이 자신도 지분 1/2의 소유권이 있다는 이유였다. 공유자는 누가 최고가입찰을 하든지 자신이 그 가격 이상으로 매수하겠다는 우선매수청구권을 행사할 수 있다.

결국 모든 채무자 지분 1/2은 200만 원 미만에 낙찰되었고, 남편이 우선매수청구권을 행사하여 그 돈을 납부하여 남편 소유로 만들어 버렸다. 매수대금에서 절차 비용까지 빼고 나니 남은 것은 허탈감밖에 없었다. 채무자 재산을 눈으로 보면서도 받아오지 못하는 채권자의 심정을 경험해 본다면, 절대 누구에게 돈을 빌려줄 생각이 들지 않을 것이다.

채권추심의 불평등 제도

"모든 일반채권자는 평등하다."

우선채권자는 근저당권자, 임금채권자, 소액임차인 등이 있고 순서가 정해져 있지만, 일반채권자들 사이에는 우선권이 없고 평등하게 채권을 나눠 가지게 된다. 그러나 실제 강제집행 절차에서는 모든 일반채권자가 평등하게 취득되지 않는다.

"같은 일반채권자라도 우선 순위가 있다."

예를 들어 보자. 채무자가 부동산은 없고 다른 사람으로부터 받을 채권이 있다면, 채권자들이 그 돈을 채무자를 대신하여 추심한 다음 나누어 가지게 된다.

채권자가 두 명이 있고 채무자는 1억 원의 채권이 있는 경우, 채권자 한 명이 채무자를 상대로 판결을 받은 다음 채권압류, 추심명령을 받아 1억 원을 직접 추심하여 받을 수 있다.

그런데 그 채권자는 추심한 돈을 바로 자기 채권의 변제에 충당할 수 없다. 집행법원에 추심 사유를 신고하고 배당을 받아야 한다. 추심 사유 신고를 할 때까지 다른 채권자가 배당요구를 하거나 압류, 추심 등을 하게 되면, 그 채권자들에게 균등하게 나누어 배당을 하게 된다. **일반채권자라고 하더라도 사유 신고 이전에 배당요구를 하지 못하면 배당에 참가할 수 없다.**

이것을 '배당가입차단효'라고 한다. 채무자에게 내용증명을 보내 돈을 갚으라고 요구한 사람은 배당에 참가할 수 있을까?

결론은 "아니오"이다.

법적으로 인정되는 배당요구는 따로 있다. 채권압류 추심명령을 받거나 판결을 받아서 배당요구서를 정식으로 내야 한다. 급하면 채권가압류라도 해야 한다.

이렇게 배당요구를 하여 배당절차에 참가할 수 있는 시기는 공탁 및 사유 신고를 한 시점까지이다. 그 이후에는 배당금을 나누어 가질 자격이 없어진다.

그래서 "일반 채무자라고 하더라도 순서가 있다. 채권자 평등주의는 적용이 없다."는 결론에 도달한다.

채권자의 압류, 추심명령이 있으면 제3채무자가 법원에 채무금액을 공탁하고 사유 신고를 하여 채무를 면하게 된다. 그 돈은 그때까지 배당요구를 한 채권자만 배당을 받을 수 있기 때문에, 만약 한 명의 채권자만 압류, 추심명령을 받은 상태에서 제3채무자가 공탁을 하고 사유 신고를 했다면, 그 채권자만 배당을 받게 될 것이다.

실무상 추심채권자는 돈을 받은 다음 자신의 채권에 임의충당해 버리고 법원에 공탁하거나 추심 사유를 신고하지 않는다. 이럴 경우에는 배당요구의 종기에도 이르지 못한 채 미제사건으로 남게 된다.

이를 거꾸로 해석하면, **추심 사유를 신고하기 전에는 언제든 다른 채권자가 압류 추심명령을 받거나 배당요구를 할 수 있다**는 뜻이 된다. 이럴 경우 게으른 채권자도 추후 공탁을 요구하면서 배당받을 기회를 얻을 수 있다.

채무자의 재산추적 방법

채무자가 빚을 갚지 않는 경우 채무자의 재산을 추적하려면, 국가에서 관리하는 재산세 부과내역이나 법원등기소에서 관리하는 등기부내역, 은행에서 채무자가 개설한 예금계좌 내역 등을 확인하는 것이 필요하다.

우선 채무자가 사는 곳부터 알아야 한다. 동사무소에서 채무자 주소를 확인하면 주소를 찾을 수 있겠지만, 관공서에서는 개인의 사적인 정보라는 이유로 이에 절대 협조해 주지 않는다.

채무자가 스스로 빚을 갚지 않고 그 재산을 발견하기가 곤란한 경우에는 어떤 방법으로 재산을 추적할 수 있을까?

채무자의 재산을 찾아내서 강제집행할 수 있도록 도와주는 제도가 '재산명시신청'이다.

법원에 채무자를 상대로 재산 내역을 제출하라는 신청을 하면, 법원은 채무자에게 연락을 해서 법원에 출석한 후 선서 후 진실된 재산목록을 제출하게 한다. 채무자는 법원에 가서 3개월 이내에 변제하겠다고 약속을 하면, 3개월의 범위 내에서 재산신고 의무를 유예받을 수 있다. 또 새로운 기일에 출석하여 채무의 3분의 2 이상을 갚았으니 한 달만 연기해 달라고 요청하면 재산신고를 재차 유예 받을 수도 있다.

채무자가 법원에서 출석하라는 날 출석하지 않거나 재산목록 제출을 거부하면 20일 이내의 감치를 당할 수 있다. 돈이 없는 것도 억울한 데 빚 안 갚는다고 구속시키는 나라가 어디 있냐고 하소연할 수도 있다. 이것은 재산목록을 제출하지 않은 것에 대한 처벌이지, 재산이 없다는 데 대한 처벌이 아니다. 재산이 없으면 없다는 목록을 제출하면 처벌받지 않는다.

반대로, 재산목록을 작성할 때 재산을 숨기는 등 허위로 작성하면 처벌된다. 자신의 재산을 타인에게 명의신탁을 해놓고 재산목록에 기재하지 않아도 마찬가지이다. 채무자의 주소를 알 수 없는 경우 관공서에 주민조회를 할 수 있다.

채무자가 제출한 재산목록이 진짜인지 여부를 어떻게 확인할 수 있을까? 채무자가 제출한 재산목록에 대하여 강제집행을 하였지만 채권 회수를 하지 못한 경우, 채무자가 재산목록 제출을 거부한 경우, 채무자가 허위의 재산목록을 제출한 경우에는 법원, 금융기관, 국토교통부, 보험회사, 교통안전공단, 특허청 등 일체의 재산 내역 조회를 할 수 있다.

금융기관이나 공공기관에 직접 조회하는 경우, 강제집행 면탈을 시도하였는지 확인할 수 있도록 과거 2년의 재산 내역을 확인해 보는 것이 필요하다.

시간은 걸리겠지만, 채무자의 재산을 추적 조회할 수 있는 길은 열려 있다. 다만 채무자가 다른 사람 이름으로 빼돌린 재산을 찾는 것은 더 많은 시간과 노력이 필요할 수 있으므로 전문가의 도움이 필요하다.

부정한 청탁과 범죄

처음 만나는 사람과 인사할 때 자주 쓰는 말이 있다.

"앞으로 잘 부탁드립니다."

각종 이권에 관련된 업무를 처리하는 공무원이나 회사의 담당 직원은 민원인이나 거래 상대방으로부터 잘 봐달라는 부탁을 많이 받게 된다. 공무원은 공익의 대변자로서 가장 공정한 업무를 수행해야 하고, 직무집행을 하면서 자신을 임명한 국가와 국민들의 신뢰를 저버려서는 안 된다. 공무원의 공정한 업무 그 자체는 돈으로 매수될 수 없는 중요한 것이다.

그래서 형법에서는 **공무원의 직무와 관련하여 돈을 주게 되면 직무 행위를 돈을 주고 매수한 것으로 보아 뇌물죄로 처벌**을 하도록 되어 있다. 직무에 관한 청탁이나 부정한 행위를 필요로 하지 않고, 특별히 의무 위반 행위나 청탁의 유무 등을 고려할 필요도 없다고 한다. 즉, **부탁한 내용이 위법·부당하지 않더라도 직무와 관련하여 돈을 받으면 그 순간 뇌물죄가 성립하고, 부정한 직무 행위를 실제로 하였는가를 따지지는 않는다**는 것이다.

뇌물을 받고 부정한 직무 행위까지 하게 되면 수뢰 후 부정처사죄가 성립하여 더욱 가중처벌 받게 된다.

그러나 **공무원이 아닌 회사 직원의 경우**에는 조금 다르다. 타인의 업무를 처리하는 자가 **자신의 업무와 관련하여 '부정한 청탁'을 받고 돈을 받으면 배임수재죄가 된다.** 예를 들어 회사의 계약 담당자가 계약조건에 맞지 않는 업체를 거래업체로 선정해 달라는 부탁을 받고 돈을 받은 경우, 방송국 라디오 가요 담당 프로듀서가 가수 매니저로부터 특정 가수의 노래를 자주 틀어 달라는 청탁을 받고 금품을 받은 경우가 이에 해당한다.

배임죄와 관련한 범죄는 설령 청탁이 있었다고 할지라도 그것이 부정한 청탁이 아니면 본 죄는 성립하지 않고, 직무를 처리함에 있어서 직무 권한 범위 안에서 편의를 보아달라고 부탁하거나, 선처를 바란다는 내용의 부탁만으로는 부정한 청탁이라고 할 수 없다.

실제 판례 중에는 "공사대금을 원활하게 지불해 달라는 등의 청탁을 받으면서 돈을 받은 사안에서 부정한 청탁이 있었다고 볼 수 없다."고 한 것이 있고, "융자 승인을 위한 기술조사를 담당하던 직원이 관련자금의 대출을 위한 기성고(旣成高) 조사를 하면서 업무에 관하여 잘 처리해 주고 직무 권한 범위 내에서 제반 편의를 보아달라는 취지의 부탁을 한 것만으로는 배임수재죄에서 말하는 부정한 청탁이 있었다 할 수 없다."고 한 것이 있다.

범죄마다 처벌하려고 하는 목적이 다르기 때문에 똑같은 금품수수라고 하더라도 어떤 범죄인가에 따라 해석을 달리하는 것이다. 이것은 일반인들이 법을 이해하기 어렵게 하고 혼란스럽게 하는 원인이 된다.

좋게 해석하면, 될 수 있으면 범죄인을 만들지 않으려고 하고, 법에서 처벌하려고 하는 목적에서 벗어나는 사람을 처벌 대상에서 제외하려고 하는 법원의 노력의 결과라고도 할 수 있다. 법에 처벌한다고 규정되어 있어도, 자세히 관찰하고 연구하면 처벌할 필요가 없거나 처벌 대상이 아닌 경우가 있을 수 있다.

차용증 없이
빌려준 돈을 받으려면

　잘 아는 사람이 돈을 빌려달라고 할 때에는 차용증을 받지 않는 경우가 많다. 돈이 있는 것을 알고 빌려달라고 하는데 거절하기도 어렵지만, 돈을 빌려주면서 차용증을 써달라고 하는 것도 쉽지 않다. 며칠만 쓰고 갚겠다고 하는데 굳이 약속어음 공증을 하자고 하거나 인감증명서를 첨부한 차용증서를 작성해 달라고 하면 기분이 나쁠 수 있다. 돈을 빌려주면서 이행 각서나 인감증명서 또는 어음 공증을 요구하면 안 빌려주면 그만이라는 표정으로 "됐어!"라고 말할 것이고, 그러면 괜히 친한 사이에 금이 갈까 두려워 필요한 서류를 요구하지 못하게 된다.

　빌려준 돈을 달라는 내용으로 지급명령이나 금원 지급청구의 소를 제기하였는데, 상대방이 답변서를 제출하지 않거나 이의를 제기하지 않으면 그대로 지급명령이 확정되거나 승소판결을 받게 되므로 바로 강제집행을 할 수 있다. 이때에는 증거가 없어도 관계없다. 그러나 상대방이 이의를 제기하고 다투게 되면 증거가 필요하게 된다. 아는 사람들 중에도 믿는 마음에 차용증도 받지 않고 돈을 빌려주었는데, 나중에 돈을 갚지 않고 갚았다고 하거나 빌린 금액이 다르다고 주장하여 난처한 상황에 처한 경우를 보았다.

이러한 경우에 어떻게 하면 돈을 받을 수 있을까? 돈을 빌려주었다는 증거로는 차용증서가 제일 확실한데, 이러한 차용증서가 없다면 돈을 빌려주었다는 점을 입증하여야 한다.

수표로 주었거나 송금하였다면 수표 조회나 거래내역을 제기하여 금원을 교부한 점을 입증할 수 있지만, 그것이 대여금인지 다른 명목인지 불명확한 경우에는 추가적인 증거가 필요하다.

현금으로 빌려준 경우에는 현금을 찾아갔다는 은행의 자료, 돈을 건네주는 것을 목격하였다는 제3자의 사실 확인이나 증언에 의하여 입증해야 한다.

실제 현금 수억 원을 인출하여 빌려주었다고 주장한 사건이 있었다. 법원은 현금을 찾은 은행계좌 및 직원들의 사실 확인서 등의 증거만으로는 상대방에게 돈을 주었다는 점을 입증하기 부족하다고 하였다. 회사에 돈을 빌려주었다면 상대 회사에서 그 돈을 받아 회사의 채무를 변제하거나 회사에 입금된 내역이 나타나야 하는데, 그런 것이 없기 때문에 현금이 회사로 들어갔다고 보기 어려운 사건이었다.

이런 경우에는 재판을 시작하기 전에 더 확실한 증거를 확보해야 한다. 가끔 내용증명을 활용하기도 한다. 미리 내용증명을 보내서 현금 교부 사실을 주장해 보면, 상대방이 의외로 이를 인정하는 답변을 보내 입증 부담을 덜어주기도 한다.

직접 증거는 아니더라도 **빌려준 돈에 대한 이자를 받았다는 점은 금원 대여의 중요한 증거**가 되므로, 이자의 지급에 관한 증거를 확보하는 것도 방법이다.

빚을 한 명이 모두
상속할 수 있는지

여러 명의 자식들이 있는 경우에 부모가 사망하면 상속재산은 형제들이 공동으로 물려받게 된다. 부동산이나 현금 등을 물려받게 되면 상속인들이 서로 협의하여 나누어 가지게 되는데, 이때 작성하는 것이 상속재산분할 협의서이다. 상속재산분할에 관하여 합의가 되지 않으면 법원에 분할신청을 할 수 있다.

그렇다면 돌아가신 부모님이 빚(채무)을 부담하고 있는 경우에 채무는 어떻게 상속이 될까? 부동산을 많이 상속받은 형제가 있다면 채무도 상속받은 재산의 비율로 나누어지는 것이 공평하다는 생각이 들기도 한다. 예를 들어 1천만 원의 빚을 진 채 사망한 경우 상속인들이 다섯 명이라면 모두 200만 원씩 채무를 상속하게 되는데, 다섯 명의 형제들 중 한 명이 모든 재산을 다 물려받기로 서로 합의하였다면 어떻게 될까.

"상속인들은 다음과 같이 합의함. 부동산은 큰형의 소유로 하고 아버지가 갚을 채무는 둘째아들이 모두 변제하기로 함."

그런데 채무를 갚기로 한 둘째아들은 신용불량자이고 재산이 전혀 없다면, 채권자는 영문도 모르고 황당한 경우를 당하게 된다. 그래서 상속인들 사이의 채무 부담에 관한 일방적인 합의는 채권자에게 주장할 수 없다고 해야 한다.

민법에서는 "돈을 갚는 것과 같은 채무는 사망과 동시에 공동상속인들에게 상속분에 따라 당연히 분할되어 상속된다."고 규정하고 있기 때문에, **돈에 관한 채무는 상속분할 대상이 될 수 없다.** 채권자의 승낙 없이 상속인들끼리 상속재산분할 협의서를 작성한 다음 이를 공증해 두었다고 하더라도, 채권자에게는 효력이 없으므로 서로 협의할 때 주의하여야 한다.

채무를 상속인들이 나누어 상속한다고 해서 모든 문제가 해결되는 것이 아니다. 상속인들이 모든 상속재산을 형제들 중 한 명에게 넘겨주고 채무는 모두 분할하여 상속한다면, 채권자는 손해를 볼 수 있다. 억대에 이르는 채무를 부담하는 등 거액의 채무만 있고 별다른 재산이 없던 채무자가 상속을 받게 되자, 다른 형제들과 상속재산분할협의를 하면서 시가 3억 원 이상의 상속재산에 대한 상속지분을 모두 포기하고, 대신 상속재산인 현금 8천만 원만을 지급받기로 합의한 사례가 있었다. 이에 대법원은 "이것은 채무자가 유일한 부동산을 매각하여 소비하기 쉬운 현금으로 바꾸는 행위와 같으므로 사해행위에 해당한다."고 판결하였다.

사해행위란 자신의 재산을 다른 사람에게 빼돌리는 행위이다. 원래 상속지분이 있어 재산을 상속받아야 함에도 채권자들이 압류를 할까 봐 자신의 상속지분을 포기하였다면, 이는 채권자에게 피해를 끼치는 행위가 될 수 있다. 이때에는 다른 형제들에게 자신의 상속지분을 포기하고 넘겨준 것에 대하여 사해행위 취소 소송을 하고 원래 상속지분대로 원상회복시킬 수 있다.

사기결혼은 취소할 수 있는지?

어느 날 백마 탄 왕자가 나타나 아름다운 여인 앞에 무릎을 꿇는다.

"한눈에 반했습니다. 저와 결혼해 주시겠습니까?"

이러한 프로포즈를 고대하는 공주병 환자들이 많다. 어쨌든 이런 프로포즈를 받은 상대방은 숨이 넘어갈 듯 행복에 겨워 잠을 이루지 못한다. 이상형의 배우자를 만나서 평소 꿈꾸어 오던 보금자리를 만들고, 서로 믿고 의지하면서 사랑의 힘으로 어려움을 극복해 낸다면 얼마나 좋을까?

결혼 전에는 누구나 공감하는 말들이 있다.

"아무리 힘들어도 사랑하면 다 이겨낼 수 있어요."

"가진 것이 없고 배운 것이 없어도 사랑 하나면 다 헤쳐 나갈 수 있어요."

"저에게 당신의 과거는 중요하지 않습니다. 다 이해할 수 있고 당신의 데리고 온 자식을 내 자식처럼 키워드리겠습니다."

상대방은 결혼에 동의하고 서로 결혼식을 올리고 혼인신고를 한다. 그러나 결혼생활을 하면서 서서히 현실의 벽에 부딪히게 된다.

실제 중졸의 학력에 두 번 이혼 경력이 있고 이혼한 남편들과 세 명의 자녀를 둔 여자가 있었다. 그녀는 남자에게 자신이 K대학교 교육학과를 졸업한 노처녀라고 속이고 결혼식을 올렸다. 나중에 여자의 과거를 알게 된 남자가 속은 것을 알게 되었고, 둘 사이의 결혼생활은 파탄으로 치닫게 되었다.

이러한 혼인신고는 당연 무효일까? 일단 결혼식을 올리고 합의에 의하여 혼인신고를 한 이상 당연 무효라고 할 수는 없지만, 중대한 착오가 있었다면 취소할 수 있다.

가끔 부부들끼리 '사기결혼'을 당했다는 말을 듣는 경우가 있다. 남편이 정말 멋있고 괜찮은 사람인 줄 알고 결혼했는데, 살다 보니 별 볼일 없는 사람이었다는 것이다. 이러한 경우에 모두 결혼을 취소할 수 있는 것은 아니다. 또한 결혼은 쉽게 취소되어서도 안 되는 경우가 더 많다. 통상의 결혼에는 약간의 기망이 있게 마련이다. 사람 사이의 혼인은 물건에 대한 계약과 달라서, 일단 결혼식을 하고 아이를 출산하게 되면 취소하는 것이 쉽지 않다.

그러나 여자가 남자에게 자신의 학력, 혼인 경력, 출산 경력 등에 대하여 거짓말을 하고 남자가 이에 속았기 때문에 혼인하기로 승낙한 경우처럼, 만약 여자의 말에 속지 않았더라면 결혼하지 않았을 것이 분명한 사기결혼도 있을 것이다.

사례 중 실제 학력이나 학위를 속이고, 대부업체 사채를 빌려 쓰면서 연봉이 많다고 거짓말하고, 전처와의 혼인생활 기간이 실제로는 6년 이상인데 6개월 정도만 했다고 거짓말한 경우에도 사기결혼으로 인정하지 않은 사례가 있지만, 결국 이혼 사유가 인정되어 이혼판결은 났다.

그 밖에 사기결혼으로 취소한 예 중에는 중국 국적의 여자로서 결혼할 생각도 없으면서 한국으로 들어와 혼인신고를 마친 뒤 무단가출을 한 경우가 있다.

결혼하기 전에 긴가민가할 때는 한 번 더 신중히 상대방에 대하여 알아보고, 생각해 보고, 혼인을 결정하는 것이 중요하다.

사형선고와 사형집행

　미국에서 법관연수를 받고 있을 때, 18년 만에 사형이 집행된 존 스라는 사람의 기사가 신문에 크게 보도된 적이 있다. 그 사람은 자신은 억울하다고 주장하면서 수차례 재심을 청구하였지만, 결국 자신의 결백을 밝히지 못하고 죽어갔다.

　조지아 주의 한 판사는 감리교 목사가 처제를 강간한 뒤 살해하였다는 이유로 사형선고를 하였다. 몇 년 뒤 미시시피 주의 한 사형수가 사형집행 전에 유언을 남겼는데, 감리교 목사가 한 살인은 자신이 한 범죄였다고 실토하였다. 이를 전해 들은 조지아 주의 그 판사는 충격을 받았고, 자신의 오판으로 괴로워하다가 가족들을 모아놓고 작별 키스를 한 다음 권총으로 자살하였다. 그의 아들은 그 뒤에 대법원 판사가 되었다.

　미국의 배심제도에 의하면, 배심원 전원이 유죄의 판단을 하여야 유죄판결을 할 수 있다. 한 명이라도 유죄에 동의하지 않으면 'hung jury'라고 하여 유·무죄 판단이 없는 상태로 끝나게 된다. 배심원들의 만장일치로 유죄 평결을 받았음에도, 수십 년이 지난 후에 새로운 증거 조사 방식인 유전자 검사를 한 결과, 진범이 아닌 것으로 확인된 경우가 많이 드러났다. 이런 연유로 미국의 각 주에서는 배심제에 대한 회의가 많아지고 사형제도 폐지론이 대두되기도 했다.

우리나라에서도 사형집행을 당하기 전의 유언에서 자신은 무죄라고 주장하면서 판·검사를 원망한 사형수가 있었다. 조갑제 기자가 쓴 『사형수 오휘웅 이야기』라는 책에는 그러한 사연이 잘 나타나 있다.

1999년 스티븐 킹의 원작을 영화로 만든 〈그린마일〉이라는 영화가 있다. 제목만 들으면 푸른 초원을 연상케 하지만, 그린마일이란 사형장으로 연결되는 복도의 색깔을 의미하고, 이는 곧 사형수가 사형집행장까지 걸어가는 길을 의미한다. 주인공 존 커피는 선하고 초능력을 가진 사람인데, 억울하게 살인죄의 누명을 쓰고 사형집행을 당하게 된다. 영화 속의 주인공은 한없이 슬프고 안타까운 사형수이다.

우리나라의 경우 해방 전 사형집행은 서대문 형무소에서 이루어졌는데, 연출조가 사형수를 데리고 나와 지옥의 3정목(교차로)이라고 불리는 곳에서 사형집행장으로 방향을 돌리면 사형집행수는 이미 그 순간 죽는다고 한다.

조선시대에는 금형일이라고 해서 사형집행을 해서는 안 되는 날을 정해 놓았는데, 도가의 명진재일(하늘에서 태일신선이 지상을 둘러보며 선악을 살피는 날)인 1, 8, 14, 15, 18, 21, 임금의 탄신일, 24절기, 춘분과 추분 사이 등에 사형집행이 금지되었다.

조선시대 연산군 시절의 탐관오리 이복선에 대한 사형집행은, 금형일을 피하기 위하여 10월경으로 미루어졌다가 다시 왕과 중전의 생일이 겹쳐 연기되었고, 다시 집행하려고 하자 비가 내리는 등으로 사형이 미루어졌는데, 이복선은 그동안 얼마나 속이 타들어갔는지 옥 안에서 시름시름 앓다가 죽었다고 한다.

상속 개시 전에
작성된 상속 포기 각서

'저는 부모님 재산의 상속권을 모두 포기합니다' 또는 '저는 남편 재산에 대한 모든 권리를 형인 000에게 모두 위임하고 재산상속을 포기합니다' 등의 각서를 미리 작성할 경우, 과연 이것이 효력이 있을까?

부모님이 살아 계셨을 때 상속재산 필요없다고 큰소리 친 자식도 있을 것이고, 형제들 중에서 미리 자신이 상속받을 재산을 포기하는 포기 각서를 서류로 작성해 놓은 경우도 있다. 이것이 효력이 있다면 형제나 부모가 상속 포기를 강요할 수도 있다. 부모님이 돌아가시기 전에 이러한 각서를 미리 받아 놓으려고 하는 이유는, 평소 마음에 들지 않는 자식이나 불효자식, 문제가 있는 며느리가 재산을 상속받지 못하도록 하려는 의도가 있기 때문이다.

상담하였던 사건 중에는, 남편이 죽기 전에 부인이 자신의 상속권을 포기하고 시동생에게 재산을 물려주기로 하는, 재산상속 포기 각서를 써 준 것이 있었다. 남편이 사망한 후 처는 남편의 재산을 상속등기한 후 이를 시동생에게 각서대로 이전하여 주었다.

사망할 사람을 옆에 놔두고 자식들이나 형제들이 먼저 나서서 재산을 포기하라 마라 하면서 각서를 받는 모습을 보면 안타깝기 그지없다. 왜냐하면 다 무효이기 때문이다.

막상 부모님이 돌아가시면 상속재산을 둘러쌓고 어떻게 상속받을 것인지 다툼이 생긴다.

"누나는 아버지 살아 계실 때 상속 안 받는다고 분명히 얘기했잖아. 아버지 앞에서 분명히 약속해 놓고 이제 와서 그러기야?"

"그건 아니지. 나도 자식이고 상속지분이 있는데…."

민법에는 **"상속인은 상속의 개시 있음을 안 날로부터 3개월 내에 상속 포기를 할 수 있으며, 또한 상속 포기는 가정법원에 신고를 하는 등 일정한 절차와 방식을 따라야만 그 효력이 있다."**고 규정하고 있다. 따라서 피상속인의 생존 시에 상속 포기 각서를 작성하였다고 하더라도 상속 개시 전에 한 상속 포기 약정은 효력이 없다.

만약 이러한 상속 포기를 믿고 사후에 그에 따른 상속등기에 협조한 경우에는 어떨까?

사례의 경우, 며느리는 남편이 사망하자 시동생의 요구로 상속등기에 필요한 서류를 모두 교부해 주었다. 시동생은 형이 살아 있을 때 형수로부터 받아놓은 상속 포기서를 근거로 상속등기를 형수 앞으로 한 다음 다시 자신 앞으로 이전해 가버렸다.

위 사건은 남편의 사망 후 처가 자신의 상속분을 자발적으로 포기한 것으로 볼 수 없기 때문에 등기를 다시 찾아올 수 있었다.

이혼과 상속재산의 분할

　이혼할 때에는 부부가 공동으로 번 재산을 분할하여 나누게 된다. 부모로부터 물려받은 상속재산도 이혼할 때 상대방에게 나누어 주어야 하는가? 남편이 부모로부터 논과 밭을 상속받았는데, 처가 이혼 소송을 제기하면서 남편이 상속받은 논밭을 분할해 달라고 요구하는 경우가 많다.

　상속받은 전답은 원칙적으로 이혼 시 재산분할의 대상이 되지 않는다. 재산을 취득하는데 배우자가 비용을 부담한 적이 없기 때문이다. 농지가 아닌 임야의 경우에는 산을 별도로 관리하는 경우가 적기 때문에 특유재산이 될 가능성이 높다. 이혼을 하기 위하여 별거하고 있는 기간 중에 일방이 상속을 받은 경우, 그 상속재산은 재산분할 대상이 되지 않는다.

　그러나 오랫동안 부부가 같이 농사를 지은 경우에는 사정이 달라진다. 전답을 상속받을 때에는 가격이 얼마 되지 않았는데, 30년 이상 농사를 지어 농작물을 수확하면서 관리해 왔다면, 농토를 일구고 농사를 짓는 데 들어간 품값이 땅값보다도 많을 것이다. 이런 경우에 부모로부터 물려받은 전답이라는 이유로 수십 년 같이 일한 배우자를 빈손으로 내쫓는다면, 그동안 부부로서 일한 품값은 하나도 인정하지 못하는 것이 된다.

손발이 다 닳도록 뼈 빠지게 일하고 몸이 골병이 들었는데, 그냥 빈손으로 나가라고 하면 그냥 나갈 사람도 없을 것이다. 수십 년 동안 농사를 같이 지었다면 땅의 가격보다 더 많은 노동력을 투입한 것이 되고, 그로 인하여 얻은 수익도 많을 것이기 때문에 그 재산을 유지, 관리해 온 것으로 보는 것이다. 이런 경우에는 상속받은 땅이라도 부부가 공동으로 관리, 유지해 온 재산에 포함된다.

그렇다면 농지를 상속받았지만 경작을 전혀 한 적이 없는 경우에는 어떨까? 농촌에서 같이 농사를 짓지 않고 부인이 애들 공부 때문에 도심지로 나가 생활하는 경우도 있을 수 있다.

그렇다고 배우자가 아무 일도 안한 것은 아니다. 부인이 가사노동을 하는 것도 남편이 열심히 일할 수 있도록 돕는 것이고, 별도의 직장을 다니거나 피아노 교습을 하는 등 소득이 있을 수 있다. 재산의 취득에는 아무런 기여를 하지 못했다고 하더라도 재산이 감소되지 않도록 하거나 유지하는 데 노력한 것이 인정될 수 있다. 재산을 팔지 않고 유지, 관리할 수 있었던 것은 부부가 열심히 일한 덕분이라고 볼 수 있기 때문이다.

이러한 원칙은 결혼생활의 기간에 따라 결론이 달라질 수 있다. 결혼기간이 짧은 경우에는 재산 형성에 기여한 정도가 적기 때문에 상속재산은 공동으로 이룩한 재산이라고 보기가 더욱 어려워진다.

공매 통지 없는 절차는 위법

세금을 체납하는 경우에는 세무서 등에서 부동산을 압류하고 공매를 한다. 공매는 경매와 유사한 제도이지만 법원에서 진행하는 것이 아니라, 공매를 전담하는 곳이 따로 있다.

법원에서 실시하는 경매의 경우에는 경매 사실을 채무자에게 반드시 통지해야 하고, 채무자가 모르는 상태에서 진행된 경매는 무효사유가 된다. 그러나 공매 절차는 경매와 달리 공매 통지가 없는 경우에 위법한 것이 아니라고 한 판례가 있었기 때문에, 억울하게 공매처분이 되는 경우에 이를 해결할 방법이 없었다.

"체납자에게 적법한 공매 통지를 하지 아니한 채 공매처분을 한 경우에 위법이라고 볼 수 없다."는 대법원 판결이 처음으로 나온 것은 1971년경이다. 그 이유는 국가가 강제집행법 상의 압류채권자와 비슷한 지위에 서서 공매 사실 그 자체를 체납자에게 알려주는 데 불과하여 당연무효로 볼 수 없다는 것이었다.

국세징수법에서 체납자에 대한 공매 통지를 하도록 하는 규정을 두고 있음에도 이러한 절차를 지키지 않고 진행된 공매처분의 효력을 인정하는 기존의 판결은, 체납자의 권리를 보호하지 못하는 문제가 있었다. 공매는 체납자의 재산을 빼앗아 세금을 거두어들이는 중요한 처분이므로, 국세징수법이 정한 방법과 절차에 따라 진행되어야 하는 것이다.

특히 공매는 체납자의 재산을 강제 매각하는 데 목적이 있는 것이 아니고 밀린 세금을 받는 것이 목적이기 때문에, 공매할 때 체납자 등에게 공매 통지를 해야 세금부과나 압류가 적법한 것인지 이의를 제기할 기회를 줄 수 있다. 또한 체납한 세금을 납부하고 공매 절차를 중지 또는 취소시켜 소유권 또는 기타의 권리를 보존할 수 있는 기회를 갖도록 할 필요도 있다. 이러한 취지에서 최근 대법원에서는 **"체납자에게 통지를 하지 않은 공매의 매각 결정을 취소해야 한다."**는 판결을 하였다.

만약 공매 사실을 체납자에게 통보하지 못하고 있던 상태에서 공매가 진행되어 매각이 되고 소유권 이전등기가 마쳐진 경우에는 매각 결정이 위법한 것으로 취소되게 되고, 이전등기도 말소할 수 있게 되어 재산권을 찾을 수 있을 것이다.

이러한 경우 매각 결정에 의하여 이전등기까지 마친 사람은 예측하지 못한 손해를 보게 된다. 공매기관을 믿고 공매 절차에 입찰을 하고 대금도 모두 냈지만 나중에 다시 이전등기를 말소해 주어야 한다면 억울할 수도 있을 것이다. 그러나 이미 지급한 매각대금을 반환받을 수 있으므로 그 정도에서 욕심을 버리고 서운함을 달래야 할 것이다.

친양자 함부로 하지 마라(파양불가)

부부란 아무리 친해져도 언제든 '남남'이 될 수 있다. 성경에도 부모자식은 수족과 같은 존재이나 아내는 의복과 같은 존재라고 나와 있다. 수족은 함부로 잘라내기가 어렵지만 의복은 맘에 들지 않으면 얼마든지 갈아입을 수 있다는 말이다. 실제로 부모자식 사이의 관계를 끊는 일은 어렵지만, 파혼이나 이혼, 연인 사이의 이별 같은 것은 흔하다.

그런데 이러한 이별에는 경제, 인간적 고통이 따르게 된다. 성격 차이로 인한 부적응을 경험하게 되고, 인간적인 배신감을 느끼기도 한다. 이혼 이후에는 결혼해서 낳은 자식들에 대한 친권과 양육의 책임이 따르게 된다.

2008년부터 친양자 제도가 신설되었다. 단순한 입양의 경우에는 관계를 종결하는 파양이 비교적 쉽다. 서로 협의하고 파양을 하여 양자관계를 끝낼 수 있고, 재판을 통해서 파양을 하는 것도 가능하다.

하지만 친양자로 입양한 경우에는 파양이 쉽지 않다. 재혼하는 여자가 데리고 온 아들을 친자식처럼 키워주기로 하고 재혼을 한 남자가 있었다. 몇 년이 지나지 않아 혼인생활이 파탄이 나면서 이혼하게 되었다. 그런데 문제는 부부 사이의 관계를 끊는 것으로 끝나지 않았다.

재혼하면서 처의 요구대로 전남편과의 사이에 태어난 아이를 자신의 친자식처럼 친생자로 입양하여 성과 본을 바꿔놓은 것이 문제가 되었다. 절대 헤어지지 않기로 하고 전처의 자식도 친자식처럼 키워주겠다고 맹세했지만, 처와 이혼하게 된 이상 그 아들이 예쁠 리가 없다. 처와 이혼을 하였으므로 아들도 '파양'을 해서 친생자 입양관계를 끊어야겠다고 생각한 남편은 법원에 파양 청구를 하였다. 그러나 법원에서는 마음대로 파양을 할 수 없다고 판결하였다. 친생자로 입양한 경우 파양을 하려면 법에서 인정하는 파양 사유가 있어야 하는데, 그런 사유가 없다는 것이었다.

민법에서 정한 친양자의 파양 사유는 '양친이 친양자를 학대 또는 유기하거나 그 밖에 친양자의 복리를 현저히 해하는 때,' '친양자의 양친에 대한 패륜 행위로 인하여 친양자관계를 유지시킬 수 없게 된 때'밖에 없다.

이혼을 했다고 하더라도 친양자가 아버지를 패거나 칼로 찌르는 등 패륜 행위를 하지 않는 이상 파양은 불가능하다. **일반 입양은 협의 하에 파양할 수도 있지만 친양자는 협의하여 파양을 할 수 없다.** 친양자와 양친이 파양하자고 서로 합의하고 법원에 가서 파양을 신청해도 법원에서 파양을 인정해 줄 수 없다는 것이다.

그렇다면 이혼을 해서 부부는 남남이 되었지만 남이 된 처의 아들은 '남'이 될 수 없고 죽을 때까지 아들로 남아 있어야 한다는 결론이 된다. 이혼한 처는 상속권이 없지만 같이 살지 않아도 친아들로 남아 있게 된 아들은 재산도 상속받게 되는 자식의 지위를 가지게 된다.

재혼을 하는 것은 자유이다. 그러나 전처의 자식을 친양자로 입양하든 파양하든 모두 법원의 허가를 받아야 하고, 법원이 허가하지 않으면 친양자를 떼어 버릴 수도 없다는 것은 심각한 후유증이 될 수 있다.

제가 낳은 자식이 맘에 들지 않는다고 정을 떼고 '호적에서 파내는 것'은 불가능하다. 법원에 자식이 아닌 것으로 해달라고 부탁해도 들어주는 사람이 없다. 친자식이 패륜 행위를 하면 상속 결격자가 될 뿐 자식관계를 단절할 방법이 없다. 친양자가 먼저 부모를 죽이려 하는 등 패륜 행위를 하여 파양되지 않는 한, 그 고리를 끊을 수 없게 된다는 것을 명심해야 한다.

어묵 국물과 이혼 사유

부부싸움을 하고 서로 말도 안하고 냉각기가 시작되었다. 초등학생 아들이 엄마에게 말한다.

"엄마, 아빠랑 서로 안 맞는데 우리 땜에 사는 거지?"

또 다른 부부도 심하게 다투었다. 초등학생 딸이 집에 찾아온 시어머니에게 말했다.

"안 돼요, 틀렸어요. 둘은 안 돼요."

아이들은 과연 부모가 이혼하는 것을 어떻게 받아들일까?

남녀가 서로 사랑하면 '이 세상에서 제일 소중한 사람, 봐도 또 보고 싶은 사람, 자신보다 더 아껴주고 싶은 사람'이 배우자가 된다.

신혼부부도 마찬가지이다. '원하는 것은 뭐든지 해주는 사람, 보고 싶다고 전화하면 직장도 팽개치고 와 주는 사람'이 남편이다.

그러나 결혼해서 살다 보면 상대방에 대한 단점이 보이게 되고 불만이 쌓이게 된다. 일방이 이혼하자고 먼저 말을 꺼내서 상대방이 응하면 이혼이 되지만, 응하지 않으면 이혼 소송으로 진전된다. 이혼 소장을 받은 사람들 중에는 정말 황당한 이유로 다툰 경우가 많다.

젊은 여자가 이혼 소장을 제출하였다. 남편과 도저히 같이 살 수 없다고 결심한 계기는 어묵 국물 사건이었다. 두 부부가 식당에 갔는데 어묵 국물 맛이 이상했다. 여자가 식당 직원을 불러 어묵 국물이 상한 것 같다고 하면서 다시 가지고 오라고 했다. 그런데 남편이 심하게 화를 내면서 "이상하면 그냥 안 먹고 나가면 될 것이지, 왜 식당 종업원에게 무례하게 행동하느냐!"고 화를 냈다.

여자는 식당종업원보다도 못한 자신이 처량했다. 도저히 자존심이 상해서 견딜 수 없었고, 그후부터 남편과는 도저히 같이 살 수 없다는 생각을 하게 되었다. 그후 결국 두 부부는 직장 문제 등으로 별거를 하게 되었고, 주말에도 바쁘다는 핑계로 서로 만나지 않았다. 남편이 반소를 제기하였다. 오히려 여자가 문제가 많다는 것이다. 성격 차이, 성생활 소홀 등을 주장했다. 결국 두 사람은 이혼을 했다. 어묵 국물 자체가 이혼 사유는 아니지만 둘 사이를 벌려놓은 주범이 된 셈이다.

결혼 후 남편이 단순히 싫어졌다고 해서 그냥 이혼을 하자고 할 수는 없다. 결혼이 '장난'은 아니기 때문이다. 물론 이혼 사유 중 '기타 혼인을 지속하기 심히 어려운 경우(여섯 가지 중 여섯 번째 사유)'가 있기는 하다. 판례는 "부부 사이에 싸움을 해서 기분이 나빠 도저히 살 수 없다고 생각하는 경우, 다른 여자와 차 한잔을 마시거나 식사를 같이 한 정도, 나이트클럽에서 춤을 추다가 만난 남자를 만나 친하게 지내게 되고, 그 남자와 기차를 타고 동행한 경우 정도로는 이혼 사유가 되지 않는다."고 한 것이 있다. 배우자가 부정한 행위를 한 경우도 아니고, 혼인을 지속할 수 없을 정도로 서로의 문제가 있는 것도 아니기 때문이다.

시아버지가 술에 취해 며느리에게 친정으로 돌아가라며 폭언을 한 것은 단순한 실수일 수도 있고, 시어머니가 며느리에게 못 배웠다고 화를 낸 것도 홧김에 한 실수에 불과할 수 있어 이혼 사유가 될 수 없다고 한 것도 있다.

마라톤 연습도 회사 업무의 연속

회사에서 직속 상사의 권한이나 권위는 대단하다. 부하직원들이 회사의 행사나 회식에 참여하지 않고 일찍 집에 가거나 상사가 권하는 술을 마시지 않고 거절하는 경우, 상사들은 얼굴을 찌푸리게 된다. 회사 모임에 참석하지 않으면 회사에 대한 소속감이나 애사심, 동료에 대한 배려가 없는 이기적인 사람으로 낙인이 찍힐 수가 있기 때문에, 대다수의 회사 직원들은 의무적으로 이에 참석하게 된다.

지방 모 금융기관에서 지역의 마라톤 대회를 앞두고 직원들의 참가를 독려하면서, 참가를 희망하는 직원들에게 마라톤 연습을 하도록 시켰다. 그런데 마라톤 연습 도중 한 직원이 쓰러져 사망하였다. 과중한 업무와 스트레스도 사망의 원인이긴 하였으나, 직접적인 사인은 갑작스런 마라톤 연습으로 인한 기존 질환의 악화였다.

회사의 공장에서 일하다 다친 경우, 과로로 사망한 경우에는 업무상 재해로서 보상을 받을 수 있다. 그러나 회사 일과 관계없이 마라톤이 좋아서 연습을 하다가 다치거나 사망한 경우에는 보상을 받을 수 없다. 회사의 업무에 마라톤 연습은 없었을 것이고, 회사에서 지역 마라톤 대회의 참가를 적극 유도하였다고 하더라도 본인이 거절하면 그만이므로 마라톤 연습을 회사 업무의 연속이라고 볼 수 없다는 의견도 있을 수 있다.

이 사건에서 망인의 유족들은 회사를 상대로 업무상 재해로 인한 손해배상을 청구하였다. 누가 이겼을까? 대법원까지 가는 재판에서 결국 유족들이 승소하였고, 대법원은 업무상 재해가 된다고 판결하였다.

사망한 직원이 "자발적으로 참여한 것이 아니고, 회사의 업무 일환으로 마라톤 연습에 참가하였다."는 것이 그 이유였다. 부하직원으로써 직장 상사가 적극 요구하는 마라톤에 참여하기 위하여 마라톤 연습을 한 것은 거역하기 힘든 회사의 지시에 의한 것이므로, 이는 업무의 연속이라고 본 것이다.

회사의 회식 후 노래방에 가서 노래를 하는 경우는 어떨까? 회사의 단합을 위한 저녁 회식에 참여한 후 일부는 집에 가고, 나머지 직원들과 노래방에 갔다가 너무 술에 취한 나머지 노래방에서 나오면서 넘어져 사망한 경우 업무상 재해라고 본 판례가 있다. 전 직원이 아닌 일부의 직원들만이 노래방에 갔다고 하더라도 단순한 유흥을 위한 것만은 아니고, 직원들의 단합을 위한 목적도 있었기 때문에 회사 업무의 연속으로 본 것이다.

실종선고 받은 전남편이 돌아온 경우

실종된 남편이 5년 넘게 돌아오지 않는다는 이유로 법원으로부터 실종선고를 받고 재산을 상속받은 후, 이러한 사정을 모르는 남자와 재혼을 한 여자가 있었다. 그런데 얼마 후 전남편이 살아 돌아왔다. 이러한 경우 재혼은 어떠한 문제가 생길까?

실종선고를 받은 자는 실종기간(5년)이 만료한 때에 사망한 것으로 간주되고, 재산이 있는 경우에는 상속이 개시된다. 또한 혼인관계도 종료되므로 재혼도 할 수 있다. 그러나 실종선고를 받은 전남편이 살아서 돌아왔다면 실종선고는 취소되어야 한다. 실종선고가 취소되면 실종선고는 소급적으로 실효되어, 상속인에게 이전되었던 재산은 다시 전남편에게 복귀되고 배우자와의 부부라는 신분관계도 부활한다. 그렇게 되면 여자는 두 번 혼인을 한 격이 된다.

남편이 죽은 줄만 알고 결혼한 새로운 남편은 황당해진다. 법에 의하면 "실종선고 후 그 취소 전에 선의로 한 행위는 그 취소에 의하여 영향을 받지 않는다."고 한다. 즉, 남편이 생존해 있다는 것을 모르는 처가 실종선고를 받아서 다른 남자와 재혼하였다면 재혼은 그대로 유효하고, 따라서 전남편과의 부부관계는 회복되지 않는다. 다만 상속받은 재산은 현존하는 이익이 있다면 이를 돌려주어야 할 것이다. 재혼한 남편과의 혼인은 유효하므로 전남편은 더 이상 자신이 '법적 남편'이라고 주장할 수 없다.

물론, 전남편이 살아 있다는 것을 알면서 고의로 실종선고를 받았다면 상속받은 재산에 이자를 붙여서 돌려주어야 하고, 재혼은 중혼이 되어 취소 사유가 된다. 이 경우에는 처음의 혼인관계가 부활한다.

남편이 생존한 것을 알면서도 아무것도 모르는 남자와 재혼하여 새로운 살림을 차리고 애를 낳고 살고 있다면, 살아 돌아온 남편이 부인의 마음을 강제로 돌릴 수는 없을 것이다. 기존의 혼인만이 법적으로 유효하고 재혼은 중혼으로 취소할 수 있다고 하더라도, 새로 살림을 차리고 애를 나은 것 자체를 없었던 것으로 할 수는 없다.

여자가 전남편에게 가기를 거부하고 새 남편과 계속 가정을 꾸리고 살겠다고 한다면, 전남편으로써는 남편이 살아 있다는 것을 알면서도 고의로 실종선고를 받았다는 것을 입증하여야 한다. 중혼을 취소한 다음, 기존의 혼인에 대하여 이혼 소송을 제기하면서 배우자의 부정행위에 대하여 위자료까지 청구할 수 있다.

물론 고의성이 있다면 재혼한 남편에게도 위자료를 청구할 수 있지만, 이는 재혼한 남편이 허위 실종선고 사실을 알고 있었던 경우에만 가능하다. 재혼한 남자는 아무것도 모르고 혼인했을 가능성도 있기 때문이다.

알코올 중독과 처벌

우리는 건강과 행복을 위하여 건배 제의를 하고 술을 마시고 있다. "우리 모두의 행복과 건강을 위하여! 건배!"

알코올 중독자들은 몸이 알코올에 적응하여 간의 알코올 분해 능력이 보통 사람의 두 배에 이르게 되고, 혈관에 800mg의 알코올을 실을 수 있다고 한다. 이 양은 정상인이라면 치사량에 이를 만큼 많은 양이다. 과거의 알코올 중독자들 중에는 바르는 약, 연고, 에탄올을 마신 사람도 있을 정도로 알코올의 중독은 무서운 것이다. 극작가 세리든은 마실 알코올이 없자 90% 이상의 알코올을 함유한 향수를 마시기도 했다고 하고, 반 고흐는 붓 세척제를 마셨다고 한다.

알코올 중독자들은 창의력도 풍부해서 감시하는 부인의 눈을 피해 자기 방 꽃병에 술을 부어놓고 마신 경우도 있고, 오렌지 속에 주

사기로 보드카를 주입해서 먹은 경우도 있었다. 처가 차량의 키를 압수하자 잔디 깎는 기계를 몰고 술집으로 가서 술을 먹은 남편도 있고, 외출을 못하도록 옷을 모두 숨기자 부인의 임부복을 입고 술집으로 간 남편도 있다. 술 때문에 패가망신, 사망한 사람도 많다.

고대 로마시대부터 술에 취해 마차를 모는 것은 금지되었다. 각 나라마다 음주운전을 처벌하고 있는데, 그 기준은 다 다르다. 우리나라를 포함한 대부분의 나라가 0.05% 혈중 알코올 농도(소주 4~5잔 정도) 이상의 음주운전을 처벌하고 있다. 0.02% 알코올 농도 이상의 음주운전을 처벌하는 나라(스웨덴)도 있고, 0.06%나 0.1% 이상만 처벌하는 나라도 많다. 연구 결과에 의하면 0.01%-0.05%의 경우 교통사고 위험이 50% 증가하고, 0.06%는 두 배, 0.08%는 네 배, 0.1%는 일곱 배, 0.15%는 스물다섯 배로 증가한다고 한다.

행복과 건강을 위하여 마신 술자리의 종말은 어떤 모습일까? 몇 시간 후 그중 한 사람이 경찰서에서 조사를 받고 있다.

"왜 음주운전을 했습니까?",

"왜 상대방에게 소주병을 던졌습니까?"

단순한 음주의 경우에 몸에서는 도파민이라는 물질이 분비된다고 한다. 맛난 식사, 운동, 섹스, 음주를 할 때 신체에서 분비되는 이 물질은 쾌락을 느끼게 하는 것이다. 이것은 많다고 좋은 것은 아니다. 적당한 정도에서 "이제 그만!"이라는 명령을 받고 중단해야 한다. 그런데 알코올 중독자는 이러한 '정지 신호'를 주는 신경물질인 세로토닌이 잘 분비되지 않아서 계속 '달리게' 된다.

심야에 술에 취하여 귀가하다가 스스로 넘어져 다치거나 부딪쳐 사고를 당한 사람들도 많다. 그러나 스스로 술을 많이 마시는 것을 막거나, 술에 만취하여 넘어졌다고 이를 처벌하는 나라는 없는 것 같다. 아직까지 법은 스스로 망가지는 것까지 챙겨주지는 못하고 있는 것 같다.

약식명령에 대한 정식 재판 청구

형사사건 중에는 정식으로 형사재판을 받아야 하는 경우와 재판 절차 없이 벌금이 부과되는 경우가 있다. 재판 없이 벌금이 부과되는 것을 '약식명령 제도'라고 한다. 이 경우에는 검찰에서 벌금형을 정하여 법원에 약식명령을 신청한다. 법원에서 판사가 약식명령에 도장을 찍어 보내면, 7일 이내에 정식 재판 청구를 하지 않는 한 그대로 벌금형이 확정된다.

약식명령에 대하여 7일 이내에 정식 재판을 청구하게 되면 판사 앞에서 자신의 억울함을 밝힐 수 있는 재판을 받게 된다. 그러나 7일이 지나면 나중에 억울하다고 주장할 수 없게 된다. 정식 재판 청구를 하여 소송을 하다가 자신이 원하지 않으면 정식 재판 청구를 취하할 수 있다.

정식 재판 청구를 한 경우, 원래의 약식명령보다 형이 더 높아질 수 있을까? 아무리 죄질이 좋지 않아도 판사는 '불이익 변경 금지' 원칙 때문에 벌금형을 올리거나 구속할 수 없다. 검사도 약식명령을 청구한 이상, 나중에 피고인이 괘씸하다고 하여 다시 구속영장을 청구하거나 약식명령을 철회하고 징역형을 구형할 수 없다. 피해자가 피고인이 나쁜 사람이라고 진정서를 아무리 제출해도, 판사는 피해자를 위해 피고인에 대한 벌금을 올릴 수 없다.

간혹 약식명령에 대하여 정식 재판을 청구하여 자신의 억울함을 다투는 사건에서 증거조사 결과 피고인이 거짓말을 하고 있는 것이 드러나거나 죄질이 좋지 않다고 판단되는 경우가 있다. 이때 판사가 피고인이 괘씸하다는 이유로 구속할 수 있을까? 비록 벌금형을 선고할 경우라고 하더라도 도망할 염려가 있다거나 증거를 인멸할 염려가 있으면 구속할 수는 있을 것이다. 그러나 이러한 경우는 거의 없다. 정식 재판 청구를 취하하게 되면 바로 벌금형이 확정되므로 석방할 수밖에 없을 것이다.

약식명령 제도는 일단 피고인이 벌금형을 받아들이게 되면 나중에 더 큰 범죄가 드러나서 다시 처벌하고 싶어도 다시 처벌하지 못하게 되는 불합리한 경우도 생긴다. 판례 중에는 "남편이 아내의 간통 사실에 관한 자백을 받아내기 위하여 일정 기간 동안 주거지에서 아내를 감금하고 가혹 행위를 하여 상해를 가하고, 간통 사실에 관한 자술서를 쓰도록 강요한 경우 감금 기간 중에 있었던 폭행으로 인해 벌금형을 받았다면, 감금치상 및 강요죄는 벌금이 확정된 폭행죄와 범행 일시, 범행 장소, 범행 동기와 그 상대방이 동일하므로 감금치상 및 강요죄로 다시 처벌할 수 없다."고 한 것이 있다.

약식명령 제도는 약식으로 벌금형을 부과하는 편리한 제도이지만, 이로 인하여 이익을 보는 사람도 생길 수 있고 피해를 보는 사람도 생길 수 있다.

법정지 쇼핑

어느 법원에서 소송을 할 것인지 찾아가는 것을 영어로 'Forum Shopping'이라고 한다. 예를 들어, 서울에 사는 사람이 부산에 사는 채무자를 상대로 소송을 하려면 어느 법원에 소를 제기하는 것이 좋을까? 물론 서울에서 제기하는 것이 편리하다. 채무자는 부산에서 서울로 와야 하니 재판하기가 힘이 들 것이다.

일반적인 관할법원은 상대방의 주소지인데, 서울에 사는 채권자가 부산에 사는 채무자를 상대로 돈을 받기 위한 소를 제기할 경우에는 부산에서 재판하는 것이 불편할 수 있다. 민사소송법에는 "채무이행지의 법원도 관할권이 있다."고 규정하고 있는데, 대여금은 채무자가 채권자를 찾아가서 돈을 갚도록 되어 있어(지참채무) 채무이행지가 채권자의 주소지가 된다.

이혼의 소는 의무이행지가 어디일까? 이혼을 청구하는 사람이 채권자라고 하면 상대방이 채권자에게 와서 이혼에 응해야 한다고 볼 수도 있다. 그러나 이혼은 지참채무가 아니다.

이혼 사건은 부부 최후의 주소지 법원에 전속관할이 있고 원고의 주소지에는 관할권이 없다. 만약 남편이 큰 사고를 치고 부정행위를 한 다음 멀리 피신을 갔다면 부부 공동의 최후 주소지 또는 피고 주소지로 찾아가서 소를 제기해야 하는 번거로움이 있다. 이처럼 피고 주소지가 불편하면 부부의 최후 공통 주소지 법원에 소를 제기하면 된다.

법원을 고르는 것은 법 체계가 다른 나라나 주 사이에서 많이 문제가 된다. 미국 내에서는 각 주마다 법이 다르기 때문에 재판에 유리한 주에서 소송을 하는 경우가 많다.

도박의 도시 라스베이거스가 있는 네바다 주는 이혼에 대하여 파탄주의를 취하고 있어, 간통을 한 남편이 정상적으로 생활하는 부인을 상대로 이혼 소송을 제기하더라도 이혼판결을 해주고 있다. 그러나 '유책 배우자는 이혼을 할 수 없다'는 이혼법을 가진 주에서는 이러한 소송이 힘들 것이다.

관할법원은 서로 합의할 수 있다. 부산에 주소를 둔 계약자와 서울에 본사를 둔 건설회사 사이에 아파트 분양계약이 체결된 경우, 계약서 약관에 "본 계약에 관한 소송은 서울중앙지방법원으로 한다"고 기재되어 있다면 부산에서 서울로 와서 소송에 응하는 불편이 따르게 된다. 이러한 경우에는 뭔가 불합리하다. 약관규제에 관한 법률에는 "고객에 대하여 부당하게 불리한 소 제기 금지조항 또는 재판관할의 합의조항은 무효로 한다."고 규정하고 있는데, 위 약관은 고객에게 불리한 것이라고 볼 수 있다. **원거리의 경제적 약자는 제소, 응소에 따른 불편을 초래하기 때문에 부당한 관할합의는 약관의 규제에 관한 법률에 의하여 무효**라고 한 판례가 있다.

대한항공이 괌에서 추락한 사건이 발생한 후 손해배상 청구 사건이 한국법원에만 접수되지 않고 미국이나 인도에서 제기되었다. 그 이유는 나라마다 손해배상 액수가 큰 차이가 나기 때문이었다. 우리나라의 경우에는 지역이 달라도 판결은 동일한 법이 적용되기 때문에 관할법원은 당사자가 유리하거나 편리한 곳에 제기하려는 경향이 강하다.

상대방이 소장을 자신의 주소지에서 제출했다고 해서 무조건 그곳까지 가서 응소하는 불편함을 감수할 필요가 없다. 먼 곳의 법원에서 소가 제기되었다면 일단 관할권 여부를 따져보고, 본인의 주소지 법원으로 이송해 달라는 신청을 할 필요가 있다.

언론에 허위 제보를 한 사람의 책임

 최근 언론이나 인터넷에 자신의 사생활이 노출되는 사례가 많아지고 있다. 이러한 경우 지금까지는 언론사나 기자를 상대로 반론보도를 청구하고, 명예훼손으로 형사고소를 하거나 손해배상을 청구하는 방법으로 문제를 해결해 왔다. 그런데 최근에는 TV방송국에 허위 제보를 하고 인터뷰를 한 사람도 손해배상을 해야 하는지 문제가 된 사건이 있었다.

 방송사에서 "재벌인 000씨가 그린벨트 내에 불법으로 호화별장을 증축하였다. 게다가 농장을 거쳐서 밭으로 가야만 하는 마을주민들의 출입을 막고 있어 마을주민들의 원성을 사고 있다."는 내용으로 보도를 하면서 제보자가 운전하는 트럭이 철문을 통과하려고 하는데 별장 관리인이 문을 못 열어주겠다고 거절하는 장면을 보여주어 '별장에서 사유지 보호를 내세워 마을주민들이 농지에 출입하는 것을 막고 있다'는 것을 암시하고, 그 외 익명의 마을주민과의 인터뷰와 공중 촬영한 별장과 내부 수영장, 골프 연습 장면, 담당 공무원의 발언을 보도하면서 '별장이 불법 증축되었을 것'이라는 암시를 하고, 마을 공동의 저수지, 산책로의 출입을 막는 철조망과 문을 비춰주면서 "별장이 사유지 보호만을 내세워 마을주민의 공공재산의 사용을 방해하고 있고, 사유재산을 보호해야 한다는 재벌의 주장이 국민의 재산인 저수지와 등산로의 폐쇄까지 정당화될 수 있는지 의문"이라는 보도를 하였다.

그런데 실체를 알아보니, 제보자는 자신의 농지가 맹지인 것을 알면서도 매수하였던 사람이고, 별장을 통해 들어가야 하는 농지 주인은 제보자와 제보자가 매수한 땅의 전 소유자밖에 없었다. 별장에서는 법에서 인정되는 통행권을 모두 인정하고 그 이외의 필요한 협조도 다 해주었지만, 그 이상의 넓은 도로를 요구하는 것에 협조하지 않았던 것에 불과하였다.

원칙적으로는 언론사나 기자가 기사를 게재할 경우에 일방적인 제보자의 말만을 믿고 보도하여서는 아니되고, 공인이 아닌 이상 대상자의 신원이 드러나지 않도록 익명으로 보도해야 한다. 이름을 거명하지 않더라도 무슨 동에 있는 모 유치원의 김모 원장이라는 식으로 표시하는 것도 명예훼손이 될 수 있다. 제보자의 말만 듣고 '~라고 하더라'는 식의 보도를 해서도 아니되며, 반론에 대하여 가능한 확인 절차를 모두 취해야 된다. 언론사라고 해서 특정인을 비방할 목적으로 편파적인 기사를 쓸 특권이 있는 것은 아니기 때문이다.

허위 제보를 하였다고 하더라도 언론사에서 사실 확인을 확인하지 않았다면 언론사에서 책임을 져야 한다. 또한 그러한 단초를 제공한 허위 제보자도 역시 책임을 져야 한다.

앞서 본 사건에서 법원은 "허위 제보자에게 손해배상 책임이 있다."고 판결하였다. 즉, 언론사뿐만 아니라 **허위 사실을 적극적으로 제보하고 인터뷰한 사람도 명예훼손으로 인한 손해를 배상할 책임이 있음**을 명심하여야 할 것이다.

라식 수술의 부작용(의료과실)

  일반인들은 의사의 수술을 받고 부작용이 발생하였다고 하더라도 그것이 의사의 과실에 의한 것인지, 불가항력적인 것인지 판단하기 어렵다. 안과의사가 아니라면 라식 수술이 구체적으로 어떤 장점이 있는지, 어떤 부작용이 있는지 모른다. 라식 수술을 하면 후유증으로 진균성 각막염이 올 수 있는데, 어떤 사람이 라식 수술을 받은 후 이러한 후유증 증세가 와서 한쪽 눈을 실명한 사건이 있었다.

  그 사람은 라식 수술을 한 병원에서 수술을 잘못했다고 손해배상을 청구하였다.

  의사의 치료 과정에서 의료사고가 나는 경우는 크게 두 가지가 있다. 수술을 하면서 의사가 잘못하여 수술이 잘못된 경우와 수술은 제대로 하더라도 피할 수 없는 후유증이 나타난 경우다. 후유증은 의사의 잘못이 아니지만, 후유증이 예상됨에도 이를 설명해 주지 않아서 환자가 이를 예측하지 못하고 수술에 동의한 경우라면 의사의 '설명의무 위반'이라는 과실이 인정된다.

위 라식 수술의 경우에는 의사가 라식 수술을 받으려는 환자에게 라식 수술 전에 진균성 각막염 등이 라식 수술의 부작용으로 발생할 수 있다는 것을 설명해야 하는지가 문제가 된다.

위 사례에서는 환자가 라식 수술을 받기 위해 병원을 방문하여 수술을 위한 검사를 시행한 후 라식 수술을 받았으나, 15일 후 눈이 시리며 눈물이 나는 증상이 지속되었다. 환자는 다시 병원으로 가서 진찰을 받고 항생제 등의 처치를 받았지만 증상이 심해져 입원하게 되었고, 검사를 해도 진균이나 기타 세균이 배양되지 않고 상태가 호전되지 않았다. 환자의 한쪽 눈의 시력은 손가락을 흔드는 움직임을 감지할 수 있는 정도의 상태로써 사실상 실명상태가 되었는데, 그 이후 큰 병원으로 가서 검사한 결과 진균이 우안 각막염의 원인균인 것으로 판명되었다.

의사는 응급환자의 경우나 그 밖의 특별한 사정이 없는 한, 환자에게 수술로 인한 위험과 부작용 등을 설명함으로써 환자로 하여금 수술에 응할 것인가의 여부를 스스로 결정할 기회를 줄 의무가 있다. 위 라식 수술의 경우, 수술 후 안구건조증과 야간근시 등이 라식 수술로 발생할 수 있다는 점에 대해서는 설명하였지만, 수술로 인해 발생할 수 있는 각막염 및 세균 또는 진균 감염에 의한 각막염에 대하여는 어떠한 구체적인 설명을 하지 않았다.

법원은 "각막절편을 연마하는 라식 수술의 특성상 라식 수술 후 발생하는 각막염은 라식 수술에 전형적으로 수반되는 위험이라고 보아야 할 것이고, 특히 진균에 의한 각막염의 경우는 그 발견도 어렵고 치료도 매우 곤란할 뿐만 아니라 그 예후 또한 매우 불량하여, 라식 수술 여부를 결정하여야 하는 환자로서는 의학지식의 문외한으로써 이러한 위험에 관한 충분한 설명을 접한 후 치료 행위의 승낙 여부를 결정할 권리가 있다."고 판결하였다.

다만, 위 사건에서 법원은 라식 수술은 시력 교정을 위한 것이기는 하나 미용상의 목적을 일부 포함하고 있고, 환자 스스로가 수술을 원하여 병원을 먼저 찾아간 점, 증상 발현 후에 병원에서 신속하게 치료를 하는 등 최선의 노력을 하였으며 진균성 각막염의 발생 빈도가 매우 낮은 점 등을 감안하여, 의사가 진균성 각막염의 발생 가능성을 미처 예측하지 못하고 설명의 대상에서 제외하게 된 과실로 인한 위자료는 700만 원만 인정하였다.

영업양도의 채무승계

영업을 양도하면 빚도 같이 넘어가는 것일까? 영업 양도를 하고 상호를 완전히 바꾼 경우에는, 영업의 물적·인적 설비만을 매각한 것이므로 채무 승계가 되지 않는다. 영업을 양도하면 영업 관련된 직원, 물적 시설이 그대로 넘어가기 때문에 고용관계는 그대로 승계된다.

영업양도를 할 경우 양수인이 주의해야 할 점이 있다. **영업을 양도받은 후 기존의 상호를 계속 사용하면 기존의 영업채무를 떠안아야 할 위험이 있다.** 상법 제42조 제1항은 "상호를 계속 사용하는 경우 기존의 채무를 양수인이 갚아야 한다."고 규정하고 있다.

법에서 근거도 없이 책임을 지라고 할 리가 없다. 그렇다면 그 근거가 무엇일까?

첫 번째 근거는 외관의 보호이다. 같은 상호를 계속 사용한다면,

영업주가 이미 그 영업을 양도하여 영업주가 아님에도 불구하고, 여전히 같은 채무자가 영업주인 것으로 착각하고 빚 독촉을 게을리 할 염려가 있다. 영업양도는 양도인과 양수인 간의 문제이므로 제 3자인 채권자는 영업양도가 있었다는 사실조차 알 수 없기 때문에, 영업 양수인이 양도인의 상호를 그대로 사용하는 경우에는 영업주의 교체를 외관상으로 알지 못한 채권자를 보호하자는 것이다.

두 번째 근거는, 영업 양수인이 상호를 계속 사용하는 것은 영업 채무를 인수할 의사를 표시한 것으로 볼 수 있다는 것이다. 영업양도는 양수인에 대한 채무인수를 당연히 전제하는 것은 아니지만, 상호를 계속 사용하는 경우는 다르다. 상호를 계속 사용하는 영업 양수인은 양도인의 거래관계를 이용하고, 그 안에 들어가서 기존의 채무를 변제하겠다는 의사를 표시한 것을 볼 수 있다.

영업을 통해 얻은 신용은 매우 중요한 것이다. 오랜 기간 거래를 하면서 신용을 쌓게 되면 상호만 보고 물건의 품질을 믿는 사람들이 생기게 된다. 돈을 바로 주지 않아도 믿고 물건을 주기도 하고, 조금 비싸더라도 품질과 서비스가 좋은 거래처를 선호하게 된다.

상호는 상인의 이름과 같은 것이다. 주인이 바뀌었어도 영업을 양수받은 사람이 상호를 그대로 사용하게 되면, 거래의 상대방은 기존의 영업주가 계속 영업하는 것과 같이 느끼게 된다. 상법에서도 이와 같이 상호를 계속 사용하면서 외상 거래와 품질 보증을 받는 대신 빚도 승계하도록 하여 기존의 거래처를 보호하고자 하는 취지를 살린 것이 위 조문이다.

폐업신고와 업무방해

어떤 사람이 건물 소유자로부터 건물의 1, 2층을 임차하여 자신은 2층에서 직접 음악학원을 운영하고, 1층은 다른 사람에게 전대를 하여 미술학원을 운영하도록 하였다. 원래 임대차 계약에 의하면 건물의 전대가 금지되어 있었기 때문에 1층을 운영하는 미술학원을 동업하는 것처럼 형식적으로는 동업계약서를 작성하였으나 그 실질은 전대차인 계약이었다.

각자 1과 2층에서 학원을 운영하던 중 지하실의 사용 문제와 관련하여 분쟁이 발생하자, 임차인이 일방적으로 자신의 요구사항을 주장하다가 1층 미술학원이 자신의 통제를 받지 않는다면서 인천광역시 교육청에 '미술학원에 대한 폐원 신고를 하겠다'는 취지의 내용증명을 우편으로 보낸 뒤 교육청에 임의로 폐원 신고를 하였다.

그러자 1층 미술학원의 운영자가 위 사람을 상대로 '위계에 의한 업무방해'라고 하면서 고소를 하였다. 이 경우 상대방의 동의를 받지 않고 한 폐업신고는 형법상 무슨 죄에 해당될까?

형법상 업무방해죄는 위계 또는 위력으로써 사람의 업무를 방해한 경우에 성립하는 것이다. 여기서의 '위계'라 함은 행위자의 행위목적을 달성하기 위하여 상대방에게 오인·착각 또는 부지를 일으키게 하여 이를 이용하는 것을 말하고, '위력'이라 함은 사람의 자유의사를 제압·혼란케 할 만한 일체의 세력으로, 유형적이든 무형적이든 묻지 아니하므로 폭행·협박은 물론, 사회적·경제적·정치적지위와 권세에 의한 압박 등도 이에 포함된다.

자신의 명의로 등록되어 있는 피해자 운영의 학원에 대하여 피해자의 승낙을 받지 아니하고 폐원 신고를 하였다고 하더라도, 피해자에게 사전에 통고를 한 뒤 폐원 신고를 하였다면 피해자에게 오인·착각 또는 부지를 일으켜 이를 이용하여 피해자의 업무를 방해한 것으로 보기는 어렵다. 그러나 위의 경우처럼 피해자가 운영하고 있는 학원이 자신의 명의로 등록되어 있는 지위를 이용하여 임의로 폐원 신고를 한 것은 피해자의 업무를 위력으로써 방해한 것이라고 볼 수 있다.

위 사건에서 임차인은 위력에 의한 업무방해죄로 처벌을 받았다.

이외에도 법원에서는 "시장 번영회의 결의에 의해 특정 회원의 점포에서 영업을 못하도록 단전조치를 한 경우도 위력에 의한 업무방해에 해당한다."고 판결하였다. 위계에 의한 업무방해에는 시험문제 누설 또는 대리시험이나 금품수수로 입학하거나 시키는 경우, 허위학력과 경력을 기재한 이력서를 제출하여 회사에 입사하는 경우 등이 해당된다.

용의자(Suspect) 줄 세우기

범죄를 저지르고 도망간 경우, 용의자로 체포된 사람이 진짜 범인이라고 기소하려면 증거가 있어야 한다. 특히 용의자가 범죄 사실을 부인하고 있는 경우에는 더욱 그렇다.

수사기관은 통상 '목격자가 진술한 범인의 인상착의'에 기초하여 용의자를 찾아내고, 이를 목격자에게 확인받는다. 목격자는 초동 수사단계에서 수사관에게 자신이 목격한 범인의 인상착의를 진술한다. 그러면 수사관은 그 인상착의에 부합하는 가장 그럴 듯한 용의자(suspect)의 사진을 찾아내거나 몽타주 등을 만들어서 목격자로 하여금 보게 하고, 목격자가 기억하고 있는 범인과 그 용의자가 일치하는지 여부를 묻게 된다.

그런데 이때 수사기관이 용의자를 한 사람만 제시하여 목격자로 하여금 동일성 여부를 판정하도록 하면, 목격자에게 '수사기관은

이 용의자를 범인으로 지목하고 있구나' 하는 암시를 주어 무조건 용의자로 지목할 위험성이 대단히 높아진다.

1970년대 미국과 영국의 사회심리학자와 인지심리학자들이 목격자들의 범인 지목이 정확한지의 여부를 실험한 결과, 실패 확률이 40~50%에 달하였다. 최근에는 DNA 검사 방법의 발전으로 오판의 존재를 증명할 수 있게 되었는데, 실증적 분석 결과 오판을 초래한 가장 큰 원인이 목격자가 범인을 잘못 지목한 데에서 비롯되었음이 밝혀졌다. 미국과 영국에서는 범인 식별의 실패 확률을 높이기 위하여 '줄세우기(line up)' 기술을 개발하였다.

몇 년 전 부산에서 아홉 살 된 여자아이를 강간한 용의자에 대하여 무죄판결이 내려진 사건이 있었다. 당시 강간범이 체포된 사람과 동일인이라는 유일한 증거는 피고인을 범인으로 지목한 아홉 살 여자아이의 진술이었다. 위 사건에서 탐문 수사를 하던 경찰은 사건 발생 후 20일 정도가 지난 후 관내 성폭력 우범자 총 47명의 주민등록 화상사진을 보여주자, 피해자가 그중 한 명이 범인과 아주 많이 닮았다고 하였다. 이에 경찰은 용의자를 체포하여 범행을 추궁하였으나, 용의자는 범행을 부인하였다.

경찰은 용의자의 모습을 동영상으로 촬영하여 피해자에게 보여주자, 피해자가 범인이 맞다고 하였다. 경찰에서는 그런 상태에서 피고인을 포함하여 평복을 입은 세 명을 의자에 동시에 앉히고 특수유리를 통해 범인 여부를 확인하게 하자, 피해자는 피고인을 범인으로 다시 지목하였다.

이것은 줄 세우기 원칙을 완전히 무시한 것이었다. 이때 라인 업기술이 사용하지 않았기 때문에 통계상 오판의 가능성이 40~50% 이상이라고 볼 수 있다. 법원은 이런 방법을 사용하지 않은 용의자 식별 방법이 잘못되었음을 인정하고, 피해자가 범인으로 지목한 것을 믿을 수 없다고 판결하였다.

무효인 근저당권의 유용

근저당권을 설정하고 돈을 빌려주면, 나중에 돈을 변제하지 않더라도 저당권에 기한 임의경매 신청을 하여 채권의 회수를 우선적으로 할 수 있고, 부동산의 가액과 채권 최고액의 한도에서는 우선적으로 채권을 변제받을 수 있으므로 채무자가 돈을 갚지 않을 것이라는 걱정을 하지 않아도 된다.

돈을 빌려줄 때 근저당권을 새로 설정하려고 하니 가압류가 많아서, 이미 설정되어 있는 1순위의 근저당권을 이전받고 돈을 빌려주는 경우도 있을 수 있다. 근저당권을 새로 설정할 때는 채권도 사야하고 등록세도 내야 하기 때문에, 이미 설정된 근저당권을 양도받는 것이 비용도 적게 든다. 이 경우에 무조건 안심할 수 있을까? 1순위 근저당권을 넘겨받았으니 채권 회수에 문제가 없다고 마음 놓고 있었는데, 갑자기 후순위 가압류권자가 근저당권 말소의 소를 제기한 사건이 있었다.

1998년경에 설정된 1순위 근저당권이 5억 원이 있었고, 그 뒤 2005
년경 7억 원의 가압류가 있었다. 그런데 1순위 근저당권자가 2006년
경 A에서 B로 변경되었다면 B는 무조건 가압류보다 우선하는 1순
위 근저당권이라고 주장할 수 있을까?

채권이 모두 변제되었음에도 근저당권을 말소하지 않고 있다가
다시 돈을 빌려주면서 근저당권을 이용하는 것을 '무효인 근저당권
의 유용'이라고 한다. 근저당권은 담보한 채권과 분리하여 다른 사
람에게 양도할 수 없고 다른 채권의 담보로 할 수도 없기 때문에, 원
래 근저당권의 피담보 채무와 분리되어 다른 채권자의 채권을 담보
하기 위하여 이전등기된 것도 무효가 된다.

무효인 근저당권을 유용하고자 하는 경우, 피해 보는 사람이 없
다면 굳이 근저당권을 말소하고 다시 등기하는 번거로움을 감수
할 필요는 없을 것이다. 그래서 무효인 근저당권의 효력을 살리고
이를 이용하여 돈을 빌려주는 경우, 법원도 그 효력을 인정해 주고
있다.

하지만 후순위 근저당권자, 가압류권자가 있는 경우에는 문제가
다르다. 선순위 채무가 모두 변제되어 아무런 피담보 채무가 없는
근저당권 등기가 남아 있기는 하지만, **후순위 근저당권와 가압류권**

자는 무효인 근저당권에도 불구하고 경매 시 최우선 순위로 배당을 받을 수 있다. 그런데 갑자기 새로운 담보권자가 무효인 근저당권의 효력을 살리고 다시 돈을 빌려주었다고 주장하여 1순위 근저당권의 효력을 인정해 주게 되면, 후순위 근저당권자나 가압류권자는 예측하지 못한 손해를 보게 된다. 그래서 **무효인 근저당권 등기의 유용은 후순위 권리자가 없을 때에만 유효하다.**

오래된 근저당권은 피담보채무의 소멸시효가 완성되었을 수도 있고, 채무가 모두 변제되었을 가능성도 있다. 이러한 근저당권은 무효가 된 것이므로 채무자가 가지고 근저당권을 이전해 준다고 해서 무조건 돈을 빌려주면 안 되고, 후순위 권리자가 있는지 반드시 살펴보고 돈을 빌려주어야 나중에 낭패를 보지 않는다.

매매계약에서의 착오

　매매계약을 체결한 후 토지를 잘못 샀다고 후회하면서 찾아오는 사람들이 있다. 땅을 살 때 미리미리 알아보고 사야 하는데, 소개하는 사람의 말만 믿고 확인할 것을 제대로 알아보지 않고 가격만 흥정하여 계약을 했다가 나중에 땅에 문제가 있음을 뒤늦게 발견하는 것이다.

　토지에 주택을 신축할 계획이었는데, 매수할 당시에 소개하는 사람이 토지 중 20～30평 미만의 토지만이 도로로 편입될 것이라 하여 그렇게 알고 매수하였는데, 계약금을 치룬 후 실제로는 토지 전체 면적의 약 절반 가량이 도로로 편입될 것이라는 사실을 알게 되었다. 남은 토지만으로는 매매계약 당시 예상한 주택을 지을 수 없게 되었다면, 이를 이유로 매매계약을 취소할 수 있을까?

　매매계약을 체결하려는 사람은 미리 토지가 어떻게 생겼고, 앞으로 어떠한 제한이 따를 것인지를 알아볼 책임이 있다. 매수인이 개인적으로 생각한 매수 동기에 착오가 있다고 하더라도 이를 이유로 매매계약을 취소할 수는 없다. 그러나 이러한 **매수 동기를 상대방도 알고 있고, 그 동기가 매매계약의 중요 부분의 착오에 해당하는 경우라면 매매계약을 취소할 수 있다.**

위 사건에서처럼 매수인이 주택을 신축할 것이라는 계획이 매도인과 매수인 사이에 매매계약의 내용으로 표시되거나 거래의 전제조건이 되었고, 일반인이라도 매수인의 입장에서 이 사건 토지 중 전체 면적의 약 절반이 분할되어 도로로 편입되는 것을 알았다면 토지를 매수하지 아니하였으리라는 사정이 엿보이는 경우에는, 매수인은 매매계약을 체결함에 있어 그 내용의 중요 부분에 관한 착오가 있었다고 보아야 할 것이고, 이를 이유로 매매계약을 취소할 수 있다.

다만 매수인이 그 편입 부분을 쉽게 알 수 있었음에도 이를 제대로 확인하지 아니한 경우라면, 이는 매수인의 중대한 과실로 인한 착오이므로 이를 취소할 수 없다. 매수인은 정육점을 운영하는 사람으로 도로 편입에 대하여 자세히 알아보지 않았던 일에 대하여 법원은 "토지에 대하여 전문가가 아니라면 중개인들의 말만 믿고 자세히 알아보지 않는 경우도 있으므로, 매수인이 착오에 빠지게 된 것이 중대한 과실에 기인한 것이라고 볼 수 없다."고 판결하였다.

원인 불명의 화재와 임차인의 책임

법원에 재직할 때 일이다. 임차인이 집주인을 상대로 보증금 1천만 원을 돌려달라는 소장을 냈더니 집주인은 오히려 임차인 때문에 손해를 입었다고 주장하면서 6천만 원의 손해배상 청구를 반소로 제기하였다. 건물 임대 중 임차인의 관리 소홀로 건물에 화재가 났기 때문에 임차인이 손해를 배상하여야 한다는 것이었다. 집주인은 임차인이 보증금 반환 청구를 포기하면 손해배상을 청구하지 않겠지만, 계속 보증금 반환을 요구하면 손해액 전부를 받아야 한다고 주장했다. 화재 원인을 조사한 경찰은 원인불명이라는 결론을 내렸다.

공작물에 대한 하자의 존재에 관한 입증책임은 피해자에게 있으나, 일단 점유물의 관리 상 하자가 인정되는 이상 그 하자가 불가항력에 의한 것이거나 손해의 방지에 필요한 주의를 게을리하지 아니하였다는 점을 주장·입증하여야 비로소 그 책임을 면할 수 있다.

임차인이 평소 조금만 주의를 기울이면 알 수 있었을 화재의 발생 위험이 있었다면 임차인이 조치를 취하지 않은 책임을 져야 한다. 임차 건물에서 불이 난 경우, 화재의 원인이 공작물의 대한 관리 상의 하자에 기인한 것인지 알 수 없는 경우가 있다.

판례는 "다른 집은 멀쩡한데 한 집의 지붕만이 날아갔다면 이는 건물의 하자가 있는 것으로 추정된다."고 한 것이 있고, 화재의 원인을 알 수 없는 경우 "화재의 확대방지조치를 취하지 않아 옆집으로 불이 옮겨 붙었다면 건물의 설치, 보존 상의 하자가 있다."고 한 것이 있다.

화재의 원인 중 많은 것이 전기 누전이다. 전기배선의 이상으로 화재가 발생한 경우에는 누구의 책임일까? 발화 부위인 전기배선이 건물의 내부에 있어 임차인이 이를 알 수 없었다면 임차인은 책임이 없고, 하자를 유지·관리할 책임이 있는 임대인에게 책임이 있다고 보아야 한다. 옆 건물의 화재로 인하여 불이 옮겨 붙어 화재가 발생한 경우에도 임차인이 책임을 지지 않아도 된다.

위 사건에서는 화재의 원인을 알 수 없었기 때문에 점유자가 어떤 책임이 있는지 밝히기가 어려운 사건이었다.

어쨌든 소실된 건물 가격이 6천만 원이었는데 보증금은 고작 1천만 원밖에 되지 않으므로 임차인으로써는 건물의 하자로 인한 것인지, 아니면 자신의 관리 소홀로 화재가 난 것인지 재판에서 장시간 다투어야 하는 상황이 되자 보증금 반환 청구를 포기하고 말았다.

위 사건의 경우, 만약 건물의 하자로 불이 났다면 임차인이 입은 손해를 오히려 건물 주인이 배상해 주어야 한다. **집주인은 건물을 사용할 수 없을 만큼 하자가 있다거나 대규모의 수선이 필요한 경우에는 보수해 줄 의무가 있지만, 벽지 교체나 깨진 창문의 수선, 문틈의 수선과 같은 사소한 수선은 임차인의 책임이므로 사고의 원인이 무엇인지를 우선 밝혀야 한다.**

연탄가스 중독의 경우, 방문 틈이 벌어진 것과 같은 하자는 임차인이 통상의 수리를 하여야 하는 것이므로 임대인은 책임이 없다고 한 사례가 있고, 방바닥이 여러 군데 틈이 나 있고 임차인도 두 번이나 가스 때문에 죽을 뻔했으니 고쳐 달라고 하는 요구를 했으나 임대인이 묵살한 경우 임대인의 책임을 인정한 판결이 있다.

계약서에서 제일 무서운 것 (위약벌)

임대차 기간 만료 시 임차인이 건물을 임대인에게 명도하지 않으면 '매월 월세의 열 배를 위약금으로 배상한다'고 약정하거나 일정한 계약 조건을 위반할 경우 '10억 원의 위약금을 배상하여야 한다'고 약정한 경우, 계약이 종료되었는데 건물을 명도하지 못하거나 계약 내용을 위반였다면 위 약정금액 전체를 배상해 주어야 할까?

계약을 체결할 때 위약금을 미리 정하는 이유는 두 가지다.

첫째는, 약속을 반드시 이행하도록 부담을 지우기 위한 것이다. 즉 채무자가 약속을 지키지 않으면 미리 정해 놓은 위약금을 물어야 한다는 심리적 압박을 가할 수 있다.

둘째는, 채무자의 계약 불이행 시 손해배상 예정금을 미리 정해 놓고, 나중에 채무불이행이 발생하였을 때 손해배상액을 둘러싼 분쟁 없이 간편하게 손해배상을 받기 위한 것이다.

위약금 약정이 위 두 가지 중 어디에 해당하는지 명확하지 않은 경우가 많다. 첫 번째 목적으로 위약금 약정을 하는 경우를 '위약벌'이라고 하고, 둘째의 목적으로 위약금을 정하는 경우를 '손해배상액의 예정'이라고 구별한다.

두 가지 약정의 가장 큰 차이점은 감액이 허용되느냐의 여부이다. 민법 제398조 제3항은 "손해배상의 예정액이 부당히 과다한 경우에는 법원이 적당한 금액으로 감액할 수 있다."고 규정하고 있다. 이는 손해배상액의 예정에 대하여만 적용되고 위약벌에 대하여는 적용될 수 없기 때문에, 위약벌 약정이냐 손해배상액 예정의 약정이냐는 소송에서 매우 중요한 쟁점이 된다.

민법 제398조 제4항은 "위약금 약정은 손해배상액의 예정으로 추정한다."고 규정하고 있다. 위약금 약정이 위 두 가지 중 어디에 해당하는지 명확하지 않은 경우, 위 규정에 따라 손해배상액 예정으로 추정된다. 판례 중에는 계약서에 "을이 계약을 위반할 경우에는 금 2억 원을 위약벌로 지급한다."고 썼더라도 위약금으로 인정한 것들이 많다.

위약벌을 둘러싼 분쟁을 예방하기 위하여는 **위약벌이라고 계약서에 기재하는 것만으로는 부족하고, 위약벌로 한 이유를 분명히 기재하는 것이 좋다.** 그런데 곰곰이 생각해 보면, 위약금을 손해배상액의 예정과 위약벌로 엄밀하게 구별하여 이분법적으로 해결하려는 것 자체가 이상하다. 어느 쪽인지 굳이 따지지 않아도 문제를 해결할 수 있기 때문이다.

최근 대법원은 "위약금이 손해배상액 예정과 위약벌의 성질을 함께 가진다."고 판결한 것도 있다. 전기공급 계약을 하면서 계약종별 외의 용도로 전기를 사용하면 그로 인한 전기요금 면탈금액의 두 배에 해당하는 위약금을 부과한다는 약정에 대하여, "전기요금 면탈금액에 해당하는 금액은 손해배상을 정한 것이고, 면탈금액을 초과하는 부분은 손해배상액과는 무관한 것이므로 위약벌로 볼 수 있다."고 한 것이다.

등기부 상 소유자가 가짜일 경우

국가에서 운영하는 법원등기소에서 발급하는 등기부를 믿고 부동산을 매수하더라도 100% 확실하거나 안전한 거래가 아니다. 우리나라 법은 등기부를 믿고 샀다고 해도 100% 보호받는 것이 아니다. 법원에서 소유자라고 기재한 등기부등본을 발급받았다고 하더라도 그 **등기가 원인무효인 경우에는 등기부 상의 소유자로부터 매수해도 소유권을 취득하지 못한다.**

8년 전에 조상의 산소를 쓰려고 수천만 원의 돈을 주고 임야를 사 놓았는데 갑자기 법원에서 이전등기 말소 청구의 소송이 제기된 사례가 있다. 말소 청구를 한 사람은, 자신들의 조부가 원래 소유자였는데 누군가 특별조치법으로 부당하게 보존등기를 한 후 처분한 것이므로, 현재 등기는 원인무효의 등기라고 주장하였다. 임야를 살 때 등기부 상의 소유자로부터 매수하였다고 하더라도 소유자의 등기가 무효라면 그 이후의 등기도 모두 말소되어야 한다. 이러한 경우에는 소유권을 취득할 수 없으므로 재산을 잃을 우려가 있다.

다만, 민법에서는 소유자라고 주장하는 사람들이 오랜 기간 동안 권리 주장을 하지 않았을 경우, 등기부를 믿고 산 사람을 보호해 주는 제도가 있다. **등기부 상의 소유자로부터 매수한 후 10년이 지나면 소유권을 취득할 수 있다.** 이를 '등기부 취득시효'라고 한다. 10년의 등기부 취득시효 기간이 지나지 않은 경우에는 등기를 말소해 주어야 하고, 매도인으로부터 매매대금을 반환받거나 매도인을 사기죄로 고소할 수 있을 뿐이다.

왜 우리 법은 법원에서 발급하는 등기부를 믿고 부동산을 매수한 사람을 보호해 주지 않는 것일까? 외국에서는 등기부의 공신력을 인정하여 등기부를 믿고 산 사람이 소유권을 취득하도록 하는 경우도 있다.

그러나 만약 부동산에 관한 서류를 위조하여 법원에 이전등기 신청을 하고 등기공무원이 속아서 이전등기를 마쳐준 경우 유효한 등기로 처리한다면, 원래의 부동산 소유자는 영문도 모른 채 자신의 재산을 잃어버리는 불상사가 생길 수 있다. 이러한 경우 원래의 소유자도 보호해 주어야 할 필요성이 매우 크기 때문에, 매수인의 손해를 감수하고 원래 소유자에게 소유권이 환원되도록 해야 한다.

그러나 비교적 가격이 싼 유체 동산의 경우에는 다르다. 우리 법은 **"동산의 경우, 점유자를 소유자라고 믿고 매수한 경우 선의취득을 인정하여 소유권을 취득한다."**고 규정하고 있다. 동산은 점유하고 다니면서 거래하기 때문에 거래의 안전을 우선하여 보호하는 것이다. 다만 훔친 물건과 같은 장물은 소유자에게 돌려주어야 한다.

스키장의 교통사고(?)

스키 시즌이 시작되면 강원도 영동지방에 있는 오크밸리 스키장, 둔내 웰리힐리, 면온의 휘닉스파크, 용평의 용평, 알펜시아, 정선의 하이원 리조트 등으로 스키, 스노우 보드를 타기 위해 가는 차들이 줄을 잇고 있는 것을 보게 된다.

늦은 나이에 뒤늦게 스노우 보드를 배우기 시작하였다. 스노우 보드를 타다가 엉덩방아를 찧으면서 넘어진 적이 있었는데, 정말 엉덩이가 두 쪽이 나는 줄 알았다. 그전에 스키를 광적으로 좋아할 때는 직활강을 하다가 앞으로 넘어지면서 눈꺼풀이 뒤집어질 정도로 얼굴이 눈 속에 처박힌 적도 있었다. 이렇게 자신의 실수로 넘어진 경우에는 누구에게도 책임을 물을 수 없다.

1997년 겨울, 한창 성수기이던 미국의 스키장에서 일주일 간격으로 두 건의 사망 사고가 일어났다. 유명한 정치인이었던 로버트 케

네디의 아들과, 가수이자 상원의원으로 활동하던 소니 보노가 스키를 타던 중 나무에 머리를 부딪쳐 사망하였다.

이와 같은 사고가 난 경우, 스키장은 어떤 책임이 있을까? 우리나라에서도 스키장의 상급자용 슬로프에서 활강을 하다 미끄러지면서 슬로프 안전망 지지대에 부딪혀 다리가 부러진 사람이 스키장을 상대로 손해배상 청구를 한 적이 있는데, 법원은 상급자용 코스에서 빠르게 활강하다 속도를 이기지 못한 것일 뿐이므로 스키장은 책임이 없다고 판결한 것이 있다. 그러나 중상급자용 코스 결빙 지점에서 넘어진 뒤 안전펜스에 부딪혀 중상을 입은 사람에게는 스키장이 책임이 있다고 한 것이 있다. 다만 이 경우, 스키 초보자가 실력에 맞지 않는 상급자 코스를 선택하고 속도를 낸 과실이 50% 정도 있다고 하였다.

스키 실력에 맞지 않게 상급자 코스에서 활강하다가 추락한 경우에는 70% 이상 과실을 인정한 것도 있다. 스키를 타다 넘어진 상태에서 뒤에서 오던 사람에게 들이받혀 사망한 사건에서는 "슬로프 중간에서 넘어진 뒤 신속히 일어나 안전한 곳으로 이동하지 않은 과실이 30% 이상 된다."고 하였다.

스키어들끼리 부딪히는 경우에는 가해자에게 손해배상을 청구할 수 있다. 사고를 냈을 때에는 상대방이 혹시 자해공갈단이 아닌지 주의해야 한다. 자해공갈단은 고의로 초보자나 여자, 혼자서 스키를 타는 사람을 대상으로 갑자기 앞으로 끼어들어 넘어지면서 사고를 유발시키고 험악하게 생긴 일행들이 다가와 '당신이 잘못했다'며 분위기를 잡은 후 진단서를 끊어 고액의 손해배상을 요구한다. 이때에는 스키장의 패트롤도 간섭하지 않으려고 하므로 현장을 보존하고 자신의 과실이 없다는 것이 밝혀질 때까지 버텨야 한다. 자신도 진단서를 끊어서 상대방에게 손해배상을 청구할 수 있다는 사실을 분명하게 밝히는 것이 좋다.

스키 타면서 헬멧을 착용하지 않는 경우가 많다. 스키는 야구, 아이스하키, 자전거 선수에 비하여 더 안전한 운동이라고 할 수 없다. 스키어의 머리만 더 단단한 것도 아니다. 미국의 뉴저지 주에서는 스키어의 헬멧 의무 착용 문제가 주 의회에 법안으로 상정되기도 하였다. 그러나 헬멧을 쓴 스키어가 머리를 더 많이 다쳤다는 통계도 있다. 헬멧은 40km/h 이하의 충격에는 효과가 있지만, 활강속도가 그 이상인 경우에는 오히려 목뼈 부위에 더 큰 충격을 주어 사망사고로 이어질 수도 있다고 한다. 스키도 차량 운전과 같이 안전운전이 최고이다.

음주운전 후 취침 중 단속된 경우

　형사단독 판사로 재직할 때 있었던 일이다. 한밤중에 도로 한가운데 차가 서 있고 차 안에서 술에 취한 사람이 양말을 벗고 조수석에 앉아서 자고 있었다. 지나가던 사람이 신고를 해서 경찰이 출동했다. 경찰은 그 사람에게 음주운전의 혐의가 있다고 인정하고 혈중알코올농도를 측정하기 위하여 음주측정을 요구했다. 그러나 그는 자신은 음주운전한 사실이 없다고 극구 결백을 주장하였고, 결국 음주측정에도 응하지 않았다.

　음주측정 거부로 벌금의 약식명령을 받은 그 사람은 정식 재판을 청구했다. 경찰은 꽤나 괘씸하게 본 모양이다. 증거로 제출한 수사기록에는 측정을 거부하는 오만한 자세와 술에 취한 게슴츠레한 눈, 흐트러진 복장 등을 클로즈 업한 선명한 컬러 사진이 첨부되어 있었다. 그 사람의 주장은, 차가 세워진 장소까지 대리운전을 하고 갔는데, 대리운전자가 자신을 버리고 가버렸다는 것이다. 왜 대리운전자가 집까지 데려다 주지 않고 그냥 갔는지 물었더니, 자신이 술주정을 하면서 대리운전비를 주지 않자 대리운전자가 화가 나서 차를 길 한가운데 세워놓고 가버렸고, 그런 상태에서 자기는 차 안의 조수석에서 양말을 벗고 코를 골면서 잠을 잤다는 것이다. 음주운전을 목격한 사람도 없었지만, 대리운전을 했다는 증거도 없었다.

음주운전을 하다가 교통사고가 나자 차를 놔두고 도망간 사건에서 친구가 그곳까지 대신 운전해 주었다고 주장한 사건도 있었다. 증인으로 나온 친구가 경찰관이 차량을 옮겨 놓은 것을 모르고, 그곳까지 자신이 운전해 주었다고 우기다가 대신 운전했다는 거짓말이 들통 난 경우도 있었다.

어쨌든 대리운전자가 운전하였다면 아무리 화가 났어도 차량을 길 한복판에 세워놓고 갈 이유가 없었으므로, 음주운전을 한 것으로 충분히 의심 가는 상황이었다.

이 사건에서는 실제 음주운전을 했는지는 알 수 없지만, 대리운전을 했다고 하면서도 대리운전에 대한 증거를 전혀 제시하지 못했기 때문에, 당시 상황에 비추어 음주운전을 하였다고 인정할 만한 충분한 이유가 있었다고 판단하고 유죄판결을 하였다.

그 이후에 그 사람은 억울하다고 하면서 항소를 하였다. 얼마 지나지 않아서 항소를 취하하여 그 판결이 확정되었지만, 끝까지 갔다면 결론이 어떻게 나왔을지 궁금한 사건이었다. 정말 그 사람의 말이 사실이었다면 무죄를 선고했어야 하는 사건이었다.

최근에도 이에 유사한 사안에서 무죄판결을 했다는 기사를 몇 번 본 적이 있다. 그런 기사를 볼 때마다 아직도 그 피고인이 생각난다. 아직도 자신의 말을 믿지 않았던 판사를 원망하고 있는 것은 아닌지 모르겠다.

퇴근 중 교통사고와 산재보상

회사에서 제공하는 통근버스를 타고 가다가 교통사고를 당했다면 업무상 재해가 인정되어 보상을 받을 수 있다. 그러나 회사에서 제공하는 버스가 아닌, 일반 대중교통 수단을 이용하여 출근하는 경우에는 업무상 재해로 인정받기가 어렵다.

업무상 재해는 사업주의 지배·관리 하에 업무를 수행하다가 사고를 당한 경우를 의미하기 때문에, 출근 중이거나 퇴근 중에 사고를 당하면 업무를 수행하던 중에 사고를 당했다고 볼 수 없기 때문이다.

퇴근 후 회식을 하고 노래방에 갔다가 사고를 당한 경우에 업무상 재해에 해당되는지 다투게 되는 경우가 많다. 개인적으로 퇴근후에 노래방에 갔다가 사고를 당하였다면 업무상 재해에 해당되지 않지만, 판례 중에는 출퇴근 중 교통사고나 퇴근 후 노래방에서 놀다가 사고를 당한 경우 업무상 재해로 본 것들이 많다.

회사의 바이어 접대를 겸한 직원 회식에 참석하여 과음하여 만취 상태에 이른 근로자가 귀가하던 중 지하철 승강장에서 달리는 지하철에 머리를 부딪쳐 부상을 당한 경우, 회사의 송년회를 겸한 회식에 참석한 근로자가 2차 회식장소인 노래방에서 사업주가 계산을 마치고 귀가한 후 동료를 찾기 위해 노래방 밖으로 나갔다가 노래방 앞 도로에 쓰러져 뒷머리를 다쳐 사망한 경우, 회사의 긴요한 업무상 필요 때문에 심야까지 근무한 후 대중교통 수단을 이용하기 어려워 승용차를 이용하여 퇴근하다가 교통사고로 사망한 경우에도 업무상 재해에 해당한다고 한 판례가 있다.

똑같은 출퇴근 중의 사고임에도 어떤 경우에는 업무상 재해로 보고, 어떤 경우에는 관련이 없다고 한 이유가 무엇일까?

업무를 위하여 야근을 하다가 심야에 퇴근하는 것은 과중한 업무 때문이다. 이때에는 회사의 통근버스가 없기 때문에 개인적인 승용차를 이용할 수밖에 없다. 회사에서 제공하는 통근버스를 타고 퇴근하는 것과 퇴근 방법과 경로가 다르더라도, 다른 선택의 여지가 없는 경우에는 사업주인 회사의 객관적 지배·관리 아래 있는 통근버스로 퇴근하다가 사고를 당한 것과 같이 보는 것이다. 또한 노래방에서 나온 후에 넘어져 사고를 당했다고 하더라도, 회사 업무를 위하여 회식을 하거나 술을 마시고 직원들의 단합을 위하여 노래방에 같이 간 것이라면 그 이후의 사고는 이러한 회식·음주와 관련이 있기 때문에 업무상의 재해로 볼 수 있는 것이다.

퇴근 중 사고의 경우, 업무상 재해로 인정받는 경우에도 언제까지 퇴근으로 보는지 문제가 된다. 법원에서는 주택의 출입문을 통과한 시점을 퇴근 종료로 보고 있다. 아파트의 경우에는 공동현관을 들어오는 순간 퇴근이 종료되므로, 아파트 공동현관을 들어가서 현관문까지 가기 전에 공동 계단을 통해 올라가다가 넘어진 사건에서는 퇴근이 종료되었다고 판결한 것이 있다.

〈인생추적자 이재구〉라는 드라마가 있었다. 주인공인 노무사 이재구가 나와 이름이 같아 유난히 인상이 깊었던 드라마였다. 회사에서 과로를 시켜 사망하였음에도 회사에서 이를 숨기고 싼값에 위로금 조금 주고 합의를 하려고 하였지만, 이를 파헤쳐 정당한 인생값을 찾아주는 노무사의 활약을 그린 것이었다.

업무와 관련하여 피로가 누적되어 사망하거나 지병이 악화되는 경우에는, 퇴근 이후에 일어난 사고도 업무상 재해로 본다. 이러한 경우에는 회사에서 숨기려고 하거나 인정하지 않으려는 경우가 많기 때문에 재판으로 가는 경우가 많다.

일반음식점에서의 끈 팬티,
브래지어만 착용한 여종업원

최근에 각종 음식점이나 유흥업소가 생겨나면서 신종의 방법을 동원한 사업이 많이 등장하고 있다. 대구의 한 일반음식점 허가를 낸 업소가 '섹시바'라는 상호를 걸고 끈 팬티와 브래지어만 착용한 여종업원을 고용하여 손님들에게 술과 안주를 서빙하였는데, 행정청에서 이는 풍기문란 행위에 해당한다고 보아 영업정지 처분을 한 사건이 있었다.

아프리카의 다큐멘터리를 보면 옷을 입지 않고 살아가는 종족들도 많고 신체의 중요부위만을 잎이나 열매 통으로 가리고 다니는 종족도 있다. 이런 장면을 보면 성적 흥분이 느껴질까? 아직도 미개한 사람들이 많이 있다고 생각할 뿐 성적인 흥분을 느끼지는 않을 것이다. 장소와 시대에 따라서 보는 사람의 생각도 달라진다.

풍기문란 행위인지 아닌지는 우리나라의 사회풍습과 일반적인 사람들의 생각을 기준으로 판단하여야 한다. 우리 사회에서 끈 팬티나 브래지어만을 착용하고 일반음식점에서 서빙하는 것을 어떻게 받아들일까?

단순한 생활풍습이나 건전한 도덕관념에 비추어 새로운 서빙방법으로써 문제가 없다고 생각하는 사람들도 물론 있을 것이다. 실제 업소 사장은 행정소송을 통해 억울하다고 주장하였다. 식품위생법에서는 일반음식점의 접객업자가 준수하여야 할 사항으로 업소 내 도박 행위 기타 사행 행위나 풍기문란 행위를 방지하도록 되어 있고, 종업원의 이러한 행위도 조장하거나 묵인하지 않도록 규정하고 있다.

풍기문란이라는 것은 시대나 장소, 개인적인 생각의 차이에 따라 그 평가가 크게 달라질 수 있는 것인데, 업소에 룸이나 칸막이도 없고, 종업원들이 손님들에게 흥을 돋우는 행위를 한 적도 없으므로, 이상할 것도 없고 풍기문란과도 관계가 없다는 것이 그 이유였다.

법원에서는 이는 풍기문란 행위에 해당한다고 판결하고 영업정지 처분이 적법하다고 판결했다. "일반음식점 영업은 유흥종사자를 두거나 노래를 부를 수 있는 업소가 아님에도 손님을 끌기 위하여 혼동을 주는 상호를 사용하고, 끈 팬티와 브래지어만 착용한 채

서빙을 하게 한 것은 일반인의 단순한 도의관념을 넘어 음란하거나 외설적인 행위에 이른 경우에 해당한다."고 본 것이다.

일부 급진적은 분들은 너무 흥분하지 말고 기다리자. 앞으로 먼 훗날 이러한 행위가 일반적인 건전한 사회의 도덕관념에 비추어 보아도 아무렇지 않게 느껴지는 날이 올 수도 있다. 그때에는 이러한 행위를 풍기문란이라고 보아 영업정지를 할 수는 없을 것이다. 법이란 현실에 관한 것이고, 다른 세상이나 지역에서 행해지는 것이 아니다. 현재 우리가 살고 있는 지금을 규율하는 것에 불과하다.

처가 남편 이름으로 돈을 빌린 경우 남편의 책임

어떤 여자가 자신의 남편이 아파트에 당첨되었는데 계약금과 중도금이 부족하다면서 돈을 수차례 빌려달라고 하여 4천만 원 정도를 빌려주었다. 그 여자는 남편 이름으로 된 차용증을 써 주고 돈을 빌려갔는데, 나중에 돈을 갚지 않아서 남편에게 돈을 달라고 하였더니 남편은 자신은 모르는 일이라고 하면서 처에게 알아서 받으라고 하였다.

부인이 남편의 위임을 받지 않고 임의로 돈을 빌려 아파트 분양대금을 낸 경우에 남편에게도 위 돈을 갚을 책임이 있는 것일까?

민법 제827조 제1항에 의하면 "부부는 일상의 가사에 관하여 서로 대리권이 있다."고 하여 이른바 일상가사대리권을 규정하고 있고, 민법 제832조에 의하면 "부부의 일방이 일상의 가사에 관하여

제3자와 법률 행위를 한 때에는 이로 인한 채무에 대하여 다른 일방은 연대책임이 있다."고 규정하고 있다.

다만 일상가사대리권은 부부가 공동체로서 가정생활을 하면서 상시 행하여지는 행위에 한하는 것이므로, 위와 같이 아파트 분양대금을 납부하기 위하여 타인으로부터 금전을 차용하는 행위는 이에 속한다고 할 수 있는지가 문제된다. 위 사건은 실제 부산에서 있었던 일이다. 부산의 고등법원에서는 일상가사에 해당하지 않는다고 하여 남편은 책임이 없다고 판결하였는데, 대법원은 이를 파기하고 남편도 책임을 져야 한다고 판결하였다.

금전차용의 경우, 그 금액과 차용 목적, 실제의 지출 용도, 기타의 사정 등을 고려하여 그것이 부부의 공동생활에 필요한 자금 조달을 목적으로 하는 것이라면 일상가사에 속한다고 보아야 할 것이고, 아파트 구입비용 명목으로 차용한 경우 남편 명의로 분양받은 아파트(45평형)가 당시 부부의 유일한 부동산으로써 가족들이 거주하고 있다면, 아파트 분양대금을 납입하기 위하여 금전을 차용하는 것은 일상가사에 해당한다고 보아야 한다는 것이다.

보통 가족의 의식주에 관한 사무나 가족의 보건·오락·교제에 관한 사무, 자녀의 양육과 교육에 관한 사무 등은 일상가사에 속한다고 보고 있지만, 금전 차용 행위나 재산(부동산)을 처분하고 담보로 제공하는 행위를 일상가사로 보지 않고 있다. 그러나 금전 차용이 가사생활에 필요하고, 또 그것이 현실적 가정생활의 형태에 상당한 정도의 것이라면, 이를 의류 등 일용품을 구입하는 행위와 달리 취급해야 할 이유가 없기 때문에, 목적에 비추어 가족 공동생활의 유지를 위하여 필요한 경우였다면 이를 일상가사로 볼 수 있는 것이다.

임차인을 내보내기 위한 제소 전 화해

　상가 건물의 임대차 계약은 월세 미납, 명도 거부 등의 문제가 발생하는 경우가 많다. 효과적인 임대건물의 관리를 위하여 '제소 전 화해' 제도를 이용하는 경우가 있다. 개인들은 이러한 제도를 잘 이용하지 않지만, 대기업이니 상가 건물을 관리하는 회사들은 임대기간이 종료되거나 임차료를 연체하였음에도 건물을 명도하지 않는 임차인들을 쉽게 내보내기 위하여 위 제도를 이용하고 있다.

　공증 제도를 이용하는 것은 어떨까? 건물주와 세입자가 임대관련 합의 내용을 공증하는 것을 '사서증서에 의한 인증'이라고 한다. '인증'은 그 증서의 성립과 내용에 관한 증거력만 가진다. 어음이나 금전의 대여금에 대하여 작성되는 공정증서는 채무의 불이행을 이유로 재판 없이 집행문을 부여받아 강제집행을 할 수 있지만, 임대차 관련 공증은 강제집행을 할 수는 없다. 그런 합의가 있다는 것을 확인해 주는 증거력만 가지게 된다.

반면 '제소 전 화해'는 이해 당사자들이 법원에 화해 신청을 하여 권리관계에 대한 합의를 확인받고, 그 합의 내용이 기재된 화해 조서가 작성되는 것인데, 이는 판결과 동일한 효력이 생긴다.

인증과 제소 전 화해 조서의 차이는, 강제집행을 할 수 있느냐 없느냐에 있다.

이런 이유로 임대차계약 체결과 동시에 제소 전 화해 조서를 만들어 놓는 편법이 사용되고 있다. 원래는 서로 다툼이 있을 경우에 제소 전 화해를 할 수 있는 것인데, 아무런 분쟁도 없이 임대차 종료 이후에 강제집행을 위한 목적으로 미리 제소 전 화해를 하는 것을 법원이 받아주어서는 안 된다는 의견도 있다.

제소 전 화해가 완벽해 보이지만 문제도 있다. 제소 전 화해 조서에 기재된 임차인이 무단으로 제3자에게 점유를 넘긴 경우에 강제집행할 수 있을까? 만약 제소 전 화해 조서의 효력이 당사자 사이에서만 효력이 있다면, 나중에 건물을 넘겨받은 사람에 대하여는 효력이 승계되지 않는다.

판례는 "제소 전 화해의 내용이 임대차 계약과 같이 채권적 청구권일 경우에 점유 승계인에게 제소 전 화해의 효력이 승계되지 않고, 소유권에 기한 명도 청구와 같은 물권적 청구권일 경우에는 승계된다."고 보고 있다. 그래서 실제 임대차계약을 체결하였다고 하더라도 제소 전 화해의 원인을 임차권을 빼고 소유권에 기한 명도를 청구로 바꾸기도 한다.

또한 집행이 늦어지는 경우, 손해를 배상받거나 명도 이행을 압박하기 위하여 그냥 '건물을 명도하라'는 단순한 내용 이외에 '일정 금액을 위약금으로 지급하라'는 내용을 넣기도 한다.

간통할 경우 재산을 모두 포기한다는 각서의 효력

어떤 부인이 이혼 사건을 상담하러 왔다. 눈물을 흘리면서 그동안의 고통을 털어놓다가 주섬주섬 가방을 뒤지더니 각서를 한 장 꺼내놓았다. 남편이 쓴 각서인데, 철자도 틀리고 글씨도 엉망이었다.

"앞으로는 술을 절대 마시지 않겠음. 00와도 절대 연락하거나 만나지 않겠음. 또 이런 일이 발생할 경우에는 재산 모두를 00엄마가 가져도 아무 이의 없음. 모든 권리를 포기함. 남편 000"

상담하는 부인은 "이러한 각서가 효력이 있나요?" 라고 물었다.

부부 사이에 작성되는 각서는 수도 없이 보았다.

"절대 외박을 하지 않겠다."

"앞으로 절대 욕을 하거나 폭행을 행사하지 않겠다. 만약 이를 어기면 사람도 아님(개임). 형사처벌도 달게 받겠음." 등 황당한 것도 있다.

이러한 각서의 약속을 지키지 않았을 때 어떻게 될까?

부부 사이의 약속 불이행죄는 형법에 없으니 다른 죄에 해당되는지 따져봐야 할 것이고, 민사상의 손해배상 문제나 재산분할의 문제가 발생하게 된다.

이러한 각서 중 재산에 대한 내용이 포함되는 경우에는 법적인 문제가 생길 수 있다. 나중에 이혼을 하게 될 경우 각서대로 모든 재산을 처에게 넘겨주어야 하는 것일까?

각서를 작성했다고 하더라도 막상 이혼 소송이 진행되면 남편은, 처와의 불화를 피하고자 작성하여 준 것일 뿐이고 이혼을 전제로 작성해 준 것은 아니라고 항변한다.

이러한 경우 각서에 이혼에 관한 언급이 없고, 위 각서 작성 이후에도 부부생활이 계속되다가 몇 년이 지난 후에 비로소 이혼 얘기가 나왔다면, 각서는 이혼을 전제로 한 것이 아니므로 이혼에 따른 재산분할의 합의라고 볼 수 없다. **재산분할의 합의각서는 이혼 이후에 작성되거나 이혼을 전제로 작성된 경우에만 유효**하고, 그렇지 않다면 효력이 없다는 것이 판례이다.

이혼을 전제로 하지 않는 각서는 이혼 소송에서 재산분할 액수를 정할 때 참작이 될 수 있을 뿐이다.

이혼 경력의 말소

　강간죄로 구속된 이의 처가 애기를 업고 사무실에 와서 남편이 술 먹고 실수한 것 같다며 눈물을 흘렸다. 그런데 시어머니가 사무실로 전화해서 며느리에게 수사기록을 보여주면 문제가 생기니 가능하면 아들의 수사기록이나 전과기록을 보여주지 말라고 했다. 그 아들은 결혼 전에 혼인빙자간음죄로 처벌받은 것도 있고 이혼한 전력이 있어, 며느리가 알면 더 실망할까 걱정한 것이었다.

　호적제도가 폐지되기 전에는 호적부를 떼어 보면 결혼 상대자가 이혼녀 또는 이혼남인지 알아볼 수 있었다. 현재에는 혼인관계증명서를 떼어 보면 결혼 경력이 나타난다. 그러나 실제 결혼하면서 상대방의 신상을 캐는 것은 상대방의 기분을 상하게 할 수 있기 때문에, 대부분의 사람들은 상대방의 말을 믿고 더 이상 확인하지 않는다. 그러다 보니 상대방의 말이 호적부가 되는 셈이다.

결혼한 후에 숨겼던 상대방의 과거 전력을 알게 되면 충격을 받게 된다. 그러나 이미 결혼해서 애를 낳고 살고 있기 때문에 결혼을 취소하기에는 너무 늦은 것이다. 결혼한 후 남편이 자신이 전에 다른 여자와 결혼했었다는 것을 고백하는 경우, 또는 결혼 후 처가 자신이 전에 혼인신고를 했다가 이혼하거나 사별했다고 고백하는 경우, 이미 결혼식도 혼인신고도 했고 자식까지 낳았는데 어쩌란 말인가. 결혼 전이나 후에 성심성의껏 상대방에 대하여 최선을 다하였다면 앞으로 잘하길 기대하는 수밖에 없을 것이다.

물론 이런 사실을 알게 되면, 참지 못하고 기망당했음을 이유로 혼인을 취소하거나 이혼하려는 경우도 있다. 실제 이혼 사유가 된다고 한 판결도 많다.

이러한 이혼은 일방의 기망으로 인한 것이므로 상대방은 아무런 잘못이 없는 경우가 많다. 그럼에도 이혼한 전력이 꼬리표처럼 따라다니게 된다면 오해를 많이 받을 수 있다. 이러한 불미스러운 전력을 말소하는 방법이 있다면 괜한 오해를 받을 일도 없을 것이다.

호적이 폐지되기 전에 호적은 호주와 가족의 신분관계를 공시하는 유일한 공문서라는 이유로, 일단 호적에 이혼 사유가 기재된 이상 자녀교육, 사회생활에 지장이 있다는 이유만으로는 그 기재사항을 말소할 수 없었다. 그렇지만 호적을 옮기는 경우에는 혼인에 관하여 효력이 있는 내용만 옮겨 기재하게 되어 있었으므로, 원적에 있는 이혼 기록이 옮겨지지 않을 수 있었다.

현재 시행되고 있는 가족관계증명서에는 현재의 배우자만 표시되므로 이혼 전력은 나타나지 않는다. 과거에는 아무런 이유 없이 모든 경우에 이혼 경력이 들어가 있는 호적등본을 발급받아서 제출해야 했지만, 이제는 그럴 염려가 많이 없어졌다. 물론 **혼인관계증명서에는 혼인 및 이혼에 관한 사항이 들어가게 되지만**, 이러한 서류는 반드시 필요한 경우에만 제출을 요구하기 때문에 비밀 보장이 더욱 확실해졌다.

남의 사생활에 대한 간섭

　사람의 사생활에 관련된 것을 공개적인 장소에서 이야기하는 것은 원칙적으로 명예훼손죄에 해당한다. 그러나 국민의 알 권리와 다양한 사상, 의견의 교환을 보장하는 언론의 자유도 마찬가지로 보호되어야 한다.

　어떤 사람의 행위를 공익을 위한 목적으로 이야기한 경우, 말한 사람에게 상대방을 비방하려는 명예훼손의 목적이 없고, 공익을 위한다는 의도가 있었다면 정당화될 수 있다.

　사생활의 보호와 관련하여 과거에 앤 랜더스라는 미국의 상담사가 쓴 글을 영자신문에서 읽었던 기억이 난다. 어떤 사람이 이웃집에 사는 여자가 외간 남자를 낮에 집으로 끌어들여 불륜행위를 하는 것을 보고, 이것을 이웃집 여자의 남편에게 알려야 하는지 고민하던 끝에 앤 랜더스 여사에게 편지를 보냈다. 자신이 어떻게 하면

좋겠는지 의견을 달라고 하자, 앤 랜더스 여사는 '마욥(MYOB)'이라는 말로 간단히 답변하였다.

영어 표현 'MYOB(Mind Your Own Business)' 또는 'Non of Your Business'는 '너 자신의 일에만 신경 써라', '그 일은 너의 일이 아니다'라는 뜻이다. 다시 말하면, 너의 일이 아닌 다른 사람의 일에는 간섭해서도 안 되고 할 필요도 없다는 뜻이다. 개인의 사생활은 존중되어야 하고, 제3자가 나서서 개인사나 가정사에 간섭하지 않는 것이 정말 필요하다는 것이다.

다만, 누구나 알아야 할 공직자나 정치가, 연예인과 같이 일정 부분 사생활을 포기하기로 각오한 사람은, 국민의 알 권리와 공익의 요청에 의하여 평범한 사람들에 비하여 어느 정도 사생활 노출을 감수해야 한다. 1억 이상의 연봉을 받는 어떤 교회 목사의 기사를 쓰면서 연봉이 지나치게 많다는 취지로 기사를 게재한 신문사의 행위는 정당하다는 취지의 하급심 판결도 이러한 국민의 알 권리, 비방의 목적을 고려한 것이다.

성형외과에서 수술을 받고 잘못된 환자가 피해 사실을 올리면서 병원 이름, 의사 이름, 잘못된 사진 등을 올리면 명예훼손이 문제가 된다. 그러나 이때 개인적인 감정을 표현하지 않고 순수하게 공익적인 의도, 즉 개인적인 문제가 아니라 누구든지 알아야 할 심각한 문제가 있는 병원으로 인해 더 이상의 피해자가 발생하지 않도록 하겠다는 목적이 있었다면 무죄이다.

몇 해 전 오진을 하고도 진료비를 돌려주지 않는 동물병원을 "오진하고도 사과할 줄 모르는 사람"이라고 인터넷 애견카페 회원들에게 공개하고 의견을 물은 사안에서 무죄를 선고한 사건이 있었다. 대법원은 "동물병원에 대한 정보를 구하는 다수 인터넷 사용자들의 의사 결정에 도움이 되는 정보를 제공한 행위로, 공공의 이익을 위한 것이어서 부수적으로 다른 목적이나 동기가 내포됐더라도 비방할 목적이 있었다고 보기는 어렵다."고 판시했다.

정말 공유하고 싶은 정보로서의 가치가 있고, 동일한 내용의 피해자가 생길 우려가 있다면, 객관적으로 사실을 전달하고 알리는 데 중점을 두어야 한다.

가정을 버린 처가 남편 재산을 상속받을 수 있을까?

가출한 처가 다른 남자와 바람이 나서 집에 돌아오지 않고 아기도 돌보지 않아 시부모가 돌보고 있었는데, 갑자기 교통사고로 남편이 사망하였다. 이러한 경우, 처와 자식들이 보험금과 재산을 상속받게 된다. 아기가 미성년자라면 친권자인 처가 나타나 모든 재산에 대한 권리를 주장할 수 있다.

이러한 일이 자주는 아니지만 심심치 않게 일어나고 있다.

처가 가출한 이유가 단순히 가정을 버린 것일 수도 있고, 자식들에 대한 양육 책임을 포기한 경우도 있을 수 있다. 손주들을 키우면서 어렵게 살고 있었는데, 아들이 사망하여 보험금이 나오는 상황이었다. 그때 소식이 없던 며느리가 연락을 받고 나타났다. 손주들도 며느리가 친권자가 되기 때문에 이들에 대한 재산상속이나 보상금을 관리하게 된다. 며느리가 가출한 후 손주들을 키우고 있던 시부모들은 아들이 죽은 것도 억울한데, 가출했던 며느리가 갑자기 나타나 손주들의 보험금을 수령해 가고 자식은 돌보지 않는 억울한 경우를 당하게 된다.

민법에는 상속을 못 받는 사유를 정해 놓고 있다. 민법 제1004조에 의하면 **고의로 직계존속·남편 등을 살해한 경우, 사기 또는 기망의 수단으로 유언을 하게 하거나 유언을 철회시킨 경우, 유언서를 위조·변조·은닉한 경우 등에는 상속권을 박탈**하게 되어 있다. 민법에는 처가 불륜을 저지른 경우나 자식을 키우는 것을 소홀히 한 경우, 가출한 경우를 상속 결격으로 규정하고 있지 않기 때문에 상속을 받는 데 아무런 문제가 없다.

이러한 문제를 미리 피하기 위한 방법은 이혼을 서둘러 하는 것이다. 미리미리 유언을 하거나 증여를 하여 가출한 처에게 상속이 되지 않도록 하는 방법, 사망보험의 경우 수익자를 처나 미성년의 자녀가 아닌 다른 사람으로 정해 놓는 방법밖에 없다.

불의의 사고를 당한 경우에는 이러한 준비를 할 수 없을 것이므로 재산 상속이 이루어진다. 만약 처가 자녀를 버리고 간 경우에 미성년 자녀들의 보상금을 받아 임의로 소비할 염려가 있다면, 시부모 등이 **법원에 엄마로서의 친권상실 선고를 해줄 것을 청구할 수**

있다.

비행을 저지른 친권자를 대신하여 다른 사람이 친권행사를 하거나 후견을 하는 것이 자녀들의 복리를 위하여 낫다고 생각되는 경우, 법원은 엄마로서의 친권을 박탈하는 결정을 할 수 있다. 그러나 단순히 불륜을 저질렀다는 사유만으로는 자식에 대한 친권박탈 사유가 되기 곤란할 것이고, 자녀의 양육과 보호에 큰 문제점이 있는 경우라야 가능하다.

역사 속으로 사라진 간통죄

   간통죄에 대하여 헌법재판소에서 위헌 결정을 내리던 날 '콘돔 회사의 주가가 15% 올랐다'는 기사가 난 적이 있다.

   간통죄에 대하여 위헌 결정이 난 것은, "혼인과 가정의 유지는 당사자의 자유로운 의지와 애정에 맡겨야지 형벌을 통하여 타율적으로 강제될 수 없고, 배우자가 아닌 남자와 여자의 만남을 국가와 형법이 나서서 처벌을 하지 않겠다."는 것일 뿐이다.

   "현재 간통으로 처벌되는 비율이 매우 낮고, 간통 행위에 대한 사회적 비난 역시 상당한 수준으로 낮아져 간통죄는 행위규제규범으로써 기능을 잃어가고, 형사정책상 일반예방 및 특별예방의 효과를 거두기도 어렵게 되었으며, 간통 행위자 및 상간자를 형사처벌하도록 규정한 것은 개인의 성적 자기결정권을 과도하게 제한하는 국가 형벌권의 과잉행사로서 헌법에 위반된다."는 것이 폐지 이유였다.

우리나라는 이혼을 할 때 유책주의를 택하고 있어 잘못을 한 배우자가 먼저 이혼하자고 제안할 수 없었다. 예를 들어 부정행위를 한 부인이 남편에게 발각되자 "그래요, 나 좋아하는 사람이 생겼어요."라고 인정했다고 하더라도 먼저 이혼하자고 할 수 없었다.

간통죄가 폐지된 후 이러한 유책주의가 파탄주의로 변경될 것인지 문제가 되었는데, 대법원에서는 6:7의 비율로 파탄주의를 받아들이지 않았다. 부부 중 일방의 마음이 바뀌었다면 혼인관계를 더 이상 지속할 수 없는 것이 현실이다.

잘못한 배우자에게 응징하기 위하여 이혼에 응하지 않는 것은 도덕과 윤리의 문제이지 혼인을 국가가 강제할 근거가 될 수 없지만, 대법원은 유책 배우자의 상대방을 보호할 입법적인 조치가 마련되어 있지 않은 현 단계에서 파탄주의를 취하면, 유책 배우자의 행복을 위해 상대방이 일방적으로 희생될 것을 우려하였다.

사실상 마음이 떠난 유책 배우자가 마음에도 없는 혼인생활을 계속해야 하는지도 문제가 될 수 있다. 유책주의 하에서도 실제 혼인생활에는 관심이 없으면서 오로지 상대방을 괴롭힐 의도로 이혼에 응하지 않는 경우에는, 유책 배우자도 이혼할 수 있다는 것이 판례이다.

실제로는 유책 배우자라도 진솔한 마음과 충분한 보상으로 상대방을 설득해서 이혼할 수 있고, 실제로는 2/3 이상이 협의이혼의 방법으로 이혼하고 있으므로 유책 배우자가 무조건 이혼을 하지 못하는 것은 아니라고 한다.

강간죄의 폭행, 협박

형법은 폭행이나 협박으로 여자의 반항을 억압한 후 성관계를 하면 강간죄로 처벌하고 있다. 폭행이나 협박은 피해자가 항거하기 현저히 곤란한 상태에 이르러야 한다.

미국에서 나온 통계를 보면, 평소 알고 지내는 사람들 사이의 강간(acquaintance rape)이 전체 강간의 90% 이상이라고 한다. 또한 이러한 강간은 실제 형사 사건화되는 경우가 아주 드물어서 약 80~90%는 드러나지 않는다고 한다. 피해자도 창피하여 문제 삼기를 원치 않기 때문에, 고소를 하지 않고 혼자 고통을 감수하므로 더욱 사건화되지 않는다.

서로 잘 아는 사람들 사이의 강간은 사건화가 되더라도 서로 좋아서 한 것인지, 아니면 강제로 성관계를 한 강간죄에 해당되는지 문제가 된다.

강간죄는 여자의 성적 자기 결정권을 침해하는 것이다. 원치 않는 성관계를 강제로 하게 되면 강간죄가 된다. 많은 강간죄 사건에서 피고인들은 상대방도 좋아서 같이 했기 때문에 강간이 아니고 화간이라고 주장한다. 화간은 서로 좋아서 하는 성관계를 말한다. 남자들은 여자가 '노(No)'라고 말해도 진심은 그렇지 않은데 체면상 "싫어요"라고 말할 뿐 몸은 자신을 받아들이고 있다고 착각한다.

여자가 '노(No)'라고 말을 하면 그 자체로 여자는 성적 관계를 원하지 않는 것이므로, 남자가 마음대로 판단하여 강제로 성관계를 하게 되면 여자의 성적 자기 결정권을 침해한 것이 되어 강간죄가 성립된다. 남자는 여자가 실제로는 반항하지 않고 순순히 성관계를 했기 때문에 화간이라고 주장할 수 있다. 그러나 여자로서는 마땅히 도망갈 방법이 없을 수도 있고, 그 순간을 모면하기 위하여 어쩔 수 없이 성관계에 응하는 경우가 대부분이다.

혼인 외 성관계를 폭로하겠다는 것 때문에 만나서 성관계를 가진 경우는 어떨까?

사례 중에 옛 애인과 1회 성관계를 가졌는데 그후 '모텔로 들어가는 모습과 모텔 방 호수를 사진으로 찍었다'고 하면서 협박하는 사람의 요구에 따라 성관계를 한 사건이 있었다. 혼인 외 성관계를 폭로하겠다는 것은, 결혼한 유부녀에게는 어쩔 수 없는 무서운 협박이 될 수 있다.

그러한 상태에서 성관계를 하였고, 성관계 당시 별 말이 없었다고 하더라도 위와 같은 협박이 상대방을 겁먹게 만든 것이기 때문에 이때의 성관계 또한 강간죄가 된다고 한 판결이 있다.

기망에 의한 성관계

『하멜표류기』에 의하면, 1600년경 조선에서는 간통한 자를 그 여인과 함께 발가벗기거나 얇은 속옷만 입히고 얼굴에다 석회를 칠한 채 등에는 작은 징을 메도록 한 후, 형리가 그 징을 두드리며 "저들은 간통한 자들이다!"라고 외치면서 온 마을을 끌고 다닌 뒤에 볼기를 50대 내지 60대를 때렸다고 한다.

간통죄가 위헌이라는 주장이 끊임없이 제기되었고 헌법재판소에서 5:4의 근소한 차이로 합헌 결정이 나기도 했지만, 결국 최근에 위헌 결정이 났다. 시대가 바뀌면서 죄에 대한 사람들의 생각도 바뀌고 있다.

혼인빙자간음죄는 훨씬 전에 이미 위헌 판결이 내려진 바 있다. 과거에는 남자가 여자와 성관계를 하고 싶어서 결혼하겠다는 약속을 하고 성관계를 한 후 연락을 끊었다면 혼인빙자간음죄로 처벌하였지만, 이젠 죄가 되지 않는다. 헌법재판소는 "최근 우리 사회는 성에 대해 개방적인 사고가 확산돼 성이나 사랑은 법으로 통제할 사항이 아닌 사적인 범주에 있고, 국민의 법 의식 변화에 따라 여성의 착오에 의한 혼전 성관계를 형법이 보호할 필요성은 미미하다."고 의견을 제시하였다.

혼인을 빙자한 간음은 일종이 사기죄라는 주장도 있다. 결혼하자고 상대방을 속여 성관계를 맺고 책임을 지지 않는 것이니, 이는 상대방을 속여 돈을 편취하는 것과 유사하다는 것이다.

여자는 아직도 확실하게 자신의 몸을 지키려 하고 결혼 전에는 성관계를 하지 않으려는 경우가 많은 것 같다. 결혼에 대한 각서를 받고 공증을 한 후 성관계를 하였다고 하면 어떻게 될까?

아무리 약속을 했어도 남자가 지키지 않으면 결혼을 강제할 방법은 없다. 혼인빙자간음죄도 없어진 이상, 여자의 정조를 편취하였다고 하더라도 사기죄에서 말하는 재물이나 돈을 편취하는 것과는 달리 보아야 할 것이다.

여성의 정조가 보호할 가치가 있는 것인지, 보호할 가치가 있다고 하더라도 그것이 재산 상의 가치가 있는 재물이라고 할 수 없기 때문이다.

혼인빙자간음죄나 간통죄가 모두 폐지되었기 때문에, 유부남이 결혼 사실을 속이고 결혼을 빌미로 여자와 성관계를 맺었다고 하더라도 마땅히 처벌할 방법이 없게 되었다.

할머니의 잇몸병과 고민

어떤 할머니가 치과를 찾았다. 할머니가 호소한 증세는, 잇몸이 부어올랐다가 내려앉으면서 치아가 흔들리고 잇몸에 통증이 있다는 것이었다. 그때 할머니를 진단한 치과의사의 처방은 의외였다. 치과에서 치료할 병이 아니니 신경정신과 병원으로 가라는 것이었다.

그 할머니는 치과의사가 소개한 정신과 병원으로 갔다. 할머니와 상담을 한 정신과의사가 할머니에게 요즘 무슨 문제가 있냐고 물어보자, 할머니는 옆집에 사는 사람 때문에 잠을 못 이루고 있다고 고통을 털어놓았다.

그 할머니는 한 집에서 50년을 살았는데, 오래된 집이라서 지붕도 낡았고 토지의 경계도 명확하지 않았다. 그런데 약 1년 전에 옆집에 사람이 새로 이사 온 이후부터는 매일매일 고통스러운 일이 벌어졌다. 옆집 사람은 할머니가 사는 집의 처마가 자신의 집 경계를 침범하여 지어졌으니 처마를 일부 헐어내라고 요구하였다. 특히 비가 오는 날이면 할머니를 찾아와서 "당신 처마에서 떨어지는 물이 우리 땅에 떨어져서 마당이 파이고 있으니 빨리 무슨 수를 쓰라"며 예의 없는 말투로 요구하였다. 평소 남에게 해를 끼치고 살아본 적이 없는 할머니는 이러지도 못하고 저러지도 못하는 상황이 되었고, 마음의 병이 들어 시름시름 앓게 되었다. 할머니는 점차 사람을 만나는 것도 피하게 되었다.

이러한 사정을 전해 들은 정신과의사는 걱정이 병이 되었다고 생각하고 정신과 약을 처방하여 주었다. 할머니는 치과의 치료를 받지 않았지만, 자신의 고민이 무엇인지 알게 되면서 점차 마음이 편해지게 되었고, 잇몸병이 좋아졌다.

나는 이 이야기를 치과의사로부터 들었다. 정말 현명한 의사는 문제된 부분에만 치중하지 않고 병의 원인이 무엇인지를 찾아내는 사람이다.

법이란 것도 사람의 마음과 동떨어져서 존재하는 것이 아니다. 감정이 섞인 법률적인 분쟁은 시간이 오래갈수록 사람의 마음을 병들게 한다. 2만 원 때문에 벌어진 싸움이 몇 천만 원짜리 손해배상 소송으로 번진 사건도 있었다.

법원에서는 요즈음 판결보다는 조정이나 화해를 많이 권유하고 있다. 전부 승소하거나 전부 패소하게 되면 일도양단의 결론이 나게 되어 시원하겠지만, 서로 양보하여 화해를 한 후에 마음 편하게 다리를 쭉 뻗고 편하게 자는 것도 필요하다.

　패소한 쪽과 승소한 쪽이 다시 얼굴을 보고 감정의 패인 골을 회복할 기회를 박탈하는 것은 꼭 피해야 할 일이다.

잔금을 2년 후에 지급한 사람

땅을 팔기로 하고 중도금까지 받았는데, 땅을 산 사람이 약속한 기일에 잔금을 주지 않고 있는 사이 땅값이 많이 올랐다면 어떻게 해야 할까? 부동산 투자 열풍이 불면서 부동산 시장이 뜨거워지는 경우에 이런 일이 많이 발생한다. 이런 경우 부동산을 판 사람은 계약을 당장 해제하고 더 높을 가격에 사겠다는 사람에게 팔고 싶을 것이다.

매매계약의 경우, **땅을 산 사람이 잔금 지급기일에 잔금을 지급하지 않았다고 하여 바로 계약을 해제할 수 있는 것이 아니다.** 매수자에게 잔금을 이행하라고 며칠 시간을 주고, 매수자가 그 기간 내에 이행하지 아니하면 비로소 계약을 해제할 수 있다.

이행을 최고하는 방법에 특별한 제한은 없고, 잔금을 일정한 시일 또는 일정한 기간 내에 이행하도록 요구하는 것으로 충분하다.

향후 이행의 최고를 했는지 여부가 문제될 경우를 대비하여 우체국의 내용증명 우편을 통해 보내는 것이 좋다. 여기서 상당기간이란, 채무자가 이행을 준비하고 또 이를 이행하는 데 필요한 기간이라야 한다.

이때 중요한 것은 **땅을 판 사람도 소유권 이전등기에 필요한 서류를 준비해야 한다**는 것이다. 실제 서류를 가지고 가지 않더라도 등기서류를 발급받아 준비하고, 매수인에게 서류가 준비되었다는 것을 알려주어야 한다. 서류를 주는 장소는 특별한 사정이 없으면 이행장소로 정한 중개사사무실이 될 것이고, 더 확실하게 하려면 등기서류를 법무사 사무실에 보관시키면서 언제든지 잔대금을 가지고 오면 서류를 가지고 등기를 할 수 있음을 통지하면 된다.

부동산을 팔고 잔금을 지급하지 않는다고 바로 계약 해제를 하고 다른 사람에게 팔게 되면, 계약 해제가 된 것이 아니므로 나중에 문제가 발생한다. 등기서류를 갖추어 놓고 계약을 해제하면 나중에 아무런 문제가 없는데, 이러한 계약 해제 조건을 잘 모르는 매도인들이 꽤 많다. 나중에 매수인이 잔금을 주겠다고 하는 그때 가서 소유권 이전에 필요한 인감증명 등 제반서류를 준비하면 되는 것 아니냐고 하는 사람들을 많이 보았다.

실제 소송에서도 2년이 지난 후에 잔금을 지급할 테니 등기를 이전해 달라고 하는 소송이 있었다. 계약 해제가 된 것으로 알고 제3자에게 팔아버린 매도인은, 예상치 못한 손해배상을 해주어야 했다. 심지어 8년이 지난 후에 이전등기를 청구한 사례도 있다.

매매계약을 해제하려는 사람은, 꼭 법률전문가에게 계약이 확실히 해제되었는지 확인하고 처분할 필요가 있다.

잠복근무 중 여자와 잡담

　탈옥범 신창원이 종횡무진 전국을 돌아다니고 있을 때의 일이다. 당시 서울의 한 경찰서에 근무하던 경찰관이 신창원을 검거하기 위하여 잠복근무하던 중 승용차 안에서 술에 취하여 40대 여자와 잡담을 나누었다고 하여 '견책'의 징계를 받게 되었다. 견책은 징계 중에서 감봉보다 가벼운 것인데, 그는 자신이 억울하다고 하면서 소송을 제기하였다.

　당시 경찰은 신창원을 검거하기 위하여 '특별검거지시'를 내렸고, 문제의 경찰관은 비상 소집되어 지정된 장소에서 잠복 추적 근무를 수행하게 되었다. 그런데 마침 그날 대전에 거주하는 이종사촌 누나로부터 서울에서 안과 치료를 받기 위하여 상경한다는 전화가 왔다. 그는 난감했다. 자신은 비상소집으로 직접 마중을 나가기 어려운 데다가 아들이 2급 정신장애자이고 딸도 나이가 어리고 아파

390

서 처 또한 마중 나가기가 어려웠기 때문이다. 그 경찰관의 동료들은 한강변의 한 주유소에서 주유원으로 변장하여 근무하고 있었고, 그는 주유소로부터 약 30m 떨어진 곳에 차를 세우고 탑승하여 대기하여야 했다. 그는 어떻게 할 것인지를 고민하다가 이종사촌 누나가 서울에 도착하였다는 연락을 받자, 일단 택시를 타고 오도록 하여 자신의 승용차 뒷좌석에 태운 후 누워 있게 하였다. 그후 자신은 밤 열한 시까지 잠복근무의 임무를 수행하였다.

그런데 지나가던 행인이 이러한 모습을 보고 경찰청과 언론기관에 "경찰관이 근무 중에 술에 취해 40대 여자와 잡담을 나누고 있다."라는 내용의 제보를 하였다. 그렇지 않아도 신창원 검거에 계속 실패하여 경찰의 위상이 땅에 떨어지고 있었는데, 경찰청에서는 이러한 내용이 알려지자 분개하여 경찰관을 징계하였다.

공무원에 대한 징계는 일단 사실관계에 대한 정확한 규명이 필요하다. 이 사건의 경우, 친척을 차에 태운 것이 어쩔 수 없는 것이었는지, 아니면 사적으로 말동무나 잡담을 하기 위하여 부인이나 여자 친구를 차에 태운 것인지, 친척을 마중할 사람이 없어서 잠시 차에 태우고 근무가 끝날 때까지 기다리게 하였다고 하더라도 근무를 제대로 수행하지 않고 잡담을 하면서 주유소의 동태를 제대로 살피지 않았는지의 여부가 문제된다.

위 사건은 차 안에 타고 있던 사람이 이종사촌 누나인데 지방에서 상경한 것이 사실로 인정되었고, 잠복근무에 방해가 되지 않도록 하기 위하여 뒷좌석에 타도록 한 후 누워서 기다리도록 한 것도 인정되었다. 이러한 사정이 있었다면, 관련 없는 사람이 차에 타고 있었다는 것 말고는 경찰관이 직무를 수행함에 있어 어떠한 잘못이 있다고 할 수 없다. 즉, 직무태만이나 불성실 근무에 해당한다고 보기 어렵다. 이러한 이유에서 법원에서는 위 경찰관에 대한 징계는 잘못되었다고 판결하였다.

골프장의 VVIP 회원권

회원권 분양을 공격적으로 하는 골프장들이 많이 있다. 회원 모집 광고를 보면 월 4회 주말 이용 보장, 정회원 그린피 면제, 가족 또는 지정 1인 주중 그린피 면제, 주말 준회원 대우, 주중이용권 부여, 월 1회 이용권 위임, 콘도 숙박 무료, 회원 전용 라커룸 제공 등 많은 혜택을 부여하고 있다.

그런데 회원 모집이 끝나면 이러한 약속을 지키지 못하는 경우가 있는가 하면, 모집 당시 회칙을 임의로 변경하여 추가로 회원 모집을 하는 경우도 있다.

예를 들어, 정회원 모집을 끝낸 상태에서 주말 4회의 예약을 보장하고, 동반자 두 명을 무기명회원으로 그린피를 면제하는 특별 VIP 또는 VVIP 회원을 기존 회원의 입회금의 두 배 정도 비싼 가격에 다시 모집하거나 주중 회원을 추가로 모집하는 경우, 기존 회원들은 골프장 이용 기회가 더 줄어들게 된다.

골프장의 설치, 회원 입회금에 관하여서는 체육시설의 설치 이용에 관한 법률이 적용된다. 과거의 시행령은 원래 회원 모집 총금액을 골프장 투자비로 제한하여 골프장 회원들의 권익을 보호하고, 골프장 운영자는 단지 회원 모집을 소수 고액으로 할 것인지 아니면 다수 저액으로 할 것인지만 선택할 수 있었다. 그러나 현행법은 회원 모집 총금액에 관한 규제를 없앴다. 대신 불이익을 받게 되는 기존의 회원에게는 회원에서 탈퇴하면서 입회금의 반환을 요구할 수 있도록 하였다. **기존 회원이 입회금의 반환을 요구하는 경우에는 지체 없이 이를 반환하도록 새로운 규정을 신설**한 것이다.

이전에는 회원 입회금을 많이 받을 수 없도록 제한하고 있었기 때문에 회원 모집에 제한이 있었지만, 시행령이 개정되면서 골프장의 회원 수나 입회금을 올리는 것은 가능하게 되었다. 이러한 회원의 증가는 기존 회원들의 골프장 이용권, 회원권의 시세 등에 영향을 미치게 되어 골프장 회원권을 가진 사람들의 권익을 침해하게 된다. 이러한 회원들의 권익을 보호하기 위한 최후의 수단으로써 법이 인정한 것이 '입회금 반환 청구권'이다.

살인죄에 징역 6개월?

테네시의 한 마을에서 행복하고 단란하게 살고 있던 킹 커닝햄이라는 여자가 살인죄로 기소되었다. 열세 살인 딸이 아홉 살 때부터 언니, 형부로 부르며 가깝게 지내던 이웃 남자로부터 수년간 성폭행을 당해 온 것을 알게 된 엄마는 엄청난 충격을 받았다. 남자가 근무하고 있던 직장으로 찾아가서 그 사실을 확인하려 하였다. 남자는 킹 커닝햄을 한참 노려보더니 "그래서 어쩔건데"라고 대답하였다. 킹 커닝햄은 "절대 그렇지 않다, 가서 확인해 보자."라는 답변을 고대했다고 했다. 순간 킹은 차 안에서 권총을 꺼내 5발을 발사했고, 다시 총알을 장전하여 쓰러진 피해자를 향해 더 발사했다.

검찰은 1급 살인죄(First Degree Murder 계획적으로 살인을 준비하여 현장을 찾아가서 살해한 죄)로 기소했다. 그러나 열일곱 시간에 걸친 배심원들의 결론은 계획적 살인이 아니라는 것이었다. 이

사건은 2005년 다시 배심에 회부되었는데, 역시 아홉 시간의 토론 끝에 2급 살인죄(Second Degree Murder 사전준비 없이 한 살인)에도 해당되지 않는다는 놀라운 결론을 내렸다.

당시 변호인은 테네시 주의 과실치사죄의 일종인Voluntary Manslaughter에 해당한다는 주장을 했다. 테네시 법에 의한 위 죄 (Voluntary Manslaughter)는 감정을 참지 못하고 우발적으로 살인에 이르게 된 경우에 해당하는 범죄이다. 당시 엄마로서 수년간 당해 온 딸의 성폭행에 대한 충격으로 이성을 잃고 순간 총을 발사했다는 것이었다. 위 죄에 해당하는 사례 중에는 집에 왔을 때 처가 다른 남자와 성행위를 하고 있는 것을 보고 순간 격분하여 총을 쏜 경우가 있다. 이성적인 사람이라도 순간 흥분하여 저지를 수 있는 범죄를 범한 경우에 위 죄를 적용하게 된다.

위의 사건에서 검사는, 권총을 들고 나와서 총알을 장전하는 것을 보여주면서 5발을 먼저 발사하고 재차 5발을 장전하는 것을 강조하여, 살인이 고의 또는 계획적이고 이성적인 상태에서 행해졌음을 암시했다. 반면, 피고인의 변호인은 엄마로서 딸의 성폭행 사실을 알았을 때의 충격, 그 이후 느꼈던 두려움, 공포 등을 강조하고, 피고인은 당시의 고통스러웠던 심정을 울면서 토로했다.

1급 살인죄로 유죄 평결이 내려지면 전기의자에서 사형이 집행된다는 판사의 설명을 들은 배심원들이 토의(deliberation)에 들어가고, 재판 중에 제시되었던 증거가 제시되었다. 배심원들이 모두 전원일치로 결론에 도달하지 못하면 유죄(guilty)든 무죄(not guilty)든 평결 자체를 하지 못한다. 배심재판이 결론을 내리지 못하여 무산되면(이를 Hung Jury라고 한다), 검사는 다시 증거를 준비하여 배심재판에 사건을 회부하게 된다.

킹 커닝햄은 위 죄(Voluntary Manslaughter)로 유죄판결을 받고 4년 징역형을 선고받았는데, 나중에 판사가 이를 다시 6개월로 감형하여 석방되었다.

우리나라는 살인죄, 폭행치사, 상해치사죄를 규정하고 있을 뿐 살인죄의 종류는 나누어 놓고 있지 않다. 사람을 살해한 경우에는 사형, 무기 또는 5년 이상의 징역에 처하게 되어 있을 뿐이다. 통상 정상참작 사유가 있으면 하한의 2분의1까지 감경을 할 수 있으므로 살인죄의 경우 2년6개월의 형까지 선고할 수 있고, 3년 이하의 징역에 처하는 경우에는 집행유예도 할 수 있으므로 살인죄에 대하여는 사형부터 집행유예까지 선고할 수 있게 되어 있다. 살인죄의 경우 집행유예로 석방되는 사람도 있고, 사형 선고를 받는 사람도 있을 수 있다.

생명에 대한 무시, 이성적인 사람의 행동, 악의, 계획적인 살인 고의, 준비 등 여러 가지 요소를 분석하여 보면, 우리나라와 미국의 처벌에 공통점이 많음을 확인하게 된다. 법의 적용에는 결국 이러한 동기와 과정, 의도 등을 참작하여야 하기 때문에 기계적으로 형을 분석하여 정할 수 없는 노릇이다.

전과기록을 말소하는 방법

한 번의 실수로 처벌을 받게 되어 전과가 남으면 취직을 할 수 없는 경우가 있다. 취직뿐 아니라 결혼이나 사회생활을 하면서 심적 부담이 되는 전과기록을 말소할 수 있는 방법은 없을까 문의를 해 오는 경우가 있다. 가끔은 호적에 빨간 줄이 가는 것 아니냐고 물어보는 사람도 있다. 그러나 **호적에는 전과가 기록되지 않는다.** 부부라고 하더라도 전과기록을 조회해 보기 전에는 배우자가 어떤 전과가 있었는지 알기 어렵다.

전과기록은 검찰청 및 군사법원 검찰부에서 관리하는 수형인명부, 수형인의 본적지·시·구·읍 면사무소에서 관리하는 수형인명표 및 경찰청에서 관리하는 수사자료표 등을 말한다. 벌금형에 대하여 수형인명부에는 1980년 1월 18일부터, 수형인명표에는 1984년 9월 1일부터 기재하지 않게 되었고, 자격정지 이상의 형을 받은 수형인만을 기재하고 있다. 따라서 현재 취직과 관련된 신원조회를 하면 수형인명부에는 벌금형을 받은 사실이 나타나지 않게 된다.

다만 수사기관이 피의자의 지문을 채취하고 필요한 사항을 기재한, 경찰청에서 관리하는 수사자료표에는 벌금형을 받은 사실이 기재되어 있을 수 있다. 그러나 수사자료표에 의한 범죄 경력조회 및 그 회보는 범죄수사와 재판 및 대통령령으로 정한 제한된 경우에만 할 수 있으므로, **벌금형을 받은 사실에 대해서는 신원조회와 관련하여 큰 걱정을 할 필요는 없다.**

한편 형법 제81조는 "징역 또는 금고의 집행을 종료하거나 집행이 면제된 자가 피해자의 손해를 보상하고, 자격 정지 이상의 형을 받음이 없이 7년을 경과한 때에는 본인 또는 검사의 신청에 의하여 그 재판의 실효를 선고할 수 있다."고 규정하고 있다. **형의 집행을 종료한 때를 기준으로 7년이 경과된 때에는, 그 형사사건 기록이 보관되어 있는 검찰청에 대응하는 법원에 그 형의 실효를 선고해 줄 것을 신청하여, 본인의 전과기록을 말소할 수 있다.**

형의 실효를 선고할 경우, 검찰청 등에서 관리하는 수형인명부는 해당란을 삭제하게 되고, 본적지 시·구·읍·면사무소에서 관리하는 수형인명표를 폐기하는 방식으로 전과기록이 말소된다.

부부라고 하더라도 상대방의 전과를 알지 못하고 살다가 나중에 다른 사건으로 재판을 받는 과정에서 전과가 있었다는 것을 알게 되면, 사후에 속았다는 것을 알고 배신감을 느끼기도 하고, 이혼 소송까지 가서 엎친 데 덮친 격이 되는 경우도 있다. 변호를 할 때 피고인의 전과를 부인에게 함부로 알리지 않는 것도 이러한 이유에서이다.

주차장에서 음주운전

어떤 사람이 회사직원들과 같이 회식을 하고 있었다. 소주를 몇 잔 마시고 있었는데, 갑자기 식당의 주인이 오더니 주차장에 세워 놓은 차를 빼달라는 것이었다. 그는 술을 막 마시기 시작해서 술에 취하였다고 생각하지 않았고, 차를 조금만 움직이면 되겠지 하고 차를 빼려고 하는데 갑자기 뒤에서 쿵 하는 소리가 났다. 뒤를 제대로 보지 않고 후진하다가 뒤쪽에 주차되어 있던 차량에 충돌한 것이었다.

잠시 후 차 주인이 나타났는데, 운전자의 입에서 술냄새가 나는 것을 보더니 차량수리비조로 100만 원을 내놓으라는 것이었다. 안 주면 경찰서에 신고하겠다고 하였다. 그러던 중 누가 신고하였는지 경찰이 와서 할 수 없이 경찰서로 가서 음주측정을 하니 혈중알코올농도가 0.18%가 나왔다. 차를 빼주기 위해 잠시 운전한 것인데,

억울하다고 하면서 면허 취소가 부당하다는 소송을 제기하였다.

　이러한 경우에는 음주운전이 아닐 수 있다. 원래 음주운전은 도로법상 도로에서 운전을 하여야 하는데, 주차장은 일반인이 통행하는 도로가 아니다. 도로에서 음주운전을 한 것만 처벌하므로, **도로가 아닌 곳에서는 운전을 하더라도 음주운전에 해당하지 않는다.**

　그러나 조심할 것이 있다. 주차장에서 조금이라도 벗어나 도로로 나오면 바로 음주운전으로 처벌된다. 또는 주차장이라고 해도 앞뒤가 터져 있다면 일반 사람들이 수시로 드나드는 곳이므로 음주운전이 될 수 있다.

　요즈음에는 **아파트 내 주차장에서 운전한 경우에도 주차장으로 보지 않고 음주운전으로 처벌**하고 있다. 이유는 상가에 출입하는 일반 사람들이 수시로 주차장을 통행하므로 공중이 통행하는 도로에 해당한다는 것이다.

　음주운전이 되더라도 음주한 후 30분이 지나지 않았다면 반드시 물로 입안을 헹구게 하거나 30분이 경과할 때까지 기다려서 측정을 하여야 한다. 그 이유는 입안에 잔류하는 구강 내 알코올(mouth alcohol)이 있을 경우에는 그 작용으로 인하여 호흡 중 알코올농도가 실제의 혈중알코올농도보다 상당하게 높게 나오기 때문이다. 입안의 잔류 알코올은 대개 30분이 경과하면 체내로 전부 흡수된다고 한다.

예를 들면, 소주 두 잔을 마신 후 입을 헹구지 아니한 채 측정한 결과 0.265%까지 수치가 나오는 것이 실험에 의하여 증명되었는데, 그후 즉시 물로 입을 가신 후 두 대의 기계를 불어본 결과 0.025%와 0.023%의 수치가 나왔다. 무려 열 배나 차이가 난 것이다. 이러한 요구를 음주 측정하는 경찰관이 받아주지 않았다면, 나중에 혈중알코올농도가 높게 나왔다고 하더라도 음주 측정이 무효로 될 수 있다. 이상의 두 가지 중에 하나라도 해당하면, 면허 취소가 잘못된 것이므로 면허가 살아나게 된다.

직장 내 성추행에 대한 회사의 책임

통상 학교 내에서 교사들의 행위를 학교법인에서 관리, 감독한다는 것은 쉽지 않다. 가끔 직장 내에서 동료나 상사가 성적인 표현을 하거나 신체적 접촉을 시도하는 경우가 있을 수 있다. 그러다가 이것이 점차 성적 추행으로 진행이 된다면, 학교법인이나 회사에서 관리 소홀로 인한 책임을 져야 할까?

실제 있었던 사례 중에, 특수학교의 교사가 평소 여교사에게 어깨동무를 하거나 '자기야'라는 표현을 사용하는 등 지나친 성적 표현 행위를 한 사건이 있다. 여교사는 부장교사에게 이를 이야기하였지만 부장교사는 그러한 내용을 교장이나 교감 등에게 보고하지는 않았다. 다만 그 교사에게 "여교사가 싫다고 하므로 신체적 접촉과 언어 사용을 조심해 달라"고 주의를 주었다.

그러던 중 전국 스카우트 야영대회에 학교 소속 남학생 다섯 명,

여학생 한 명이 참가하게 되었는데, 인솔교사로 그 교사와 여교사가 같이 선정되었다. 3박 4일 일정으로 개최된 야영대회에 갔던 여교사는 결국 새벽 무렵 숙소에서 그로부터 강제추행을 당하였고, 돌아오던 길에도 '사랑하느냐'는 집요한 질문을 받아 '사랑한다'는 취지로 억지로 답변하였다.

여교사는 이로 인하여 스트레스 장애, 우울 장애 진단을 받고 교사직을 사퇴하였다. 위 사건에서 강제추행을 한 교사는 징역 6개월의 실형을 선고받았고, 피해 여교사는 거의 1년을 정신과 치료를 받았다. 법원은 남자교사와 학교법인에 위자료로 약 3천500만 원을 지급하라고 하였다. 법원은 "학교법인 소속 부장교사는 지나친 성적 표현행위로 힘들다는 보고를 받은 이상, 곧바로 교장이나 교감에게 그 내용을 보고하여 유사한 행위가 재발하지 않도록 적절한 조치를 취하게끔 하였어야 마땅하고, 야영대회 준비에 관한 총괄 책임을 맡은 부장교사로서 여교사를 인솔교사에서 제외하거나 야영대회 출발 전에 남자교사에게 철저히 주의를 환기시키는 등의 조치를 취함으로써 사고를 예방하여야 할 보호 내지 배려 의무가 있다."고 판결하였다.

회사의 운영을 맡은 관리자들은 직원으로부터 문제가 있다는 보고를 받았다면, 장차 일어날 강제추행이나 성범죄를 예방하기 위

한 조치를 반드시 취하여야 한다.

특히 직원들이 회식을 하거나 여행, 야유회, 출장을 갈 때 이러한 일이 많이 일어나게 되므로, 항상 주의를 상기시키고 관리를 철저히 해야 한다. 특히 그러한 낌새가 있는 직원은 더욱 철저히 관리하여 피해자가 생기지 않도록 하여야 한다. 일단 사고가 발생하면 피해자에게 돌이킬 수 없는 상처를 주게 되고, 금전적인 위자료도 지출해야 하는 상황이 생기게 될 것이다.

집행유예 기간 중의 집행유예(쌍집행유예)

형사재판에서 집행유예를 받는 것은 어떤 의미일까?

판사가 판결을 할 때 "피고인을 징역 1년에 처한다."라고 판결을 하는데, 그때까지는 위 징역형을 집행하겠다는 것인지 아니면 집행을 유예하겠다는 것인지 알 수 없다. 그 이후에 "다만, 이 판결 확정일로부터 2년간 위 형의 집행을 유예한다."라고 판결을 선고하면, 비로소 집행유예 판결임을 알게 된다.

그래서 피고인들은 '다만'이라는 단서가 판결에서 나오는지 여부를 초조하게 기다리게 된다. 법정에서 판결을 받게 될 경우, 법정이 소란스러울 수 있고 판결문의 낭독이 잘 들리지 않을 수 있는데, 피고인들이 오직 판사의 입에서 '다만'이라는 말이 나오는지에 귀를 곤두세우는 것은 바로 이런 이유에서이다. '다만'이라는 말이 나오는 순간 '살았구나!' 하는 생각을 하게 되는 것이다.

실제 법정에서 판결을 받기 위해 호출이 되면, 아무 생각이 나지 않고 판결 주문도 잘 들리지 않는다고 한다. 어떤 피고인은 위 소리를 들으려고 손을 귀에 대고 귀를 돌려 법대 쪽으로 머리를 내미는 경우도 있다. 그렇게 기대하던 말이 나오지 않고 판결 주문이 끝나면, 허탈감과 절망감으로 앞이 캄캄해진다.

징역 1년에 집행유예 2년을 선고한 경우, 그 의미는 1년간 실형의 집행을 보류하고 석방할 테니 2년간 조심하여 아무 일 없이 지나가면 1년의 징역형을 집행하지 않겠다는 것이다. 그런데 집행유예를 선고받은 사람이 그 기간 중에 또 다른 범죄를 저질러 재판받게 되면 모든 것이 수포로 돌아간다. 집행유예 기간 중에 다시 집행유예를 선고받을 수는 없기 때문이다.

예외적으로 집행유예 기간 중이더라도 다시 집행유예 선고받을 수 있는 경우가 있는데, 이는 재판받는 범죄가 집행유예 판결을 받기 이전에 저지른 것일 때이다. 소위 쌍집행유예라고도 하는데, 법률적인 용어는 아니다. **이전의 집행유예 판결을 받을 당시 같이 재판받았더라도 모두 합하여 집행유예가 선고됐을 것이라고 판단이 되는 경우에는 다시 집행유예를 선고할 수 있다.**

사안이 경미한 경우에는 집행유예 기간 중이라도 벌금형을 선고받을 수 있다.

캄보디아 금광개발은 사기?

　최근에 외국에 자본을 투자하는 사람들이 많아지고 있다. 외국의 광산개발권을 따냈다는 보도가 나온 기업의 주식이 상한가로 상승하였다는 기사도 본 적이 있다. 실제 광업권을 취득하여 광물을 채취하는 데까지는 엄청난 시간이 걸리고 돈이 들어간다. 한국과 달리 외국에서 사업을 하는 것은 많은 위험부담이 따른다. 광산에 대하여 잘 알지 못하는 투자자들을 현혹하여 금방 금광이 개발될 것이라고 하면서 투자금을 받는 경우도 많다. 이러한 경우에는 사기죄가 성립될 수 있다.

　전에 담당했던 사기사건의 피고인이 한국에서 편취한 10억 원 정도의 돈 중 7~8억 원을 라오스의 왕족과 카지노·호텔·골프장 사업을 동업한다는 선배에게 투자한 사건이 있었다. 그는 그 선배가 곧 사업이 시작되면 투자금을 돌려줄 것이라고 하면서, 그 돈을 돌려받으면 사기사건의 합의금으로 사용하겠다고 장담했다. 그러나 결국 그 선배는 야속하게도 계속 미루기만 하더니 나중에는 연락도 되지 않았다. 이러한 것이 전형적인 해외투자 사기수법이다. 자신이 외국에 확실한 사업권을 따냈는데 자금이 필요하니 자금을 대주면 두 배 이상 수익금을 돌려주겠다는 말에 현혹되지 말자.

사기죄가 되는지의 여부는 사업을 위하여 돈을 빌리거나 투자를 받을 때 정말 변제할 능력이나 의사가 있었는지에 달려 있다. 대부분 외국에서 사업을 한다는 사람들은, 체계적인 사업계획이나 사업 추진 능력을 가지고 있지 못하다. 한국에서도 책임지고 사업을 하지 못하는 사람들이 외국의 관료들과의 친분을 내세우거나 자신의 능력에 맞지 않는 엄청난 사업권을 가지고 있다고 하는 경우가 대부분 이에 해당한다.

"금광개발권을 가지고 있는데 개발비용이 부족하니 돈을 투자하면 이익금을 나누어 주겠다."고 한 경우에 사기죄가 되려면, 실제 금광개발의 채산성이 없어 사업성이 없음에도 이를 제대로 알려주지 않았어야 한다. 채산성에 대하여 잘 알아보지도 않고 투자자에게 투자하도록 권유하였다면 상대방을 기망한 것이 된다.

그러나 실제 금광개발권을 가지고 있고 스스로 지표 조사, 지질 조사, 성분 분석 결과에 대하여 많은 자료를 수집한 후 채산성이 있다고 믿었던 사람이 투자금을 받았다면 어떨까? 실제 투자가 일부 이루어졌지만 추가 투자금이 부족하여 채광이 이루어지지 못했던 경우에는, 처음부터 상대방에게 채산성 여부를 속인 것이 아니다.

이러한 이유로, 캄보디아에 금광개발을 하겠다고 돈을 투자받았다가 금광개발이 중단되어 돈을 돌려주지 못한 경우는 사기가 되지 않는다는 대법원 판결이 있었다.

정말 열심히 사업을 하고 사업자금을 조달하는 사람들이 가끔은 사기꾼으로 몰리기도 한다. **사업실패 후 사기죄로 고소당하지 않으려면, 돈을 빌리거나 투자를 받을 때 솔직하게 모든 사업의 내용과 상황을 알려주었다는 자료를 가지고 있어야** 할 것이다.

탈세제보와 공갈죄

우리 형법은 상대방에게 해악을 고지하여 공포심을 느끼도록 한 것을 폭행과 같이 처벌하고 있다. 협박은 언어폭력의 일종이다. 똑같은 말이 어떤 경우에는 협박이 될 수도 있고 안 될 수도 있다.

해악의 고지는 주로 신체나 정신적 고통을 주겠다는 내용이 많다. 애인관계인 여성이 만나주지 않는다는 이유로 자신의 집 안에 있던 물건을 집어던지고 부엌칼로 손가락을 자르거나 배를 갈라 자해하려는 시늉을 하면서 자신의 요구를 거절하지 못하게 하는 경우, 야구방망이로 때릴 듯한 태도를 취하면서 "죽여 버린다!"고 말한 경우 등이 실제 사례로 나타난 협박이다.

그러나 "사람을 사서 쥐도 새도 모르게 파묻어버리겠다. 너까지 것 쉽게 죽일 수 있다!"라고 말한 경우에도 협박죄가 아니라고 한 판결도 있다. **언성을 높이면서 말다툼으로 흥분한 나머지 단순히**

감정적인 욕설 내지 일시적 분노의 표시를 한 것이라면 협박죄가 되지 않는다는 것이다. 대법원은 피고인이 피해자에게 "입을 찢어 버릴라"라고 한 말도 당시의 주위 사정에 비추어 단순한 감정적 욕설에 불과하다고 하였다.

해악의 고지가 있다고 하여도, 그것이 정당한 권리의 행사로서 행하여진 것이라면 협박죄는 성립하지 않는다. 여관의 매수인인 행위자가 매매계약 후 매도인의 부도로 매도인의 채권자들이 여관을 점거한 상태에서 매도인의 대리인인 피해자에게 "여관을 당장 명도해 주던가, 명도소송 비용을 내놓아라! 그렇지 않으면 내가 당신에게 속은 것이니 고소하여 당장 구속시키겠다."고 말하여 피해자로부터 금원을 교부받은 사안에 대하여, 대법원은 "피고인이 매도인의 대리인인 피해자에게 위 여관의 명도 또는 명도 소송비용을 요구한 것은 매수인으로써 정당한 권리행사라 할 것이며, 위와 같은 다소 위협적인 말을 하였다고 하여도 이는 사회통념상 용인될 정도의 것으로써 협박으로 볼 수 없다."고 판시하였다.

"자신의 요구를 들어주지 않으면 세무조사를 받게 해 망하게 하겠다. 며칠 있으면 국세청에서 조사가 나올 것이다."라고 말한 경우는 어떨까?

제3자로 하여금 해악을 가하도록 하겠다는 방식으로도 협박할

수 있으므로 "요구를 들어주지 않으면 서류를 세무서로 보내 세무
조사를 받게 하겠다", "며칠 있으면 국세청에서 조사가 나올 것이니
그렇게 아시오."라고 말한 경우에는 협박죄가 될 수 있다. 실제 대법
원에서도 협박죄에 해당된다고 판결한 것이 있다.

　동업자들이 회사 돈을 빼돌려 비자금을 만든 사실을 횡령과 탈세
로 고발하겠다고 하면서 고소장을 우편으로 보내, 이에 겁을 먹은
동업자들로부터 아파트 분양계약서를 받은 경우에도 공갈미수죄
에 해당한다고 한 판결이 있다.

폭행사건의 합의금

폭행사건이나 사기 사건은 주위에서 흔히 볼 수 있다. 그런 사건을 보고 있노라면, '사람을 폭행했을 때 피해자가 받은 피해를 돈으로 환산하면 얼마나 될까' 의문을 가지게 된다. 사람의 뺨을 몇 차례 때리고 걷어차면서 모욕을 준 경우에 벌금 50만 원을 부과받은 사람이 있다면, 식용의 개 한 마리의 가격이 30~50만 원 정도이므로, 그 사람은 사람을 폭행하고 개 값 정도를 물어주었다는 계산이 나온다.

우리나라에서 형사사건의 대부분은 합의 여부에 따라 벌금 액수나 징역형의 기간이 달라진다. 교통사고나 폭행 사건, 사기 사건에서 상대방 피해자와 합의하면 구속이 되었다가도 석방이 될 수 있다고 생각하는 사람이 많다. 폭행 사건으로 구속되어 있다고 하면 제일 먼저 물어보는 것이 합의했는지, 합의할 가능성은 있는지 여부이다.

　판사나 검사들도 이러한 기준을 가지고 수사를 하고, 재판을 하
는 것을 느낄 수 있다. 잘못을 했는데 이를 깊이 뉘우치고 있고, 피
해자에게도 충분한 배상을 해주고 사과하여 용서를 받았다면 선처
해 줄 수 있다. 선처하더라도 피해자가 이의제기를 하지 않을 테니
까, 봐주더라도 문제가 될 리 없다는 생각이 깔려 있는 것이다.

　우리는 이렇게 당연하게 생각하는 것을 미국에서는 아주 다르게
취급하는 것을 확인한 적이 있다. 판사일 때 미국의 워싱턴 대학교
로스쿨에서 연수를 한 적이 있다. 그때 미국의 판사들에게 한국에
서는 형사사건의 대부분이 합의 여부에 따라 결과가 달라지고, 합
의를 하면 모든 일이 잘 될 수 있다고 하였더니 이를 이해하기 어렵
다고 했다. 죄를 지은 사람을 처벌하는데, 피해자와 합의한 것이 왜
중요하냐는 것이었다.

　실제 미국에서는 피해자와 만나거나 돈을 주고 합의하는 것은 위
트니스 탬퍼링(witness tampering)으로 증인 매수죄에 해당하고, 이
러한 행위를 하면 엄하게 처벌한다. 피해자가 증인이 되었을 때 유
리하게 증언해 달라고 증인을 매수하는 것과 같아서 중대한 범죄가
되므로, 피해자를 만나려고 접촉하거나 돈을 주고 합의하려고 하
면 안 된다는 것이다.

우리나라에서는 **피해자를 만나 합의금을 주고 합의서를 제출하면서, 피해자가 피고인에 대한 처벌을 원치 않는다는 탄원서를 제출하는 것이 형을 줄이는 첫 번째 방법이다.** 그렇다 보니 합의를 위해 수단과 방법을 가리지 않고 피해자를 찾아다니면서 괴롭히거나 협박하는 경우가 생기기도 한다. 폭행 사건의 합의금은 이러한 수요와 공급에 따라 금액이 정해지게 되고, 정해진 금액은 없다.

혀 깨문 것도 정당방위

형법에 대하여 많이 잘못 알고 있는 것이 싸움에 대한 것이다. 상대방의 폭력에 대항하면서 싸움을 한 경우, 상대방이 먼저 시비를 걸거나 때렸다면 자신도 대항하여 싸울 권리가 있다고 생각하는 사람들이 의외로 많다.

판례는, **싸움이란 서로 상대방에게 공격을 함과 동시에 방어를 하는 것이므로 그중 한쪽의 행위만을 정당방위라고 볼 수 없다**고 한다. 가해자가 가슴 위에 올라타 목 부분을 누르자 호흡이 곤란하게 된 피해자가 안간힘을 쓰면서 허둥대다가 옆에 있던 과도로 피해자의 왼쪽 허벅지를 1회 찔러 상해를 가한 경우, 이는 "부당한 공격을 방어하기 위한 것이라기보다는 서로 공격할 의사로 싸우다가 먼저 공격을 받고 이에 대항하여 가해하게 된 것"이라고 하여 정당방위가 되지 않는다는 판결이 있다. 이처럼 싸움에 대하여 법원은 "양쪽 모두 폭행이 된다."고 판결한 것이 많다.

그러나 **소극적으로 저항하다 상해를 입힌 것은 정당방위에 해당할 수 있다.** 인적이 드문 심야에 혼자 귀가 중 느닷없이 달려들어 강제추행을 하면서 억지로 키스를 하는 것에 대항하여 정조와 신체를 지키려는 일념에서 엉겁결에 혀를 깨문 것은 정당방위에 해당한다고 한 판례가 있다. 최근에는 상대방의 폭행에 맞서다 이빨로 상대방의 오른팔을 깨문 것이 정당방위라고 보았다.

얼굴을 맞고 멱살을 잡히는 와중에 손을 잡아 비틀어 상해를 입힌 것도 같은 이유에서 무죄에 해당될 수 있다. 이웃 주민과 토지 측량 문제로 시비가 되어 자신의 멱살을 잡아 흔들고 주먹으로 얼굴을 때리는 가해자의 손을 떼기 위해 그 손을 잡아 비틀다 전치 6주의 상해를 입힌 사건에서 대법원은 정당방위를 인정했다. 이 사건은 얼굴을 수차례 맞고 멱살을 잡혀 넘어지는 등 일방적 폭력을 당하는 와중에 멱살을 잡고 있는 손을 떼어내기 위해 손을 잡아 비틀어 상해를 입힌 것이었다.

15년 전 충주에서 13년 동안 의붓딸을 성폭행해 온 의붓아버지를 의붓딸과 남자친구가 살해한 사건이 있었다. 이 사건에는 8만7천 명이 법원에 석방탄원서를 내기도 했다. 법원은 **아무리 괴롭힘을 당했어도 계획적으로 살해한 것은 정당방위가 될 수 없다**고 했지만,

의붓딸은 집행유예로 석방하였다.

최근 미국에서는 여러 주에서 정당방위를 넓게 인정하고, 심지어는 무기를 가지고 있지 않은 채 집으로 찾아와 따지는 사람을 총으로 쏘아 죽인 경우까지 정당방위에 포함시키려 하고 있다. 우리 법원은 정당방위를 잘 인정하지 않고 있다. 미국과 같이 폭넓게 인정하지는 않더라도, 보다 융통성(?) 있게 정당방위를 인정해야 할 필요가 있다.

홍수로 인한 제방붕괴와 손해배상

몇 년 전 안양천 제방이 붕괴되면서 지하철 공사장으로 물이 유입되고, 그 물이 다시 인근의 공장지역, 거주지로 분출되는 바람에 수백억 원의 재산피해가 발생한 적이 있다. 당시 집중호우가 내리면서 안양천의 수위가 올라갔지만, 제방이 예상홍수 수위에도 미치지 못한 상태에서 A회사에서 지하철 공사를 위하여 그해 초에 허물었다가 복구한 제방 부분에 구멍이 나면서 급격히 무너졌던 것이다. 당시 주민들에 의하면 제방에 균열이 있었고, 알려진 붕괴 시간 이전에도 일부 붕괴되었다가 복구된 적이 있었다.

이러한 경우에는 제방을 관리하는 국가와 서울시, 제방을 복구한 A회사의 과실로 인하여 인근 지역의 주민들에게 손해가 발생한 것이므로, 이들을 상대로 손해배상을 청구할 수 있다. 공장 100여 개업체는 당시 수백억 원의 손해를 배상하라는 소를 서울중앙지방법원에 제기하였다(이 사건은 나중에 A회사에서 공장들에게 일정 금액을 배상해 주고 소 취하로 종결되었다).

과거에 있었던 유사사례 중에는 망원동의 수해를 입은 주민들이 서울시를 상대로 손해배상 소송을 하여 6년 만에 승소한 것이 있고, 지하철 공사의 차수벽(물막이 벽) 설치 소홀을 원인으로 H건설을 상대로 한 손해배상 청구 사건에서 "H건설은 도시철도공사에 173억 원을 배상하라"는 판결이 선고된 적도 있다.

이러한 경우에 제방관리자나 건설 시공회사 측에서는 홍수로 인한 천재지변이라는 항변을 하게 되는데, 중랑천 범람으로 인한 침수 피해 소송에서도 이러한 주장이 있었다. 예측할 수 없는 홍수로 인하여 물이 제방을 넘거나 역류가 발생하는 경우에는, 미리 예방책을 세우는 것이 한계가 있다는 주장이었다.

손해를 배상하는 경우에 손해액은 어떻게 입증할까? 배상판결을 받은 H건설에 대한 손해배상 사건은 1998년 중랑천 하상에서 6호선 설치공사를 하면서 물막이 차수벽 설치 공사를 소홀히 하여 물이 6호선 내에 들어오고, 7호선 지하철의 일부 구간이 8개월 정도 비정상적으로 운행되었는데, 그로 인한 손해액을 배상하라는 것이었다. 이때 손해액의 확정을 둘러싸고 6년 이상 소송이 지연되었는데,

서울고등법원은 원고가 제출한 증거와 원고의 계산 방식에 따른 손해액을 일부 인정하되, 직권으로 손해액을 감액하였다.

대법원도 손해배상 금액을 모든 증거에 의하여 인정할 수 없기 때문에, 일단 원고가 제출한 객관적 자료를 모두 종합하여 손해액을 법원이 정할 수 있다고 판결하였다.

확실한 정보와 주식 투자 권유
(주식투자로 인한 손해배상)

　주식시장의 주가가 폭락하면 많은 사람들이 엄청난 투자 손실을 보게 되는데, 이러한 경우 투자금을 맡긴 증권회사에 손해를 배상해 달라고 할 수 있을까? 특별한 사정이 없다면 모두 투자한 사람이 책임을 져야 하지만, **예상되는 손실보다 더 큰 손실이 난 경우에는 증권회사에 손해배상을 청구할 수 있는 경우가 있다.** 판례는 "과당매매나 부당 권유로 인한 손해가 발생한 경우에 손해를 배상해야 한다."고 한다.

　증권회사가 고객의 자금을 받아 주식의 매수·매도에 대한 포괄적 일임을 받은 경우, 투자를 담당하는 직원은 충실하게 고객의 투자금을 관리할 책임이 있다. 고객의 이익을 등한시하고 무리하게 빈번한 회전매매를 함으로써 고객에게 손해를 입히고 증권회사의 수수료를 챙기는 경우에는 주가하락 이상의 손해를 보게 되는데, 이를 과당매매 행위라고 한다.

정상적인 투자를 하였지만 증권회사 직원이 며칠 만에 주식을 팔고 사는 것을 반복하는 초단타 매매를 하고, 한 달 평균 4~5회의 주식거래를 하는 방법으로 거래 수수료를 챙기는 등 고객의 이익보다 회사의 이익을 우선시하거나 무리하게 주식투자를 하는 경우가 이에 해당된다.

증권사 직원의 무리한 투자 권유, 즉 주식 투자의 경험이 전혀 없음에도 빚을 내서 투자할 정도로 이익을 보장해 주겠다고 권유하는 것은 부당 권유에 해당한다. 자신들이 관리하는 고급 정보가 있으니 일단 믿고 주식에 투자하면 고수익을 보장해 줄 수 있다고 권유한 경우가 이에 해당할 것이다. 다만 투자 당시 주식 투자가 무엇인지, 선물·옵션 거래가 무엇인지, 주식 투자로 인한 손실 위험을 잘 알고 있는 사람의 경우에는, 스스로 더 많은 수익을 얻기 위하여 위험을 감수하고 거래를 시작하였다고 볼 수 있으므로 부당 권유가 될 수 없다.

부당 권유나 부당 매매로 인한 손해액은, 정상적인 거래가 이뤄졌을 경우 예상되는 손실에서 과당매매로 남은 잔고의 차액이 된다. 그 사이에 주가가 하락했다거나 통상 거래를 하더라도 예상되는 손실을 공제해야 한다.

그 밖에 증권회사의 직원들이 주도한 소위 '작전세력'에 의하여 주가가 폭등한 주식을 매수해 일반투자자가 손해를 보았으면, 증권회사는 직원들의 불법행위로 일반투자자들이 입은 손해를 배상해야 한다는 판결도 있다. 증권사 직원의 고가 매수 주문 및 허위 매수 주문 행위는 거래 상황을 오인시키는 시세조종 불법행위이기 때문에, 증권회사는 소속 직원의 시세조종 행위를 방지할 조치를 소홀히 한 책임이 있다는 것이다.

통상 예상되는 손실을 감수하는 것은 어쩔 수 없지만, 증권회사 직원들의 부실한 투자금 관리로 인한 추가 손해가 발생했다면, 이에 대한 손해배상을 받을 가능성이 있는지 꼼꼼히 따져볼 필요가 있다.

미연방대법원의 가장 수치스런 판결

"흑인은 미국의 시민이 아니다. 따라서 흑인은 연방정부나 법원으로부터 어떠한 보호를 받을 자격이 없다. 또한 연방의회는 연방에 속한 주들이 노예제도를 금지하도록 강제할 권한도 없다."

누가 이런 판결을 하였을까? 1857년 3월 6일 미연방대법원에서 흑인노예인 드레드 스캇((1799~1858)의 노예 해방 여부에 대한 판결에서 당시 대법원장인 로저 테이니(Roger B. Taney)가 읽어 내려간 다수의견의 내용이다.

미국헌법의 기본이 되는 평등원칙이 이처럼 무너질 수 있었을까.

판사시절 미국의 세인트루이스 시에 있는 주 법원(22th Circuit Court)에 갔을 때, 드레드 스캇에 대한 재판문서를 본 적이 있다. 법원의 사무를 총괄하는 클럭(Circuit Clerk)인 마리아노 파바자(Mariano V. Favazza)로부터 위의 역사적인 재판이 그곳 법원에 제기되어 시작되었고, 현재 그 문서들이 잘 보존되어 있다는 이야기를 들었다.

마리아노에게 위 문서들을 직접 보고 싶다고 부탁하였더니, 위 문서들은 너무 소중한 문서라서 사무실에 보관하고 있지 않고, 연방정부의 도움을 받아 보존처리한 다음 은행의 금고에 보관하고 있다고 했다. 그래서 바로 볼 수는 없지만 이것을 가져다 보여주겠다는 약속을 받았다. 약속 후 몇 주일이 지난 금요일 아침 일찍, 나는 설레는 마음으로 클럭 사무실로 갔다. 잠시 후 마리아노가 라면 상자 크기 정도의 문서를 담은 상자를 가지고 들어왔다. 문서들은 필름으로 싸여 있었는데, 안에 있는 문서는 대부분이 앞·뒷면을 모두 사용하고 있었다. 안에 있는 문서들은 비닐에 붙어 있지 않아서 꼭 비닐로 된 케이스 안에 들어 있는 것 같은 느낌을 받았다. 역사적인 문서를 만지는 내 손에 땀이 촉촉이 배어 나왔다.

지금은 상상하기 어렵지만, 위 판결이 내려진 150년 전의 미국은 아주 달랐다. 드레드 스캇은 1799년에 버지니아에서 태어났다. 태어날 때부터 그는 피터 블로우(Peter Blow) 가의 노예였다. 그는 평생을 노예로 살았고, 교육도 받은 적이 없어 글을 읽거나 쓸 줄도 몰랐다.

드레드 스캇의 노예해방에 관한 소송은 노예를 반대하는 변호사들이 자원하여 진행되었다. 처음에는 드레드 스캇과 그 부인 해리엇 스캇이 동시에 소송을 제기하였는데, 이들은 글씨를 읽거나 쓸 줄 몰랐기 때문에 소장에도 이들의 서명은 없다. 대신 이들은 'X' 표시를 하였다. 이것이 드레드 스캇이 표시한 것이라는 뜻으로 'his mark'라고 부기한 것도 보였다.

드레드 스캇의 부인 해리엇도 같이 소송을 제기하였는데, 당시 노예인 그녀의 소장에는 이름만 표시되어 있고 성이 표시되어 있지 않다. 대신 'Harriet of color'라고 표시되어 있다. 이는 당시 노예는 법적으로 결혼을 할 수 없어 드레드 스캇의 성을 사용하지 못했기 때문이었다. 주 법원에서의 첫 판결은 드레드 스캇의 패소였지만, 1850년에 주 법원의 허가에 의하여 행해진 배심재판에서는 드레드 스캇이 승소하였다. 이미 스캇이 노예를 허용하지 않는 주인 위스콘신 일리노이 지역에서 오랫동안 살았다는 것이 이유였다.

1852년 에머슨 부인은 가치가 나가는 재산인 노예를 잃지 않으려고 미주리 대법원에 항소하였다. 주 대법원은 주 법원의 판결을 파기하고 다시 드레드 스캇을 노예로 되돌려놓았다.

1853년 드레드 스캇은 노예를 반대하는 변호사들의 도움으로 세인트 루이스에 있던 연방법원에 소송을 제기하였는데, 연방법원의 배심도 드레드 스캇의 패소 판결을 하였다. 1856년 스캇과 그 변호사들은 미연방대법원에 항소하였는데, 연방대법원은 1857년 3월 6일 이 사건에 대한 판결을 하였다.

문제의 이 연방대법원은 판결문에서 "스캇은 노예이고, 노예는 미국 시민이 아니다. 따라서 연방법원에 소송을 제기할 자격이 없다. 노예는 개인의 사유재산이고, 스캇은 이러한 노예의 지위를 벗어난 적이 없다."라고 하였다. 연방대법원은 나아가 미주리 타협도 헌법 위반이라고 선언하였다. 의회는 노예를 금지할 권한이 없다는 것이었다. 11년에 걸친 재판에서 결국 드레드 스캇은 얻은 것이 없었다.

1857년 에머슨 부인은 다시 결혼하였다. 그녀의 새 남편은 연방대법원의 판결에도 불구하고 노예제도를 반대하는 사람이었기 때문에, 그녀는 드레드 스캇 부부를 블로우 가족에게 넘겨주었고, 블로우 부부는 스캇 부부를 노예에서 해방시켜 주었다. 그러나 드레드 스캇은 1년 후인 1858년 결핵으로 사망하였다. 참으로 기구한 운명이 아닐 수 없다.

1957년, 그의 묘지 뒷면에는 다음과 같이 새겨진 비석이 놓였다.

"드레드 스캇은 1857년 미합중국 연방대법원의 판결을 받았다. 위 판결은 그에게 흑인으로써의 시민의 지위를 인정하지 아니하였고, 미주리 협약을 무효로 하였다. 위 판결은 남북전쟁을 일으킨 큰 사건 중 하나였다."

노예이던 드레드 스캇과 그 주인과의 소송은 11년이라는 시간 동안 긴 싸움을 벌였고, 그 결과 미연방대법원은 가장 불명예스러운 판결을 내리게 되었다. 미연방대법원에서 소송이 진행되는 동안 노예문제는 정치적으로 가장 큰 이슈가 되었고, 그 중요성이 점점 커지게 되었다. 위 사건이 대법원에서 다루어질 무렵, 이 사건은 전 미국에서 중요한 정치적 의미를 가지게 되었다. 이 사건은 법률학자들 사이에서 연방대법원이 내린 가장 수치스러운 판결로 여겨지고 있다.

이 판결은 당시 노예해방운동에 위기감을 주었고, 연방 내에서 의견의 대립을 첨예화시켰다. 새로 형성된 공화당은 노예제의 확산에 반대하였는데, 이들은 위 판결과 법원을 맹렬히 비난하였다. 드레드 스캇이 사망한 후 2년이 지난 1860년, 아브라함 링컨이 대통령으로 당선되었다. 당시 선거에서는 노예제도가 쟁점이었는데, 링컨이 대통령이 되면서 사우스 캐롤라이나 주가 연방에서 탈퇴하였고, 급기야 이러한 사태는 남북전쟁으로 치달았다. 그 뒤 제 13, 14 수정헌법은 노예제를 폐지하고, 미국 내에서 태어난 모든 사람은 미국의 시민임을 선언하면서 이 판결은 더 이상 효력이 없게 되었다.